개혁신앙, 현대에 답하다

개혁신앙, 현대에 답하다

초판 1쇄 발행 2017년 12월 22일
초판 2쇄 발행 2019년 3월 29일

지은이 임경근
펴낸이 이의현
펴낸곳 SFC출판부
등록 제 114-90-97178
주소 (06593) 서울특별시 서초구 고무래로 10-5 2층 SFC출판부
Tel (02)596-8493
Fax 0505-300-5437
홈페이지 www.sfcbooks.com
이메일 sfcbooks@sfcbooks.com

기획·편집 SFC출판부
디자인편집 최건호
영업마케팅 이정은

ISBN 979-11-87942-20-7 (03230)
값 13,000원

잘못 만들어진 책은 언제든지 교환해 드립니다.

개혁신앙 현대에 답하다

임경근 지음

SFC

목차

추천사 *6*

서문 *9*

제1부 개혁신앙과 한국교회

1장 한국교회의 특징 *17*
2장 복음주의란 무엇인가? *33*
3장 개혁신앙이란 무엇인가? *59*

제2부 개혁신앙과 현대인의 삶

1장 저출산 *97*

2장 유아세례 *109*

3장 입양 *121*

4장 가정예배 *135*

5장 세대통합예배 *149*

6장 교리문답 교육 *159*

7장 멀티미디어 *171*

8장 사교육 *185*

9장 경쟁 *199*

10장 수월성 *215*

11장 기독교 학교 *229*

12장 가정 *245*

13장 기독교 홈스쿨링 *257*

14장 소명과 직업 *271*

15장 그리스도인의 사회참여 *285*

추천사

이 책은 종교개혁 500주년을 맞아 한국교회 130년을 차분하게 분석, 비판하고 성경으로 돌아가서 교회다운 교회와 성도다운 성도의 출현을 부르짖는 대담한 책이다. 저자는 과감하게도 한국교회의 밑바탕인 복음주의의 공과(功過)를 예리하게 평가하면서 복음주의가 더 이상 한국교회를 지탱할 수 없으며, 성경의 언약 교리에 기초한 개혁신앙만이 한국교회가 나아갈 지표라고 제안한다. 그리고 개혁신앙의 실천적인 삶을 신자의 출생(유아세례), 성장(일반교육), 성년(직업과 정치)의 과정을 따라 성경적으로 제시한다. 어떤 기독교세계관보다 훨씬 더 성경적이어서 한국교회의 장래를 견인할 균형을 갖춘 안내서다.

_ **유해무**(고려신학대학원 교의학 교수)

『개혁신앙, 현대에 답하다』는 꼭 써야 할 학자가 꼭 써야 할 문제에 답한 꼭 필요한 책이다. 내가 저자를 알게 된 것은 1980년대 중반이었으니, 벌써 30년이 훌쩍 넘었다. 그는 그때부터 인문학과 신학을 공부했고, 한국과 화란에서 금광을 캐듯 서양 기독교 전통을 파고들었다. 언어 능력과 교회와 역사를 헤아리는 섬세한 통찰력이 그의 학구(學具)였다. 그 오랜 학구(學究)의 결실이 이 책이다. 그는 개혁주의가 무엇인가를 설명하되, 복음주의와의 경계를 제시하는 한편, 한국교회의 현실이 직면하는 여러 주제에 관해 개혁주의적인 대안들을 제시한다. 이 책은 개혁주의가 무엇이며, 개혁주의적인 생활이 무엇인가에 대한 교과서로서 적극 추천하는 바다.

_ **이상규**(고신대학교 교회사 교수)

네덜란드 개혁주의 신학의 전통을 잘 계승하고 있는 캄펀(Kampen)과 아펄도오른(Apeldoorn) 신학대학교에서 7년간 교회사를 전공한 저자가, 이렇게 현대적이고 현실적인 제반 문제들에 대해 개혁주의적인 관점에서 대안들을 제시해 주는 책을 출간한 것에 매우 기뻐하는 바다. "개혁신앙, 현대에 답하다"라는 제목부터가 얼마나 맛깔스럽고 매력적인가! 학자로서 객관적인 자료들을 근거로 제시하면서도, 일반 독자들이 즐겁고 편하게 읽을 수 있는 필치로 잘 쓰인 책이다. 개혁신앙의 핵심이 무엇인지, 우리가 몸담고 살아가는 현대의 제반 문제들에 대해 성경적으로 어떻게 생각하고 판단해야 하는지, 나아가 구체적으로 어떻게 살아내야 하는지에 대해 고민하는 독자들에게 이 책을 권하고 싶다.

_ **이상웅**(총신대학교신학대학원 조직신학 교수)

저자는 우리 시대의 개혁파 교회를 참으로 개혁파답게 세워보고자 하는 귀한 개혁파 목사다. 그는 우리 시대의 교회들을 돌아보며 그 가운데 있는 문제들을 하나하나 살필 뿐만 아니라, 우리 사회가 직면한 문제들까지 하나하나 살핌으로써 이 시대의 정황 가운데서 우리 교회들이 진정한 개혁파 교회가 될 수 있는 길이 무엇인지를 진지하게 묻는다. 그리고 그 물음에 직접 답하는 귀한 선물로 이렇게 책을 출간하게 되었다. 이 책은 오늘날 한국교회의 문제를 정확히 지적한다는 점에서, 그리고 매우 실천적인 대안들을 제시한다는 점에서 매우 귀한 책이다. 이런 선물을 제대로 받는 길은 이 책의 내용을 꼼꼼히 읽고, 깊이 생각하면서 개혁파 신앙인으로 힘써 실천하며 사는 것이다. 귀한 책을 출간한 저자와 SFC출판부에 감사드린다.

_ **이승구**(합동신학대학원대학교 조직신학 교수)

서문

    1960~70년대의 한국사회는 전후 빈곤과 가난으로 생존을 위해 불철주야 일해야만 했다. 그 결과 산업이 부흥하고 경제가 성장하며 도시화가 급속도로 진행되었다. 이런 도시화는 한국사회의 모든 부분에 크게 영향을 미쳤다. 교회의 양적 성장 역시 이런 도시화의 영향에 힘입은 바가 컸다고 말할 수 있다. 결국 한국교회는 세계교회의 큰 자랑거리가 될 만큼 빠른 속도로 성장했다.
    하지만 안타깝게도 한국교회의 양적 성장은 질적 성숙을 동반하지 못했다. 교회는 어느덧 한국사회의 기득권 세력이 되어 정치, 경제, 사회, 문화 전반에 영향력을 행사할 수 있게 되었다. 그와 함께 교회를 향한 세상의 기대와 평가의 기준도 높아졌다. 교회의 세력이 약했을 때는 기대도 적었겠지만, 교회의 세력이 커지자 그만큼 기대도 커지고 평가도 날카로워진 것이다. 최근 조사에 따르면, 종교 선호도에서 개신교가 불교나 천주교보다 많이 낮은 것으로 드러난다. 한국 개신교의 초기에 한국사회에 미친 긍정적인 영향과 평가를 생각해볼 때 격세지감이 아닐 수 없다. 이제는 이와 관련해 근본적인 원인과 해결책을 고민해야 할 시점이다.

오늘날 네덜란드 개혁교회는 종교개혁가 칼빈의 신앙을 고스란히 이어 받아 교회와 정치, 경제, 사회, 문화, 예술 등 모든 영역에 적용하고 있는 몇 안 되는 교회 중 하나이다. 이들의 개혁신앙의 특징을 한 마디로 말한다면, '신앙과 삶의 균형'이라고 할 수 있다. 이에 반해 오늘날 한국교회의 모습에서는 '신앙과 삶'의 분리가 너무나도 뚜렷하게 나타난다. 이러한 특징의 원인을 어느 한 가지로 규정할 수는 없겠지만, 굳이 꼽아보자면 '복음주의 신앙'에서 찾을 수 있지 않을까 생각한다. 복음주의 신앙의 특징은, 단순화의 위험을 무릅쓰고 말해보자면, 성경을 하나님의 말씀으로 믿으면서 개인 신앙의 체험과 선교(전도)를 강조한다는 것이다. 이같은 복음주의 신앙은 한국교회가 성장 일변도에 있을 때에는 충분한 의미와 능력이 있었다.

하지만 오늘날에 이르러서는 상황이 많이 달라졌다. 이미 한국교회는 성장 곡선의 정점을 찍고 내리막길로 접어든 지 오래다. 더구나 복음주의에 근거한 신앙의 개인화(성경+체험+전도)로 말미암아 기독교 신앙은 신자의 삶의 현장인 정치와 경제, 사회, 문화로까지 이어가지 못했다. 다시 말해 기독교적 관점에서 세상을 바라보는 눈, 곧 '기독교 세계관'이 턱없이 부족한 상태이다. 신앙과 삶이 분리된 채 서로 연관성을 갖지 못하므로, 신앙은 교회에서나 의미가 있을 뿐 삶에서는 별다른 의미가 없다. 그래서 이런 이원론적 복음주의를 극복하려는 움직임이 기존의 복음주의 내에서도 강조되고 있는 것이다. 하지만 이런 움직임은 대개 삶을 강조하는 경향에서만 멈추고 만다. 비록 삶을 강조하는 것이 중요하더라도, 궁극적으로 삶은 신앙에서 파생되는 것이기 때문에 이런 움직임에는 한계가 있을 수밖에 없다. 따라서 근본적으로는 복음주의 신앙의 태생적 한계를 극복하는 것이 필요하다.

한국교회의 신앙과 삶의 분리를 극복할 수 있는 방안은 무엇일까? 결론부터 말하자면, 개혁신앙의 체계를 세우는 것이라고 말할 수 있다. 왜냐하면 개혁신앙의 체계는 신앙과 삶을 제대로 통합해주며, 나아가 삶의 영역인 정치, 경제, 사회, 문화를 신앙으로 해석하고 그 속에서 선한 싸움을 싸울 수 있게 해주기 때문이다. 또한 삶의 영역들을 단순히 전도의 장이 아니라, 그리스도인의 삶의 장으로 바라볼 수 있게 해주기 때문이다. 반면 복음주의 신앙은 개인의 경건생활과 종교적 활동에는 강점을 가지지만, 신앙과 삶을 통합시키는 그림을 그려주는 데는 한계가 있다. 다시 말해 복음주의는 복음전파에는 전문가일지 모르지만, 삶에서는 전문가가 아닌 것이다.

2017년은 루터가 1517년 10월 31일에 독일의 비텐베르크(Wittenberg) 성의 교회당 정문에 95개조의 반박문을 붙이면서 시작된 종교개혁이 500주년을 맞이하게 되는 해이다. 이를 기념해 한국교회에서도 수많은 행사들 준비되고 있다. 하지만 정말 중요한 것은 종교개혁의 신앙을 한국교회에 적용하는 것이다. 종교개혁가들이 목숨 걸고 지키려 했던 것은 '개혁신앙'이다. 이 개혁신앙(Reformed Faith)을 지키기 위해 수십 만 명의 신자들이 추운 감옥에서 떨고, 뜨거운 장작더미 위에서 화형을 당했다. 이 같이 소중한 유산인 개혁신앙을 한국교회에 잘 정착시키는 것이 오늘날 한국교회를 새롭게 도약시키는 길이라 생각한다.

개혁신앙은 신앙고백들과 교리문답들에 잘 정리되어 있다. 하지만 안타깝게도 대부분의 한국교회는 이 같은 신앙고백들과 교리문답들을 잘 가르치지 않는다. 그로 인해 비록 성경만이 살아계신 하나님의 말씀이라는 것은 잘 믿지만(*Sola Scriptura*), 성경을 전체적으로 이해하는 데는

(*Tota Scriptura*) 취약하다. 때문에 많은 성도들이 이단에 쉽게 넘어가고 만다. 세례교육은 단 한 차례 1~2시간의 교육으로 끝나는 경우가 많다. 이 같은 신앙을 소유한 성도들에게 기독교적인 삶을 기대하기는 힘들다. 즉 성령 하나님의 이끄심 가운데 정치, 경제, 사회, 문화의 영역들에서 새로운 도전의 삶을 요구하기가 어렵다.

이미 세속적인 사상과 삶의 체계로 견고한 진을 형성하고 있는 세상은 그리 호락호락한 곳이 아니다. 오히려 우는 사자가 먹이를 찾아 헤매듯 그리스도인의 삶을 유혹하고 넘어뜨리기 위해 온갖 방향으로 공격하고 있다. 아니 이미 교회와 그리스도인의 사상과 삶의 깊숙한 곳까지 침투했다. 이제는 어디까지가 세상이고 어디까지가 교회인지 알 수가 없다. 이런 교회와 그리스도인들의 세속화의 기저에는 이원론적 신앙이 자리하고 있다. 이원론적인 신앙으로는 세상의 공격을 이기지 못한다. 그런 신앙은 교회에서만 의미 있고, 사회에서는 세상의 논리와 방법에 따라 살아갈 뿐이다. 이것은 신앙을 지키는 것이 아니라, 세상과의 타협이요 거룩한 싸움을 포기하는 것이다.

오늘날 한국교회는 개혁신앙을 다시 말해야만 한다. 개혁신앙은 성부 하나님의 영원한 작정 가운데, 성자 하나님의 속죄를 통해, 성령 하나님의 일하심으로 그리스도인의 신앙과 삶을 통합한다. 이 책을 읽는 모든 독자가 이러한 개혁신앙으로 삶의 모든 영역들에서 하나님의 뜻이 이뤄지고 하나님의 나라가 임하기를 소망할 수 있기를 바란다.

이 책은 크게 두 부분으로 구성되었다. 제1부는 '개혁신앙과 한국교회'라는 제목 아래 '신앙'의 내용을 다루었고, 제2부는 '개혁신앙과 현대인의 삶'이라는 제목 아래 '삶'의 도전을 다루었다. 먼저 제1부에서는 한국교회의 현실과 특징을 진단하고, 그 주된 원인으로 복음주의 신앙을 주목한다. 그런 다음 복음주의 신앙의 장점과 단점을 살핀 후, 오늘날 한국교회의 대안으로 개혁신앙을 제시한다. 제2부에서는 개혁신앙이 현대인들의 삶에 어떻게 답하는지를 살피는데, 총 15가지 주제를 택했다. 이 15가지 주제는 공부하는 학생에서부터 대학을 졸업하고 취업한 사람(14~29세), 그리고 결혼한 부부와 자녀를 낳아 자녀교육을 고민하는 사람(30~40대)의 주된 관심사들이다. 따라서 자녀와 교육에 관한 내용들이 많다. 자녀교육에 관심이 많은 사람들은 바로 제2부를 읽고, 나중에 제1부를 읽어도 된다. 하지만 이 책에서 언급하지 않은 다양한 삶의 영역에 응용할 수 있으려면 반드시 제1부를 읽을 것을 권하고 싶다. 제1부는 원리적인 내용을 다루었기에 딱딱할 수 있지만, 한국교회의 현실을 기반으로 쓴 글이기에 쉽게 이해할 수 있을 것이다.

이 책의 내용들은 대부분 학원선교단체 SFC(학생신앙운동)의 『간사저널』에 기고한 글들이다. 따라서 SFC의 최성욱 간사의 원고 집필 제안이 이 책을 만들었다고 해도 과언이 아니다. 이 기회를 빌어 감사를 표한다. 진작 책으로 엮어 출판되어야 했지만, 교회개척의 바쁜 일들로 진행되지 못했다. 또한 책을 출판할 목적으로 시작한 글이 아니라 연결이 자연스럽지 못한 부분도 있다. 그런데도 한성훈 목사가 원고를 꼼꼼히 읽고 귀한 평가를 해 주어 책을 낼 수 있는 용기가 생겼다. 또한 윤웅열 강도사와 하늘샘 전도사, 최정복 강도사, 이정만 장로, 오창희 형제, 그리고 그 외 후배 동료들이 이 글을 읽고 교정해주었다. 마지막으로 토론 질문을 장기영 형제가 만들어 주었다. 진심으로 감사한다.

아는 만큼 살아내기는 쉽지 않다. 물론 필자도 예외가 아니다. 성령 하나님의 도우심이 없이는 한 발자국도 옮길 수 없다. 하나님께 영광이 되고 우리에게 기쁨이 되는 삶은 하나님의 능력과 힘으로만 가능하다. 이

책에 선택된 삶의 주제들은 아내의 지혜와 삶의 도전에서 나온 것들이다. 아내에게 사랑과 감사를 전한다. 사회 진출을 코앞에 둔 대학생 큰 딸 예림, 지금 교환학생으로 스웨덴에 머물고 있는 예솔, 그리고 예찬과 예서에게 이 책을 주고 싶다. 좀 별나다 싶은 부모의 삶을 그들은 기꺼이 동의하고 어려움을 묵묵히 잘 견뎌 주었다. 감사하다. 오직 하나님께만 영광을 돌린다.

Soli Deo Gloria!

제1부

개혁신앙과 한국교회

개 혁 신 앙 , 현 대 에 답 하 다

한국교회는 어떤 전통에 있을까? 우선 유럽의 개혁신앙이 한국교회에 끼친 영향은 미약하다고 하겠다. 왜냐하면 한국에 복음을 전해 준 장로교회는 유럽이 아니라, 북미 대륙과 호주에 속한 교회였기 때문이다. 그러므로 한국교회는 유럽의 개혁신앙보다는 미국을 통해 들어온 복음주의 신앙에 절대적인 영향을 받았다고 할 수 있다. 유럽의 개혁신앙은 바다를 건너 북미 대륙으로 건너간 후, 거기서 1, 2차에 걸친 대각성운동을 겪으면서 복음주의와 혼합되었고 이로 인해 상당부분이 희석되었다. 한국에 들어온 선교사들 역시 이렇게 복음주의화한 신앙을 배경으로 하고 있었다. 따라서 초창기의 한국교회 역시 복음주의 신앙을 그 특징으로 했고, 복음주의 신앙의 전통 위에서 오늘날의 모습을 갖게 되었다고 할 수 있다.

그러므로 제1부에서는 먼저 한국교회의 특징과 복음주의에 관해 살필 것이다. 그럼으로써 복음주의가 한국교회의 주류로서 큰 역할을 했지만, 또 한편으로는 오늘날 한국교회에게 있는 취약한 점도 양산했음을 살필 것이다. 그런 다음 그 대안으로서 개혁신앙을 제시하는 한편, 그 특징과 독특성을 살필 것이다. 그럼으로써 개혁신앙이 한국교회에 어떤 의미가 있으며, 오늘날 한국교회를 이끌어 갈 대안이 될 수 있는지를 살필 것이다.

1장
한국교회의 특징

어떤 분이 성지순례 패키지여행을 하며 새벽에 사우디아라비아에 있는 시내 산에 올라 일출을 기다리고 있었다. 그런데 그곳에 한국에서 온 다른 단체 여행객들이 찬송을 부르며 산이 떠나갈 듯 '주여'를 외치며 통성기도를 해서 많이 민망했다고 한다. 하지만 이런 모습은 한국에서는 흔히 볼 수 있는 광경이다. 우리나라 기독교인들에게 기도는 곧 '통성기도'다. '주여! 주여! 주여!', 큰 소리로 삼창을 하고 천정이 떠나갈 듯 기도한다. 종종 깊숙한 산에 들어가 금식하면서도 나무뿌리가 뽑힐 정도로 붙잡고 씨름하듯 기도하기도 한다. 소리 없이 조용히 묵상하며 기도하면 뭔가 불안하다. 조용히 기도하면 어딘지 간절함이 없어 보이고 허전한 생각마저 든다. 이 같은 정서는 교파와 교단을 초월해 한국교회의 공통된 모습이다.

한국교회의 열정적인 '새벽기도'에 세계교회도 놀라워한다. 수많은 외국교회 지도자들이 한국을 방문하면 의례히 방문하는 교회가 하나 있는데, 그 교회의 특별 새벽기도회에는 수만 명이 새벽 2시부터 몰려든다.

심지어 그 중에서 9천 명은 주일학교 학생들이라고 한다! 곤한 잠에 빠져 있을 이른 새벽에 매일 모여 기도한다는 것은 외국인들에게 놀랄만한 일이다. 그것만이 아니다. 수요일에도 모여 수요기도회를 하고, 또 금요일 늦은 밤에 철야 기도회까지 한다. 이러한 한국교회의 열심에 외국교회는 혀를 내두른다.

한국교회의 '전도의 열정' 또한 새벽기도 못지않게 대단하다. 전철이나 버스, 역, 길거리에서 '예수 천당'을 외치며 전도하는 사람들을 종종 본다. 그 열정이 지나쳐 같은 그리스도인조차도 불쾌함을 느낄 정도다. 더군다나 중동 나라들에 선교를 갔다가 피랍된 사건이 일어난 뒤에는, 그 교회 앞에 '반기독교연합회'라는 단체가 자리 잡고는 '노상방뇨 금지, 노상전도 금지'라고 쓴 피켓을 들고 시위하기도 했다. 뿐만 아니라 TV보도에서까지 이 같은 한국교회를 상식 이하라고 비난했다. 여하튼 이 같은 전도와 선교의 열정 속에서 한국교회는 크게 성장했고, 어느덧 세계의 주요 선교국가 가운데 하나가 되었다.

한국교회의 열심은 '큐티'(QT, Quiet Time)에서도 나타난다. 이제 QT는 세대를 뛰어 넘어 일반화되었다. 신자들은 매일 성경을 한 장 또는 몇 단락 읽고 묵상하며 적용한다. 새벽기도회에 참석하는 신자들은 점점 줄지만, 큐티를 하는 신자들은 꾸준해 보인다. 하지만 큐티는 현 상황(Context)에 말씀을 적용하는 데 강점이 있는 반면, 성경 본문(Text)의 의미를 정확하게 파악하는 데는 약점이 있다. 오히려 성경을 단편적으로 이해하고 잘못 적용할 가능성이 다분하다. 사실 성경의 정확한 해석을 위해서는 교리에 관한 지식이 필요한데, 한국교회는 이에 관해 매우 소홀한 듯 보인다.

그러면 이러한 한국교회의 독특한 모습은 어디에서 비롯되었을까?[1]

1. 복음주의의 영향

한국교회의 특징은 복음을 전해 준 선교사들에 의해 결정되었다고 해도 과언이 아니다. 그들은 주로 미국과 캐나다 그리고 호주에서 온 선교사들이었고, 대부분이 성경을 하나님의 오류 없는 말씀으로 믿었다.[2] 당시 일본에 파송된 선교사들이 신학적으로 훨씬 자유주의적이었음을 생각할 때, 이는 매우 놀랍고 감사한 일이 아닐 수 없다. 뿐만 아니라 한국에 파송된 선교사들은 대부분 전 세계의 복음주의자들이 동의하는 아래의 아홉 가지 기본 교리를 받아들였는데, 이는 1846년에 영국 성공회(Anglican Church)에 속해 있던 복음주의자들이 런던에 모여 '복음주의 연맹'(Evangelical Alliance)을 만들고 작성한 것이었다. 당시 복음주의 연맹은 모든 교파를 초월하는 신조를 만들려고 했다.

---

1. 이 내용은 전 고려신학대학원 교수 선교사였던 박도호 교수의 글에 많이 빚지고 있다. J. M. Batteau, "Het begin van de kerk in Korea I II III", *De Reformatie* 60/20 23 feb. 1985, pp. 412-414, 435-437, 454-456. 박도호 교수는 1946년에 뉴욕(NY)에서 출생했고, 하버드(Harvard) 대학교에서 영문학을 전공하고, 웨스트민스터 신학교를 졸업하고, 암스테르담의 자유 대학교와 캄펀(Kampen) 신학교를 졸업하고, 1980년부터 1988년까지 한국 고려신학대학원에서 교수 선교사(조직신학)로 사역한 후, 네덜란드로 돌아가 네덜란드 잔담(Zandam) 개혁교회, 바허닝언(Wageningen) 개혁교회를 거쳐, 현재는 헤이그(Den Haag/Scheveningen) 개혁교회의 목사로 섬기고 있다. 그는 한국에서 교수 사역을 할 때 한국인 장애아를 입양하기도 했다.
2. 박용규, 『한국 장로교 사상사』, 총신대학교 출판부 1999. 이 책은 박용규가 자신의 박사학위 논문을 한국어로 옮긴 것인데, 한국 장로교가 성경을 하나님의 말씀으로 믿는 선교사들의 전통 위에 서 있었기 때문에 1907년에 평양에서 대부흥이 생겨날 수 있었다는 것을 논증한다.

① 성경의 영감과 권위와 충족성 ② 성경의 개인적인 해석의 권리 ③ 삼위 일체 하나님에 대한 신앙 ④ 인간의 타락으로 인한 인간 본성의 전적 부패 ⑤ 예수 그리스도의 성육신과 보혜사로서 사역과 통치 ⑥ 이신칭의 ⑦ 회개와 죄인의 성화를 위한 성령의 사역 ⑧ 영혼불멸, 육체의 부활, 의인에게는 영원한 복과 악인에게는 영원한 심판이 예수 그리스도를 통해 이루어질 것임 ⑨ 직분과 의무와 세례와 성만찬 제도의 신적인 기원

캐나다 YMCA에서 1888년에 한국에 파송한 선교사 게일(James S. Gale)은 이 '복음주의 연맹의 교리적 기초'(The Doctrinal Basis of the Evangelical Alliance)에 서명하기도 했다.[3] 이런 상황에서 한국에 파송된 선교사들은 대개 신학적으로 여러 교파들의 신학이 혼재해 있었다고 할 수 있다. 더군다나 당시 미국과 캐나다의 장로교회는 부흥운동의 영향으로도 복음주의적 색채가 짙은 상태였다.

초기 선교사들의 이러한 복음주의적인 경향은 오늘날 한국교회의 모습에도 그대로 계승되어 남아 있다. 즉 한국교회의 대표적인 교파들인 장로교회, 침례교회, 성결교회, 감리교회, 순복음교회 등이 모두 너나 할 것 없이 '복음주의'에 그 뿌리를 두고 있다고 할 수 있다. 물론 어떤 측면에서는 교파와 교단을 초월해 복음주의적인 특징이 있다는 것이 긍정적일 수도 있으나, 또 다른 측면에서는 그로 말미암은 오늘날의 한국교회의 문제점도 간과할 수만은 없는 일이다.

---

3. Richard Rutt, "A Biography of James Scarth Gale", in *James Scarth Gale and His History of the Korean People*, R. Rutt, ed. (Seoul, 1972), p. 11.

2. 종교개혁의 신앙고백과 교리문답의 유실

한국에 파송된 대부분의 장로교 선교사들은 웨스트민스터 신앙고백서와 대·소교리문답에 담긴 개혁신앙에 동의하는 사람들이었다. 1907년에 세워진 평양신학교의 신학적 입장 역시 웨스트민스터 신앙고백서에 기초했다. 가령 평양신학교의 초대 교장이었고 1924년까지 교수로 사역했던 마포삼열(Samuel A. Moffett, 1864~1939) 선교사는 개혁신앙이라는 분명한 신학적 입장을 고수했다. 그래서 그는 1905년에서 1910년까지 있었던 한국교회의 연합 운동에 그렇게 열정적이지 않았다고 방위량(William N. Blair, 1862~1931) 선교사는 회고한다. 그러나 마포삼열 교수가 신학교에서 웨스트민스터 신앙고백서에 따라 개혁신앙을 가르쳤음에도 불구하고, 학생들은 개혁신앙을 잘 받아들이지 않았다.[4] 더군다나 다른 장로교 선교사들도 대부분 개혁신앙과 신앙고백의 준수보다는 감리교나 침례교 선교사들과의 연합에 더 큰 무게를 두었다. 결국 교회연합 계획은 안타깝게도 실패했지만, 한국교회의 여러 교파들이 서로 협력하는 것이 낯설지 않은 것은 선교사들의 이런 입장이나 노력과 무관하지 않다고 볼 수 있다. 특히 성경공회나 출판, 교육, 의료, 주일학교, 교회협의회 등에서 연합이 적극적으로 이뤄졌는데, 이로 인해 교파들은 서로 긍정적이든 부정적이든 영향을 주고받게 되었다.

사실 오늘날의 한국교회에서는 교파에 따른 차이를 분별하기가 어려울 때가 많다. 이는 그만큼 교회(파)의 신학적인 색깔과 특색이 없게 되었다는 말이다. 장로교회의 경우, 각 교단마다 시기는 다르지만 웨스트민스

---

4. Harvie M. Conn, *Studies in the Theology of the Korean Presbyterian Church* (Seoul Westminster Theological Journal에 1967년 이후에 연재된 것을 모은 것), p. 9.

터 신앙고백서와 대·소교리문답을 교회의 신앙고백으로 채택했다.[5] 하지만 개 교회는 신앙고백서와 대·소교리문답을 소중히 생각지 않고 가르치지도 않는다. 신앙고백과 교리문답은 하나의 장식품일 뿐이다. 심지어 목사들조차 신앙고백서와 대·소교리문답을 잘 모른다. 교인들은 '"웨스트민스터가 우리와 무슨 상관인가?'라는 태도이다. 이런 점에서도 한국교회의 복음주의화를 엿볼 수 있다.

이에 반해 오늘날 유럽을 비롯해 세계에 흩어져 있는 개혁교회(Reformed Churches)와 장로교회(Presbyterian Churches)들은 매주일 오후 예배 시간에 교리문답 설교를 통해 교리를 가르칠 뿐 아니라, 세례교육을 위해 신앙고백과 교리문답을 가르치고 있다. 교회를 옮겨야만 할 때에는 그 교회가 고백하는 신앙고백이 무엇인지 반드시 살피도록 한다. 하지만 한국교회의 성도들에게서 교회를 옮기는 최우선의 기준은 '그 교회의 담임목사'이다. 그래서 마치 쇼핑하듯이 이 교회 저 교회를 선택한다.

3. 세대주의의 영향

세대주의의 가장 큰 특징은 종말론에서 '전천년설'(前千年說, 예수님의 재림이 천년왕국 이전에 있다는 해석)을 주장한다는 것이다. 그런데 이런 주장은 예수님의 재림을 기대하도록 만들기는 하지만, 안타깝게도 현재의 이 세상에서의 삶에는 소극적이게 만드는 경향이 있다. 이러한 세대주의는 19세기에 영국인 다비(John N. Darby, 1800~1882)에 의해서

---

5. 예장 합동은 1963년, 예장 통합은 1967년, 예장 고신은 1969년에 웨스트민스터 신앙고백서와 대·소교리문답을 신앙고백으로 채택했다.

주장되었는데, 19세기 말엽에는 미국에도 크게 영향을 미쳤다. 그래서 장로교 선교사인 스왈런(W. L. Swallen, 1859~1954)에 따르면, 한국의 선교에서도 전천년설이 크게 영향을 끼쳤다.[6] 이와 달리 미국의 장로교 신학교인 프린스턴 신학교에서는 찰스 핫지(Charles Hodge, 1797~1878)와 워필드(B. B. Warfield, 1851~1921)를 중심으로 '후천년설'[7]을 가르치고 있었다. 이 주장은 예수님께서 재림하시기 전에 교회는 엄청나게 부흥하게 될 것이라는 낙관론적인 기대를 하도록 한다.

그런데 정작 한국에 파송된 프린스턴 신학교 출신의 선교사들은 후천년설보다 전천년설을 따랐던 것 같다. 그래서 그들의 선교 방향은 신자들로 하여금 복음으로 사회와 문화를 개혁하기보다 오히려 세상을 염세적(비관적)으로 보도록 했다. 아무래도 이는 19세기 말엽에 미국을 휩쓸었던 무디(D. L. Moody, 1837~1899)의 세계관에 영향을 받은 듯하다. 당시 무디는 세상을 '부서져 바다에 가라앉고 있는 배'(난파선, wrecked vessel)에 비유했다. 하나님께서는 믿는 자에게 '생명보트'(lifeboat)를 주셔서 물에 빠져 죽어가고 있는 사람들을 모두 구하라고 명령하셨다는 것이다.[8] 한국에 파송된 선교사들은 이 같은 세계관을 지닌 데다가 예수님의 재림이 가까웠기 때문에 사회를 개혁하는 것은 의미가 없다고 생각했던 것 같다.

---

6. Rutt, *James Scarth Gale*, p. 64.
7. 현재 생존하고 있는 후천년설자의 대표적인 학자인 뵈트너에 따르면, 후천년설은 하나님의 나라가 복음 전파와 성령의 구원 사역을 통해서 현재 전 세계적으로 확장되고 있으며, 이로 인해 세계는 결국 기독교화될 것이며, 그리스도의 재림은 의와 평화가 지배하는 긴 시기, 즉 천년왕국의 말기에 있을 것이라고 보는 종말론적 견해다.
8. M. E. Marty, *Righteous Empire: The Protestant Experience in America* (New York, 1970), p. 184.

장로교 선교사인 제임스 게일(J. S. Gale, 1863~1937)과 호레이스 언더우드(H. G. Underwood, 1859~1916) 선교사 또한 세대주의자들의 성경으로 잘 알려진 '스코필드 해설 성경'(Scofield Reference Bible)을 몇 년 동안 한국어로 번역한 것으로 알려져 있다. 게일 선교사는 예수님의 재림에 관한 책까지 한국어로 번역하기도 했다. 이러한 선교사들의 전천년설이 한국교회에 복음전도의 열정을 고취시킨 것은 틀림없지만, 반대로 건강한 교회의 건설과 사회의 각 영역에서 하나님의 나라를 건설해야 한다는 사명감을 고취시키는 데는 상대적으로 빈약할 수밖에 없었다.

뿐만 아니라 세대주의는 반 율법주의(antinomian)적인 경향을 띠면서 은혜와 율법을 이분법적으로 분리하곤 했다. 물론 십계명에 관한 관심도 약할 수밖에 없었다. 이와 달리 당시 유럽의 네덜란드에서는 아브라함 카이퍼(A. Kuyper, 1837~1920)와 헤르만 바빙크(H. Bavinck, 1854~1921)를 중심으로 그리스도인들이 사회에서 기독교적인 정치 참여와 학교 운동, 문화 건설을 추구하고 있었다. 이런 점에서 한국 장로교회는 웨스트민스터 신앙고백서와 대·소교리문답을 표준 신앙고백으로 받아들이면서도, 정작 실제 교회의 현장에서는 전혀 다른 세대주의적인 경향을 따르고 있었던 셈이다.

물론 오늘날 한국교회의 상황은 많이 달라졌다. 한국의 경제규모는 세계 10위권으로 발전했고, 1인당 국민소득도 3만 불 시대를 눈앞에 두고 있다. 때문에 더 이상 한국교회에서는 전천년설 같은 종말론을 이야기하지 않는다. 20~30년 전만 해도 말세와 재림이 부흥사경회의 단골 주제였는데 말이다. 그보다 오늘날 한국교회의 설교는 이 세상에 관한 이야기들로 가득하다. 죄를 지적하기보다 심리적인 위로와 관계의 처세술이 유행이다. 구원받아 천국 가는 것보다 구원받아 이 세상에서 복 받고 잘 사는 것이 더 중요하다. 이 세상이 더 좋은데 굳이 저 세상으로 가고 싶은 마음이 없다. 따라서 예수님의 재림은 천덕꾸러기 신세가 되었다. 예수님께서는 나중에 복지국가가 완성된 후에나 오시든지, 아니면 굳이 오시지 않아도 좋다고 생각할 수도 있다. 이런 점에서 한국교회는 자연스럽게 후천년설의 입장으로 탈바꿈한 셈이다.

4. 부흥운동의 영향

1) 미국의 부흥운동

한국에 파송된 장로교 선교사들의 가장 큰 동인이 있었다면, 그것은 부흥의 필요성에 대한 갈망이었다. 미국에서 일어난 제1차 대각성운동은 조나단 에드워즈(J. Edwards, 1703~1758)에 의해 주도되었는데, 그 영향이 19세기까지 지속되었다. 이러한 부흥운동에 힘입어 감리교와 침례교는 크게 성장했다. 반면 미국의 개혁신앙은 부흥운동 속에서 점점 그 영역을 잃어갔다. 그 중에서 장로교는 부흥운동을 지지하는 '신학파'(New School)로서 북장로교회와 이에 반대했던 '구학파(Old School) 간에 치열한 논쟁이 있었다. 결국 남북전쟁이 끝나고 1869년에 장로교는 부흥운동이 광란적이지 않을 경우를 조건으로 긍정적인 입장으로 선회했다.

처음에는 장로교 교인이었다가 나중에 회중교회 교인이 된 찰스 피니(C. G. Finney, 1792~1875)의 영향력 또한 부흥운동에 큰 힘을 보탰다. 미국의 부흥운동은 그 모양새가 다양해 기술하기 어렵지만, 대체로 대중 집회를 통한 회개와 이로부터 거룩하고 정직한 삶을 살도록 하는 것이었다. 그런데 이런 것들은 특별하고도 구체적인 경험을 통해 확인되어야만 했다. 가령 은혜를 받게 되면 극적인 감정의 고조와 함께 한없이 눈물이 흐르면서 신비한 환상을 보거나 가슴을 치며 통곡하게 된다. 그런 다음에는 부흥사의 요구에 따라 선교사나 전도자로 헌신한 사람들이 손을 들고 자리에서 일어나거나 앞으로 나가는 방식이었다. 부흥사는 더 많은 사람들을 회개시키고 선교와 전도에 동원하기 위해 다양한 방법으로 분위기를 조작하기도 했다. 이에 발맞춰 감리교는 이런 경험을 '성화'라고 표현했고, 장로교는 '더 높은 삶의 경험'이라고 표현하면서 권장했다.

그런데 이러한 모습이 한국교회의 성도들에게 전혀 낯설지 않다. 이는 한국교회가 그만큼 미국의 부흥운동에 영향을 받았기 때문이라고 할 수 있다.

2) 부흥운동이 교회에 미친 영향

부흥운동이 당시 교회에 미친 영향들을 몇 가지 살펴보면 다음과 같다.

첫째, 복음성가(Gospel Song)가 유행하면서 '시편찬송'(Psalm song)을 잃어버린 것이다. 미국의 부흥운동은 복음성가를 유행시켰을 뿐 아니라, 그 복음성가에 의해 부흥이 더욱 확장될 수 있었다. 그런데 복음성가들의 가사에는 아르미니안적(Arminian)인 요소가 많았다. 즉 구원을 위한 인간의 노력과 행함을 강조하면서 인간의 위대함을 노래했던 것이다. 물론 이런 경향에는 감리교의 영향이 컸다. 특히 무디와 함께 동행했던 생키(I. D. Sankey)의 노래가 지대한 영향을 미쳤는데, 장로교회까지도 그 영향에서 벗어날 수 없었다. 결과적으로 종교개혁 이후 예배 찬송으로 간직해 오던 '시편찬송'의 전통이 복음성가로 대체되었다.

둘째, 목사들의 자질이 떨어진 것이다. 부흥운동은 수많은 젊은 헌신자들을 배출했지만, 안타깝게도 이들은 신학적으로 제대로 준비되지 못했다. 목회자를 속성으로 배출하기 위해 정식 신학교가 아닌 교육기관들이 우후죽순 생겨났다. 대표적인 것이 '성경학교'(Bible Institute)였다. 거기서 간단한 교육을 받고나면 바로 목회자와 선교사가 될 수 있었다. 성경학교들에서 주로 가르친 것은 간단한 성경공부와 부흥을 위한 기술들이었다.

셋째, 신앙고백과 교리문답의 중요성이 희미해진 것이다. 부흥운동은 하나님께서 사도들에게 전해준 복음, 곧 중세 천년 동안 왜곡되었던 복음을 다시 바로 잡은 종교개혁가들의 신앙정통을 중요하게 취급하지 않았다. 그보다는 성도들이 '중생했느냐?' 또는 '성령 세례를 받았느냐?'에 관심을 집중했다. 때문에 하나님께서 어떤 분이시며 우리를 위해 행하신 일이 무엇인지, 우리는 그분을 위해 무엇을 해야 하는지에 관해서는 상대적으로 관심이 적을 수밖에 없었다. 또한 개인적인 구원의 체험을 중요하게 여기다보니, 교회의 정체성은 무시되기 일쑤였다. '사도신경'조차 신앙고백으로 여기지 않고, 단지 예배 시간에 외는 기도문 정도로만 생각했다.

3) 1907년의 평양 대 부흥운동

세계의 부흥운동에 영향을 받고 한국에 파송된 선교사들은 한국에서도 같은 부흥운동이 일어나기를 갈망했다. 평양 대 부흥운동은 선교사들이 공개적으로 회개하고, 눈물을 흘리며, 억제할 수 없는 감정을 경험하면서 시작되었다. 1903년에 감리교 선교사였던 하디(R. A. Hardie, 1865~1949)는 자신의 선교가 실패하고 있음을 느끼고 자신의 죄를 선교사의 기도모임에서 고백했는데, 그 때에 성령충만을 경험하게 되었다. 1904년에도 감리교 사경회에서 다른 선교사들이 똑같은 경험을 했다. 이후 이러한 경험은 다른 모임들에서도 일어났다. 1906년 8월에는 감리교와 장로교 선교사들이 모여 하디 선교사의 간증을 듣게 되었다.[9] 이즈음 미국과 인도, 웨일즈에서도 소위 성령세례를 강조하는 움직임이 있었다. 미국에서는 오순절 성령운동을 통해 소위 부흥이 시작되었고, 웨일즈에서는 10만 명이 회개하고 돌아오는 역사가 있었으며, 인도에서도 미국과 웨일즈의 소식을 들은 선교사들 사이에서 소위 성령세례를 경험하는 일들이 일어났다.

그 후 장로교 선교사들이 다시 서울에서 연례 모임을 가졌는데, 이 때 뉴욕에서 한국을 방문한 존슨(H. A. Johnson) 목사가 인도와 웨일즈에서 일어난 부흥에 대해 이야기했다. 나중에 그는 평양을 방문해서도 똑같은 이야기를 전했는데, 당시 선교사들은 이러한 세계적인 부흥의 불길이 한국에서도 일어나기를 기대했다. 그래서 1906년 가을부터 장로교 선교사들은 부흥을 위한 특별 집회를 계속했고, 1906년 12월 26일에는 평양에 모여 성령의 능력을 간구했다. 특히 그들은 회개고백을 통해 부흥이 일어난다는 것을 알고 서로서로 죄를 고백하기 시작했다. 그리고 드디어 1907년 1월에 평양에서 열린 장로교 연례 사경회에서 부흥이 시작되었다. 하디 선교사가 경험한 것과 같은, 또는 미국과 인도, 웨일즈에서 일어난 것과 같은 일이 일어났던 것이다. 이것이 오늘날 '한국의 오순절'이라고 불리는 평양 대 부흥운동이었다.[10]

당시 어떤 사람들은 죄를 고백하기 위해 청중 앞으로 걸어 나갔는가 하면, 어떤 사람들은 무서워 벌벌 떨며 가만히 앉아 있었다. 자신의 가슴

---

9. L. G. Paik, *The History of Protestant Missions in Korea 1832-1910* (Seoul, 1970), p. 366ff

10. W. Blair & B. Hunt, *The Korean Pentecost and the sufferings which followed* (Banner of Truth, 1977), p. 71이하

을 주먹으로 치며 우는 사람이 있는가 하면, 머리를 마룻바닥에 쾅쾅 박는 사람도 있었다. 저녁 8시에 시작된 집회가 새벽 5시까지 진행되었다. 이 같은 평양 대 부흥운동은 삽시간에 전국으로 퍼져나갔다.

대부분의 교회 역사가들은 1907년의 평양 대 부흥운동은 말씀에 기초해 건강하게 전개된 부흥운동이었다고 긍정적으로 평가한다. 교회가 성장하고 성도들의 삶이 변한 것이 그 증거라는 것이다. 하지만 성령님의 강력한 역사를 인정하더라도 평양 대 부흥운동의 전반적인 분위기가 또 다른 부작용을 낳은 것도 사실이다. 무엇보다 평양 대 부흥운동의 모습이 진정한 신앙생활의 전형이 된 것이다. 이제 기도를 하면 언제나 울어야 했다. 그렇지 않으면 진실한 그리스도인이 아니며 참된 기도도 아니었다. 어떤 역사가는 한국교회 성도의 감정적인 예배가 한국인의 독특한 감성적 특징 때문이라고 설명하는데, 사실 평양 대 부흥운동은 미국 선교사들의 설교와 교육, 모범에서 비롯되었다고 볼 수 있다. 물론 이러한 평양 대 부흥운동이 한국교회에 가져다 준 긍정적인 영향도 많지만, 이에 따른 개혁신앙의 약화는 큰 손실이 아닐 수 없었다.

한국교회는 평양 대 부흥운동의 100주년이 되던 2007년에 또 한 번의 대 부흥을 꿈꾸며 크고 작은 행사들을 개최했다. 그러나 아무런 일도 일어나지 않았다. 그 동안 한국교회는 선교를 받는 교회에서 선교하는 교회가 되었다. 그렇다면 이제 성인이 된 한국교회에 하나님께서 기대하시는 것은 무엇일까? 분명한 것은 100여 년 전 젖먹이와 같았던 한국교회에 바라셨던 것과는 다를 것이라는 점이다. 더군다나 오늘날 한국교회는 성장을 멈추고 내리막길을 걷고 있는 형편이다. 따라서 이제 한국교회는 새로운 길을 모색해야 한다. 아직도 교회의 부흥만이 살 길이라고 믿어서는 안 된다. 물론 부흥을 바라는 것이 잘못된 것은 아니지만, 부흥은 인간이 만들어 낼 수 있는 것이 아니다. 그것은 하나님의 주권적인 은혜로만 가능한 것이다. 그런데도 여전히 한국교회는 부흥을 바라며 새벽기도와 통성기도로 범 교회적인 대형 연합행사를 계속하고 있다.

<토론을 위한 질문>

1) 한국교회의 특징적인 모습을 말해 보세요.

2) 한국교회의 특징적인 모습은 어디에서 온 것일까요?

3) 19세기 미국의 부흥운동과 한국의 평양 대부흥운동이 어떻게 연결되나요?

2장
복음주의란 무엇인가?

　세계에서 유례가 없는 양적인 급성장을 이룬 한국교회는 열정적인 전도와 선교, 기도 생활을 그 특징으로 하는데, 여기에는 한국에 파송된 선교사들이 받은 복음주의, 세대주의, 부흥운동의 영향이 크게 작용했음을 앞에서 살펴봤다. 즉 선교사들의 지도 아래 한국교회는 각 교회(파)들의 신앙고백이나 교리문답보다 19세기에 '복음주의 연맹'(Evangelical Alliance)이 발표한 아홉 가지 기본 원칙만을 강조했다. 물론 장로교회 역시 자신들의 신앙고백인 웨스트민스터 신앙고백서와 대·소교리문답을 찬밥 취급했다. 이런 가운데서 전천년설 종말론이 수월하게 한국교회에 수용되었으며, 이에 따라 한국교회는 이 세상에 염세적인 태도를 취하면서 복음전도에만 혼신의 힘을 다하게 되었다. 여기에 1907년의 평양 대부흥운동에 따른 개인적인 체험이 강조되면서 한국교회는 급격히 개인화되어 갔다.
　이런 한국교회의 특징은, 쉽게 단정하기는 어렵지만, 대체적으로 (근본주의적) 복음주의에서 기원한다고 볼 수 있다. 오늘날 (근본주의적) 복음주의는 한국의 장로교회, 침례교회, 감리교회, 성결교회 그리고 순복음교회의 공통점이라고 할 수도 있다. 장로교회만 보더라도 장로교의 본래 특징보다 '복음주의'로 불리는 것을 더 좋아한다. 그래서 교회 이름 앞에 굳이 교단의 이름을 붙이려 하지 않는다. '지구촌교회'(Global Mission Church)만 해도 그 이름에서 침례교라는 인상을 전혀 찾을 수 없다. 마찬가지로 '사랑의교회', '분당우리교회', '높은뜻숭의교회'도 장로교 냄새가 나지 않는다. 감리교회라고 다를 것이 없다.

하지만 한국교회는 복음주의를 지향하면서도 정작 복음주의가 무엇인지는 잘 모른다. 물론 복음주의 자체가 규정하기 어려운 것이긴 하지만, 여기에는 한국교회가 신앙의 정체성보다는 현재의 영적이고 물질적인 복과 영혼의 구원에 일차적인 관심을 가지기 때문이라는 것도 한 몫 한다. 아니 어쩌면 자신의 역사와 정체성에 관심이 부족한 것이 복음주의자들의 특징이라고 말할 수도 있다. 실제로 교회의 역사와 정체성에 관심을 갖고 주일학교에서 이를 가르치는 교파는 장로교회 중에서도 통합과 고신뿐이다. 그런데 영국의 옥스퍼드 대학교의 맥그레스(A. E. McGrath)에 따르면, 역사를 공부하면 과거의 잘못을 피할 수 있을 뿐만 아니라 그 장점을 극대화할 수 있다.[1] 따라서 여기서는 복음주의의 역사와 정체성을 살피는 한편, 그것이 오늘날 한국교회에 어떤 영향을 주는지 살펴보기로 하겠다.

---

1. A. McGrath, *Evangelicalism and the Future of Christianity* (IVP, 1995), p. 19.

1. 복음주의의 역사적 배경

1) 용어의 유래

'복음주의'(Evangelism)라는 말은 성경에 등장하는 '복음'이라는 말에서 왔다. 복음은 헬라어로 '유앙겔리온'(Euangelion)으로 '좋은 소식'이라는 뜻인데, 한문으로는 '福音', 즉 '복된 소리'라고 번역되어 본래의 의미가 약간 왜곡된 감이 있다. 여하튼 복음을 정의해 보자면, 사람을 행복하게 하거나 사람의 마음에 기쁨을 주는 말이나 소리 혹은 소식이라고 말할 수 있다.[2] 과거 그리스인들에게는 이 용어가 '승리의 소식'을 지칭하는 전문용어였다. 즉 전쟁에서 승리한 것을 황제에게 전하는 기쁜 소식이요, 월계수와 축제의 분위기를 떠오르게 하는 단어였다.[3]

2) 중세 말기와 종교개혁 시대의 복음주의

'복음'이라는 단어는 중세 말기 이탈리아의 베네딕투스 수도사들에 의해 자주 사용되었다. 또한 구원의 개인적인 측면과 스스로 성경 읽기를 강조한 로마교회의 작가들을 일컬어 '복음적' 혹은 '복음주의자'라는 뜻의 'Evangelical'이라고 부르기 시작했으며, 이러한 움직임을 '복음주의'(Evangelism, Evangelicalism)라고 불렀다. 아마도 이 같은 중세 말기의 개인의 영적 관심과 확신을 추구하는 흐름이 종교개혁의 신앙에도 영향을 미쳤을 것으로 보인다. 이탈리아의 경우, 로마교회의 추기경들 역시

---

2. Louw & Nida, *Greek-English Lexion vol. 1* (United Bible Societies, 1988), p. 414.
3. 최윤배, 「복음주의 신학(Evangelical Theology)이란 무엇인가?」, 『신학지평』 제10집, 1999 봄 여름, 146-147쪽.

이러한 복음주의적 접근에 상당히 긍정적이었고, 교회에 부정적인 영향을 주지 않는다고 생각했다.

하지만 북유럽의 루터를 중심으로 한 복음주의적 움직임은 정치적인 변화와 맞물려 로마교회에 위협으로 다가왔다. 그래서 로마 가톨릭 교회는 이들을 라틴어로 '에방겔리치'(Evangelici: 복음주의자들)라고 부르며 비아냥거렸는데, 이는 종교개혁가들이 주창한 복음의 핵심인 '오직 믿음'(*Sola Fide*), '오직 성경'(*Sola Scriptura*), '오직 은혜'(*Sola Gratia*)를 따르는 자들에게 붙인 비속어였다. 이에 반해 개신교도들은 로마교회 지지자들을 라틴어로 '폰티피치'(Pontifici: 교황주의자들)라며 비난했다. 1520년대 초기 종교개혁 시대의 글에서 'Evangelical'이라는 단어가 종종 발견되긴 하지만, 1530년대부터는 개신교도들에게 'Evangelical'이라는 단어보다 반(anti) 로마교회를 뜻하는 'Protestant'라는 말이 17세기 중엽까지 주로 사용되었다. 물론 이런 명칭은 종교개혁가들이 스스로 붙인 것이 아니라 로마교회가 붙인 것이었다.

3) 대륙의 복음주의

종교개혁 시대의 독일에서는 '에방겔리쉬'(Evangelisch)라는 단어와 '프로테스탄트'(Protestant)라는 단어가 같은 의미로 사용되었다. 그래서 지금도 독일교회는 공식적으로 '에방겔리쉬 키르켄'(Evangelische Kirchen)으로 불린다. 그러나 엄밀히 말해 개인적인 복음의 적용을 강조하는 복음주의, 곧 '에반젤리컬'(Evangelical)에 해당하는 독일의 단어는 '에반겔리칼'(Evangelikal)이라는 신조어로서, 이는 '에방겔리쉬'(Evangelisch)와는 구별되어야 한다.

프랑스에서도 '유앙겔리크'(Evangelique)라는 단어가 개신교의 의미로 사용되는데, 이는 개인적인 복음의 적용과 관련해서 사용되는 '유앙겔리스'(Evangelisme)와는 구별되는 단어이다. 한편 워드(W. R. Ward) 교수는 독일과 네덜란드, 프랑스에서 일어난 경건주의 운동[4]을 지금의 복음주의와 연결시키기도 한다. 즉 17~18세기 경건주의자들이 현대의 복음주의자의 전형적인 선구자들이라는 것이다. **17~18세기 경건주의자들은 기성 교회의 교조적인 신앙생활을 떠나 창고 같은 곳에서 예배를 드렸고, 모임에서 평신도 지도자들이 개인적인 회심을 강조하는 연설을 하기도 했다. 특별 강의가 주제별로 자주 열렸으며, 젊은이들을 겨냥한 설교들이 유행했다. 일반 성도들이 교회에서 부르는 것 외에도 일상생활에서 부를 수 있는 찬송이 만들어졌으며, 소그룹이 장려되었고, 개인적인 신앙생활이 강조되었다.**

1700년대에 일어난 영국의 웨슬리 형제는 독일의 경건주의의 모태가 된 모라비안 형제단(Moravian Brethren)에게서 많은 영향을 받았다. 특히 친첸도르프(N. L. von Zinzendorf, 1700~1760)의 구원의 확신과 회심 등에서 크게 영향을 받았다. 이후 웨슬리 형제는 미국의 대각성운동과 복음주의 확산에 크게 기여했다. 선교의 열정도 사실은 모라비안들이 불붙였다고 할 수 있다. 선교의 아버지라는 영국의 윌리엄 캐리(William Carey, 1761~1834)는 1790년에 선교를 시작했지만, 모라비안들은 1730

---

[4] 이 경건주의 운동은 복음에 개인적으로 반응하는 것에 강조점을 두었는데, 독일의 쉬페너(Philip Jacob Spener, 1635~1705)에 의해 시작되었고, 프랑케(August Hermann Francke, 1663~1727)에 의해 할레 대학을 중심으로 활발하게 전개되었다. 이들은 기독교가 지식이 아니라 삶이라고 주장하면서, 교리를 중요하게 생각하지 않았다. 반면 중생과 회개의 삶을 강조하며 금욕적인 삶을 살았다. 17세기의 교회가 교리를 강조했다면, 18세기의 경건주의는 삶을 일방적으로 강조함으로써 건전한 교리의 가치를 평가절하했던 것이다. 이로 인해 19세기 교회는 결국 자유주의와 현대주의에 길을 열어주고 말았다.

년대 초 그린란드와 서인도 제도, 아메리카 원주민들에게 선교했고, 그 결과는 매우 성공적이었다.

4) 영국의 복음주의

영어권에서는 개신교를 일컫는 '프로테스탄트'(protestant)와 개인적인 복음의 적용을 일컫는 '에반젤리컬'(evangelical) 사이를 혼돈하지 않았다. 영국교회와 청교도 모두 'Evangelical'이라는 단어를 처음부터 '복음에 기초한'이라는 의미로 사용했다.

18세기에는 요한 웨슬리(J. Wesley, 1703~1791)가 일으킨 부흥운동을 'Evangelical'이라고 불렀다. 그만큼 당시에는 '감리교적'인 것이 곧 '복음주의적'인 것이었다. 영국 국교회에 반대한 감리교도들이 복음과 복음전도를 강조했기 때문이다. 감리교는 1784년에 독자적으로 평신도에게 목사직을 안수함으로써 영국 국교회를 떠났지만, 후에 국교회를 떠나지 않고 남아 있던 자들 중에서도 'Evangelical'이라고 불리는 자들이 있었다. 이들은 영국 국교회의 영적 부흥을 추구하는 한편, 선교와 주일학교 운동, 사회정화 운동에 앞장섰다. 대표적인 사람이 '어메이징 그레이스'(Amazing Grace)라는 영화로 한국에 잘 알려진 윌리엄 윌버포스(William Wilberforce, 1759~1833)였다. 그는 가난한 자들의 삶을 향상시키고 노예제도를 폐지하는 데 혼신의 힘을 기울였다. 영국 국교회에 남아 있는 자들은 1846년 '복음주의 연맹'(Evangelical Alliance)을 결성함으로써 복음주의의 확산을 도모했다. 저명한 교회 역사가인 필립 샤프(Philip Schaff, 1819~1893)가 이 연맹을 만든 대표들 가운데 한 사람이었으며, 존 스토트(John Stott)와 짐 패커(Jim Packer) 또한 성공회에 속한 '복음주의자'들이었다.

5) 미국의 복음주의

미국에는 18세기 조나단 에드워드(Jonathan Edward)와 조지 휫필드(George Whitefield)에 의해 일어난 제1차 대각성운동(1720~30년대) 때 'Evangelical'이라는 단어가 사용되었다. 제2차 대각성운동(1790년대)이 일어나면서부터는 '교회 전통'에 반대하는 개념으로 'Evangelical'이 사용되기 시작했고, 19세기에는 '자유주의'에 반대하는 개념으로 사용되었다. 그래서 한동안 '근본주의'(Fundamentalism)와 동일한 의미로 사용되었는데, 이후 근본주의 운동은 처음 세대의 열정이 점점 사라지면서 '문자주의적 근본주의'로 추락하게 되었다.

결국 1942년에 '복음주의 협회'(the National Association of Evangelicals, NAE)가 구성되면서 문자주의적이고 분리주의적인 성격 때문에 인기를 잃어가던 근본주의와 구별된 형태의 복음주의가 생겨났다. 이때부터 '복음주의'라는 단어는 새로운 힘을 얻게 되었고, 제2차 세계대전이 끝난 후에는 새로운 의미의 'Evangelical'이 생겨났다. 이 새로운 움직임을 '신복음주의'(Neo-Evangelicalism)라 부르거나 '포용적 복음주의'(Broad Evangelicalism)라 부르는데, 성경을 무오한 말씀으로 믿으면서도 자유주의적인 신학이나 사상들과 담대하게 대화하는 점과 개별성과 다양성을 인정하면서 전체적인 연합(Diversity in Unity)을 시도[5]하는 점이 그 특징이다. 여하튼 신복음주의는 문자주의적이고 분리주의적 근본주의보다 훨씬 넓은 개념으로 복음주의를 적용하려 했고, 1960년대 초에 세계적으로 공유되는 개념으로 자리 잡게 되었다. 대표적인 신학교로는 미국의 풀러(Fuller) 신학교와 고든 콘웰(Gordon-Conwell) 신학교와 휘

---

5. 정준기, 「현대 미국의 복음주의 개관」, 『광신논단』 Vol. 8. No. 1, 1997, 147쪽.

튼(Wheaton) 신학교 등이 있으며, 『크리스채너티 투데이』(*Christianity Today*, 2006년부터 한국판도 나옴)가 이 운동과 관련된 대표적인 잡지이다. 한국의 경우에는 『복음과 상황』(1991년 창간)이라는 잡지를 들 수 있다. 이들은 비교적 건강한 교회와 신앙을 추구하는 복음주의 그룹이지만, 엄밀한 의미의 개혁신앙과는 차이가 난다고 할 수 있다.

오늘날 복음주의는 세계적으로 큰 세력을 형성했다. 제3세계 개신교의 대부분이 복음주의적이다. 물론 신복음주의 역시 이 가운데 포함된다. 미국에서도 개신교의 2/3가 넓은 의미에서 복음주의자들이며, 영국, 독일, 스칸디나비아 등에서도 복음주의가 가장 큰 흐름을 형성하고 있다.

2. 복음주의의 특징

복음주의는 그 스펙트럼이 매우 넓다. 가령 **복음주의는 어떤 '이데올로기'일 수도 있고, '운동' 또는 '공동체'일 수도 있다. 아니면 복음을 중심으로 한 어떤 '정신'이나 '사상체계' 혹은 '경향', '흐름' 등을 일컫는 것일 수도 있다.**[6] 그런데 여기서 중요한 것은 '복음'이 무엇인가 하는 것이다. 복음주의의 넓은 스펙트럼을 하나로 묶을 수 있는 것이 바로 '복음'이기 때문이다. 하지만 '복음이 무엇인가?'라는 질문에 대답하기가 의외로 쉽지 않다. 복음에 관해 자유주의자와 보수주의자의 해석이 다르기 때문이다. 그래서 가능한 공통의 영역을 찾으려고 최선을 다하는 한편, 논쟁적인 것은 최대한 피하려고 한다. 하지만 '복음이 무엇인가?'라는 문제는 꼭 정리하고 넘어가야만 한다.

---

6. Joh R. Stone, *On the Boundaries of American Evangelicalism: The Postwar Evangelical Coalition* (St. Martin's Press, 1999), p. 6.

성경에 나타난 복음의 핵심은 고린도전서 15장 1~11절에서 찾을 수 있다. 즉 그리스도의 대속의 죽음과 부활이며, 이를 믿는 자가 구원을 받는다는 것이다. 이는 사도들이 전해준 것으로, 신앙의 핵심이자 기독교의 핵심이다. 또한 바울과 어거스틴, 루터, 칼빈, 웨슬리, 조나단 에드워즈 등의 정통 신학자들의 공통분모이다. 따라서 이것을 믿고 그럼으로써 그것을 자신의 것으로 만들지 않는다면 누구도 복음신앙으로 나아갈 수 없다.[7] 하지만 복음주의에서 실제로 강조되는 면은 **복음 자체보다는 복음을 전하고 받아들이는 신앙인 개인의 '주관적인 확신'과 '경험' 또는 '체험' 이다.**[8] 즉 복음의 내용 그 자체에 관심을 두기보다는 복음의 적용(개인적인 체험과 확신)에 관심을 둔다. 이런 점에서 복음주의는 주관적인 성향이 강하다. 때문에 교회의 역사에서 복음주의는 주관적인 경험을 경시하는 정통주의(orthodoxism)와 대립해 왔다.

복음주의의 핵심을 '복음'과 '복음에 관한 개인적인 접근'이라고 말할 수 있다 하더라도, 사실 역사적으로 그 모양과 특징은 다양하게 나타났다. 현재도 여러 다양한 교단과 교파들로 구성되어 있다는 점에서 복음주의의 실체와 모양을 정의하기란 매우 힘든 일이다.[9] 그래서 제임스 헌터(James D. Hunter)는 복음주의를 침례교 전통, 성결교 및 오순절 전

---

7. 한상화, 「복음주의 개념정립을 위한 소고: 용어의 혼란에 대한 하나의 제안」, ACTS 『신학과 선교』 2000 No. 4, 345쪽.
8. A. McGrath, p. 57.
9. Donald W. Dayton, "Some Doubts about the Usefulness of the Category Evangelical" in *The Variety of American Evangelicalism* (ed. by Donald W. Dayton & Robert K. Johnston (Eugene, 1998), pp. 245-251; Joh R. Stone, *On the Boundaries of American Evangelicalism: The postwar Evangelical Coalition*, pp. 2-3.

통, 재세례파 전통, 그리고 개혁주의 전통으로 구분했다.[10] 또한 리차드 퀘베독스(R. Quebedeaux)는 분리주의적 근본주의, 개방적 근본주의, 교파적 복음주의, 신복음주의로 구분했으며,[11] 게리 도린(Gary Dorrien)은 16세기 종교개혁과 청교도들의 복음주의, 18~19세기 경건주의적 복음주의, 19~20세기 근본주의적 복음주의, 마지막으로 진보적 복음주의자로 나누었다.[12] 도날드 블루쉬(Donald Bloesch) 역시 대중전도운동, 학생선교단체, 복음주의 교회들의 성장과 활발한 선교운동, 기독교신문과 잡지들, 많은 복음주의 신학자들 및 신학교들의 등장과 발전 등과 같은 복합적인 요인들이 하나로 어우러진 신앙운동이라고 보았다.[13]

모두 나름대로 복음주의가 내포한 특징들을 잘 표현했다고 볼 수 있지만, 사실 이들 사이에서 일관성 있는 공통점을 찾아내기란 매우 어렵다. 이런 점에서도 복음주의는 어느 한 사람이나 교파 혹은 교리에 국한되지 않은 광의적인 개념이라는 것을 알 수 있다. 한 마디로 복음주의는 '집합개념'이요, 일종의 '분위기'에 가깝다. 그것은 어떤 신학적인 체계가 아니다. 그보다는 종교개혁과 경건주의, 그리고 18~19세기의 부흥운동을 통해 나타나서는, 각 나라와 교회의 상황에 따라 여러 형태로 발전한 운동이라 할 수 있다.

이 같이 복잡하고 다양한 복음주의의 배경을 고려한 가운데서 굳이

---

10. James D. Hunter, *American Evangelicalism: Conservative Religion and the Quandary of Modernity* (Rutgers University Press, 1983), p. 8.

11. R. Quebedeaux, *The Young Evangelicals* (Harper & Row, 1974), pp. 19-40.

12. G. Dorrien, *The Remaking of Evangelical Theology* (Westminster John Knox Press, 1998), pp. 2-11.

13. D. Bloesch, *The Evangelical Renaissance* (Eerdmans, 1973), pp. 13-18.

복음주의가 지닌 공통적인 특징을 찾아보자면, 다음과 같이 세 가지로 정리할 수 있다. 이는 네덜란드의 신학자 루니아(K. Runia)에 따른 것인데,[14] **첫째, 성경을 권위 있는 하나님의 말씀으로 받아들인다는 것, 둘째, 성령의 역사로 말미암는 예수 그리스도와의 개인적인 체험(연합)을 강조한다는 것, 셋째, 성도를 전도와 선교 영역에 매진하도록 한다는 것**[15]이다.

3. 한국교회와 복음주의

한국교회의 복음주의는 이미 복음주의 분위기에 젖어 있던 외국 선교사들을 통해 자연스럽게 형성되었다.[16] 선교사들은 교파를 떠나 네비우스 선교방법, 성경중심의 교회교육, 사경회, 성경중심의 신학훈련 등 다양한 복음주의적 사역을 통해 한국교회에 긍정적인 영향을 미쳤다. 이러한 분위기는 1905년에 초교파적인 '한국 복음주의 선교사 연합 공의회'를 결성하는 데도 기여했다. 뿐만 아니라 1907년에는 평양 대 부흥운동을 촉발시키기까지 했다. 하지만 해방 이후 신사참배와 관련한 회개운동이 교권다툼으로 번지면서 장로교가 분열하게 되었고, 이로 인해 복음주의 진영에 속한 교회들의 영향력이 약화되었다.[17] 그러나 총신대학교의 박용규 교수에 따르면, 1970년대에 들어오면서 복음주의는 초교파 선교단체 운동과 대중전도, 로잔언약, 복음주의 출판사의 발흥, 아세아연합신학대학

---

14. K. Runia, *Evangelisch-reformatorisch-gereformeerd* (Willem de Zwijgerstichting Apeldoorn, 1984).
15. 미국에서 실제로 1960~70년대에 주요 개신교의 선교사역자들은 10% 감소했지만, 복음주의적 교회는 10% 성장했다는 점이 복음주의의 선교 동력화를 잘 보여준다.
16. 김영재, 『한국교회사』, 개혁주의신행협회, 1992, 142쪽.
17. 이호우, 「한국 초교파 복음주의 운동에 대한 역사적 고찰과 전망」, 『일립논총』 제10집, 65쪽.

설립, 복음주의 교육기관의 등장, 한국복음주의협의회 설립 등으로 인해 다시 활력을 찾게 되었다.[18] 당시 대학생 선교단체들은 대부분 초교파적 성격을 가졌고, 전도에 집중한 대표적인 복음주의 운동이었다. 게다가 한국교회는 1973년에 빌리 그레이엄(Billy Graham)을 초청해 270만 명을 한 자리에 모았다. 1974년에는 '엑스플로(Explo) 74 전도집회'를 개최했고, 1977년에는 '민족 복음화 대성회', 1980년에는 '세계복음화 대성회'를 열어 복음주의 운동을 확산시켰다. 이런 영향으로 말미암아, 김상복 목사에 따르면, 한국교회 목회자의 약 96%는 전통적인 복음주의 신앙을 가졌으며, 혹 자신을 복음주의자라고 하지 않더라도 그들의 개인적인 신앙은 거의 복음주의적이라고 할 수 있게 되었다.[19] 아마도 이에 반대하는 사람은 많지 않을 것이다.

4. 한국교회의 성장 멈춤

한국 개신교회는 지난 한 세기 동안 세계교회가 부러워할 정도로 놀라운 성장을 보여주었다. 물론 그 영광은 전적으로 하나님께 돌려야 한다. 하나님의 놀라우신 섭리가 없었으면 한국교회가 이렇게 성장할 수는 없었을 것이다. 마치 예수 그리스도께서 세상에 '때가 차매'(갈 4:4) 오신 것처럼, 하나님의 섭리의 때에 이 나라에도 복음이 전해졌다. 그리고 수많은 성도들의 헌신과 수고를 통해 이 복음이 왕성하게 자라나도록 하셨다. 특별히 사상적으로나 철학적으로 공백기인 구한말에 전래된 개신교

---

18. 박용규, 『한국교회를 깨운 복음주의 운동』, 두란노, 1998, 115쪽.
19. 김상복, 「한국 독립교회 선교단체 연합회: 어제, 오늘, 내일」, 『KAICAM』 창간호, 2004. 1.31.3.

는 한국인에게 놀라운 대안으로 자리하면서, 유약한 민족의 정기를 고취시키고, 봉건적인 구습을 타파하고, 민족을 계몽하는 데 큰 역할을 했다. 무지와 미신, 빈곤과 질병, 계급차별과 성차별이 만연한 사회에 민족의식을 각성시키면서 개신교회는 성장해 갔다. 무엇보다도 일제 강점기에 개신교가 민족의 종교로서 역할을 톡톡히 해낸 것은 하나님의 은혜가 아닐 수 없었다. 대개 기독교가 전파된 나라들은 기독교를 그들 나라를 식민지로 지배하는 나라의 종교라고 간주해 부정적으로 생각했다. 그러나 한국에서는 기독교가 일본에 대항하고 독립운동을 격려함으로써 긍정적인 위상을 얻었는데, 이는 우연의 일치가 아니라 하나님의 놀라운 섭리였다.

이 같은 하나님의 섭리 아래에서 한국교회의 성장 요인을 좀 더 구체적으로 꼽아보자면, 첫째, 일제의 탄압과 해방 이후 교계 내부로부터 교회를 재건하려는 열망이 강력했다는 것, 둘째, 교단분열에 따라 전도가 경쟁적으로 이루어졌다는 것, 셋째, 사회·정치·경제적 혼란이 가져온 정신적인 진공 상태로 인해 정신적으로 위안을 찾고자 했던 사회적인 요구에 복음주의적인 위로가 부응했다는 것,[20] 즉 근대화에 따른 도시화로 말미암아 많은 사람들이 도시로 몰려들면서 삶의 안정과 정신적인 위안을 얻고자 지연 또는 혈연을 따라 교회로 몰려들었던 것, 넷째, 세계교회사적인 특징과 맞물린다고 볼 수 있는 부흥회를 통한 전도 운동, 학원에서의 파라처치(para-church) 운동, 오순절 성령운동, 특히 오순절교회를 중심으로 한 신유의 은사와 물질적인 축복을 강조한 신앙이 한국인들에게 매력적이었다는 것 등을 들 수 있다.

그런데 1990년에 들어서면서 한국교회의 성장속도가 떨어지기 시작

---

20. 김중기, 「한국교회의 성장과 그 요인분석」, 『신학논단』 16, 1984, 255-284쪽.

했다. 그러더니 2005년에는 오히려 1995년보다 교인의 수가 줄었다는 통계까지 나왔다.[21] 그 동안 한국교회의 성장동력이 되었던 한국 복음주의 효과가 떨어진 것이었다. 특히 청소년 교인수가 줄어든 것은 교회의 미래를 더욱 걱정스럽게 하고 있다. 미자립 교회와 폐 교회의 수는 계속해서 증가하고 있다. 그런데도 2000년부터 2007년 사이에 교회의 숫자는 오히려 21.7% 증가했다.[22] 연평균 1,200개씩 개척교회가 계속해서 세워지고 있기 때문이다. 이렇듯 한국교회는 현재 교인은 줄어드는데 교회는 늘어나는 기이한 현상이 나타나고 있다.

더 심각한 것은 기독교 전반에 대한 사회 일반인들의 정서가 점점 나빠지고 있다는 점이다. 2007년 여름에 분당 샘물교회의 아프간 피랍사태를 계기로 불거진 일반인들의 기독교에 대한 반감은 심각한 수준이다. 이러한 경향은 이미 1997년에 한국갤럽조사 연구소에서 실시한 "한국인의 종교와 종교의식"[23]이라는 조사 결과에서도 확연하게 나타나기 시작했다. 한국교회는 전도의 대상자인 일반인들로부터 공신력을 상실했다. 구한말과 일제 강점기, 한국전쟁 후의 상황과 비교하면 정반대의 상황이다. 분명 현재 시점에서 한국교회의 미래는 어둡다.[24] 한국 복음주의는 위기에 봉착했다. 그렇다면 한국 복음주의는 무슨 문제를 지니고 있는 것일까?

---

21. 비록 2015년 통계에서는 교인의 수가 다시 증가한 것으로 나왔으나, 여기에는 여러 가지 허수들이 있는 것을 감안할 때, 한국교회의 성장속도가 계속해서 떨어지고 있다는 것은 부인하기 어려운 것으로 보인다.
22. 《국민일보》, 2008년 12월 9일 기사.
23. 한국갤럽, 『한국인의 종교와 종교의식』, 1998.
24. 이병선, 「한국교회 성장문화의 사회적 요인 분석: 1990~2000년을 중심으로」, 331쪽.

5. 한국 복음주의의 약점

복음주의는 오늘의 한국교회가 있게 한 큰 동력이기도 했지만, 동시에 그것이 오늘의 한국교회에 있는 수많은 문제의 원인이 되기도 한다. 한 마디로 복음주의의 강점이 오히려 약점이 되고 있는 것이다.[25] 그러면 복음주의의 약점은 무엇일까?

1) 다양한 관점의 성경해석

첫째, 복음주의는 성경의 권위를 인정하지만, 동시에 '성경해석의 다양한 관점'도 인정하기에 위험을 내포하고 있다. 복음주의에는 공통된 신학체계가 없다. 즉 성경해석이 그룹별로 혹은 개인별로 다양하기 때문에 성경의 진리가 일관성 없이 여러 단편들로 분리될 수 있다. 이러한 복음주의의 신학적 무체계성은 성경해석의 문자주의적, 성경주의(Biblicism)적 접근을 양산한다. 다시 말해 성경에 나타난 글자 그대로만 진리로 받아들이고, 그렇지 않고 성경에서 글자 그대로의 증거를 찾을 수 없는 개념은 거부하게 된다.

이렇게 문자주의에 경도된 복음주의적 자세는 얼핏 순수하고 성경적으로 보일 수도 있지만, 꼭 그런 것은 아니다. 오히려 비성경적인 경우가 많다. 예를 들어, 20세기에 성령운동을 하는 복음주의자들은 방언을 문자주의로 해석함으로써 구원 받은 사람은 반드시 방언을 해야 한다고 주장하는 오류를 범하기도 했다. 이는 사도행전에 나타난 특별한 구속 역사적 기술을 보지 못하고 그것을 문자적으로 그대로 적용한 결과였다. 세대주의적 성경해석도 이와 비슷한 오류에 빠지는데, 곧 구속사적인 흐름을 무

---

25. K. Runia, pp. 1-20.

시한 채 문자적으로 성경을 해석함으로써 인류의 역사를 창조 일수인 육일과 안식일을 본떠 일곱 세대로 나눈 것이다.

오늘날 교회 지도자들이 예배당 건물을 여전히 '성전'이라고 말하는 것도 문자주의적으로 성경을 해석하는 맥락에서 이해할 수 있다. 즉 구약 시대의 성전을 신약 시대의 예배당에 그대로 적용한 것이다. 그래서 예배당 건축을 성전 건축이라고 하면서 옛날 솔로몬이 지은 성전처럼 아름답고 웅장하게 지어야 한다고 생각한다. 돈이 아무리 많이 들어도 교인들은 이에 대해서 불평해서는 안 된다. 하지만 성전이라는 개념이 성경에 나오는 것은 사실이지만, 오늘날 교회의 건물이 그런 성전의 개념을 지니는 것은 아니다.

이 외에도 아무런 신학적인 성찰 없이 목사를 성경의 문자대로 제사장으로 이해하거나, 강단을 제단이라고, 새벽기도회를 새벽제단이라고 하는 경우도 많다. 이와 같은 문자주의적 이해는 대개 한국 복음주의가 지닌 약점, 곧 신학이 부족한 탓이라고 말할 수 있다. 분명한 신학이 없기 때문에 경우에 따라 편한 대로 성경을 해석(성경주의, 문자주의)하고 적용하다보니 생긴 문제들이다.

개인적으로 성경을 읽고 묵상하고 적용하는 큐티(QT)는 분명 권장해야 할 일이다. 그렇지만 이것도 문자주의적으로 해석하고 적용하면 위험할 수 있다. 또는 정확하게 본문을 해석하기보다 적용에 강조를 둠으로써 억지스럽게 적용할 수도 있다. 이런 점에서 성경을 읽고 해석하는 좋은 틀이 있는데, 그것이 바로 신앙고백과 교리문답이다. 그러나 복음주의자들은 이와 같은 신앙고백이나 교리문답을 그다지 좋아하지 않는다. 그렇기 때문에 아쉽게도 복음주의자들은 성경만을 하나님의 말씀으로 믿긴 하지만(*sola scriptura*), 성경을 전체적으로 이해하는 데(*tota scriptura*)

에는 소홀하게 되는 경우가 많다. 오늘날 한국교회 역시 신앙고백과 교리 문답들을 제대로 가르치지 않는다. 때문에 많은 교회들에서 성경을 자의적으로 잘못 해석하고 적용할 위험이 항상 존재한다. 자신의 경험이나 생각을 성령님의 인도하심으로 원용할 가능성도 많다.

2) 개인의 경험과 주관주의

둘째, 중생과 회심, 성령님의 사역을 강조함으로써 '개인의 경험'이 중요시 되어 주관주의에 빠지기 쉽다. 성경을 읽을 때 개인적인 경험이 해석의 시금석이 되기 일쑤이다. 이 점에서 복음주의는 성경의 권위를 이론적으로는 인정하면서도 실제적으로는 개인의 경험을 앞세운다고 볼 수 있다. 복음주의 예배 역시 점점 경험적이고 감정적으로 변해가고 있다. 불신자들을 위한다는 명목으로 예배는 열린 예배 또는 구도자 예배 형태로 바뀌고, 설교 또한 하나님의 진리보다는 청중을 감동시키는 이야기들 위주의 설교가 인기를 끌고 있다. 청중을 중심에 두다 보니 죄를 심판하시는 공의의 하나님은 인기가 없다. 그보다는 은혜와 복을 주시는 사랑의 하나님이 설교의 대부분을 차지한다. 이로 인해 복음이 곧 번영이라는 생각이 지배적이게 된다.

한편 영적인 은사와 개인적인 경험을 중시하는 복음주의는 이단의 공격에 취약한 경우가 많다. 그만큼 교리적인 부분이 약하기 때문이다. 교리적인 정통주의를 죽은 신앙이라고 보고 내다버리다가 안타깝게도 정통주의가 지닌 교리라는 좋은 틀까지 버린 것이다. 목욕물을 버리려다가 아이까지 버린 셈이다. 오늘날 복음주의의 영향 아래 있는 한국교회는 자신들이 고백하는 신앙고백에 관심이 별로 없다. 신앙고백은 사도신경으로 충분하다고 생각한다. 아니 이제는 사도신경조차 그다지 중요하게 생각하지 않는다. 그로 인해 교회가 전하는 복음은 아주 단순화되었다.

유아세례에 대한 태도에서도 복음주의자들은 그것이 개인적인 신앙의 경험이 없는 가운데 주어지는 것이기 때문에 크게 중요하다고 생각하지 않는다. 이에 대해서는 유아세례를 시행하고 있는 장로교의 성도들도 마찬가지다. 그들 또한 유아세례가 갖는 언약적인 복의 의미에 대해 잘 알지 못한 채 유아세례를 받는 경우가 허다하다.

개인적인 경험을 강조하는 복음주의에서는 은사운동이 인기를 끌 수밖에 없다. 특히 오순절파를 중심으로 한 일부 복음주의자들은 경험적인 신앙을 추구하면서 신유와 환상과 방언의 은사를 강조한다. 뿐만 아니라 복음주의에 의해 단순화된 복음은 개인의 구원에만 지대한 관심을 갖게 한다. 이에 반해 하나님께서 창조질서와 말씀 가운데 주시는 평화의 명령이나 일상의 삶과 창조세계를 향한 관심은 크게 부족한 편이다. 사회적인 불의나 정치, 기독교 교육에 대해서도 관심이 적은 편이다. 물론 전도를 위한 주일학교 교육에는 관심이 크다. 하지만 정작 가정에서 언약의 자녀들을 신앙으로 양육하는 데는 별로 관심이 없다.

복음주의는 개인의 신앙과 영혼구원을 강조함으로써 전도와 세계 선교에 불을 붙였고 복음 전파에 놀라운 결과를 가져왔음은 틀림없다. 그러나 아쉽게도 문화나 사회에 대해서는 책임을 회피한 측면이 있다. 사회에 대한 책임만을 강조하는 신학도 문제지만, 개인에 대한 관심이 지나치게 집중되어 문화나 사회를 도외시하는 것도 문제다. 특히 포스트모더니즘 시대에는 개인적인 성경해석과 주관적인 체험을 강조하는 복음주의가 매우 인기가 있다. 하지만 보편적인 하나님의 역사에 대해서는 관심을 가지지 않음으로 신앙의 불균형을 초래한다.

3) 낮은 기준의 제자도

셋째, 복음주의는 전도와 선교에 보다 강조점을 둠으로써 성경이 말하는 제자도의 기준을 낮추는 위험이 있다. 최 권능 목사는 기독교의 중심 진리를 복음신앙을 통한 구원을 의미하는 '예수천당 불신지옥'이라는 한 마디로 표현했다. 그러나 예수님을 믿고 바로 죽으면 천당에 갈 수 있을지 몰라도, 그 전에 세상에서 살아야 할 날들이 많은데, 그 날들을 어떻게 살아야 하는지에 대해서는 아무 말이 없다. 그러면 성경이 그렇게 말하는 것일까? 아니다. 오히려 성경은 믿은 후 어떻게 살아야 하는가에 대해 많은 부분을 할애한다. 따라서 단순히 '예수천당 불신지옥'만으로 기독교의 복음을 모두 설명하기엔 턱 없이 부족하다. 이런 점에서는 학원선교단체들도 비슷하다. 진정한 제자는 다른 제자를 낳아야만 한다면서 예수님을 갓 믿은 초신자를 전도와 선교에 곧바로 투입하곤 한다. 반면 그들이 자신의 삶 가운데서 어떻게 살아가야 하는지에 대해서는 고민이 부족하다.

이렇듯 복음주의의 영향을 받은 한국교회는 전도에 전력하지만 사회적인 책임을 등한시하는 경향이 있다. 그러나 전도를 강조한다고 해서 사회 구조적 악에는 무관심해도 된다는 말은 아니다. 사회의 질서, 정치, 경제 체계도 하나님께서 주신 일반은총에 속한다. 그리스도인들은 이런 영역에서도 하나님의 뜻을 구현할 수 있어야 한다. 어쩌면 오늘날 한국교회가 성장을 멈춘 이유는 전도와 선교에 대한 열정이 약해서라기보다는 오히려 교회가 사회로부터 매력을 잃은 것과 무관하지 않다. 그리스도인들이 세상에서 소금과 빛으로 살아가는 것을 보고 불신자들이 그리스도인들에게 그런 삶의 이유와 소망에 관하여 물어오도록 하는 차원의 전도와 선교가 없는 것이 문제다. 여기에 한국 복음주의의 맹점이 있다.

4) 지역 개체교회의 약화

넷째, 복음주의는 대규모의 집회를 통해 외형적인 힘을 과시하며 일치를 추구하지만, 정작 그로 인해 지역 개체교회가 무력화되는 경향이 있다. 복음주의 교회는 개 교회의 실제적인 개혁을 추구하기보다는 수적인 성장을 보다 강조한다. 그래서 대형집회들을 유치하며, 개신교회의 단합과 힘을 보여주며, 복음의 힘을 가시적으로 부풀린다. 복음주의는 이런 이벤트나 행사에 관심이 많다. 한국교회가 2007년에 '어게인 1907'을 통해 재도약의 기회로 삼으려 한 것도 복음주의의 이러한 경향을 잘 보여준다. 하지만 이런 행사는 언제나 지역의 개체교회 예배를 희생하고 연합예배에 참석하도록 부추기는데, 이는 개체교회의 예배보다 대형집회가 더 중요하다고 교육하는 셈이 된다.

5) 개교회주의와 대형교회 지향

다섯째, 복음주의가 강조하는 전도와 선교 지상주의(至上主義)는 개(個)교회주의와 대형교회를 지향하게 만든다. 한국교회는 교회의 수적 부흥을 위해 경쟁적으로 교세확장에 힘썼다. 이를 위해 성경적인 원리보다는 자본주의 체제의 기업 생리를 따랐으며, 지역교회로서의 역할을 포기한 채 멀리까지 교회버스를 운행했다. 교인들도 교회의 신앙고백이나 공동체성보다는 목사의 설교나 교회 시스템을 보고 출석 교회를 정함으로써 교회의 빈익빈 부익부 현상을 주도했다. 이런 상황에서는 한 교회에서 실망하면 다른 교회로 쉽게 이동할 수 있다. 마치 쇼핑하듯이 교회를 다니는 것이다.

자본주의적 생존경쟁에서 살아남은 교회는 점점 더 대형교회로 발전한다. 그리고 대형교회가 되면 교회의 연합체인 노회의 통제를 받으려 하지 않는다. 대형교회의 '개(個)교회주의'는 로마교회의 제도를 철저히 배격한 제도라지만, 어떤 측면에서는 오히려 가장 중세적인 교회로 전락할 수 있는 위험도 있다.[26] 사실, 오늘날 대형 개체교회는 천상천하 유아독존적인 최종 권위를 지닌다. 뿐만 아니라 목사는 카리스마적인 지도자로 추앙받음으로써 마치 작은 교황과 같이 군림한다. 따라서 얼마든지 독재가 가능하며, 부패할 수 있고, 잘못된 길로 들어설 수 있다. 이런 개체교회들의 수가 많다 보면 교계는 무정부 상태로 빠지고 만다. 개체교회에 분쟁이 있어도 노회는 조정하는 역할을 할 수 없다. 이러한 현상은 의도하지 않았더라도 복음주의 교회가 안고 있는 약점이자 한계임에 틀림없다.

6) 자녀의 신앙교육의 약화

여섯째, 복음주의는 타인의 복음 전도에는 열심이지만, 정작 자녀의 신앙교육에는 소홀한 면이 있다. 교회의 주일학교 운동은 복음주의의 등장으로 활성화된 좋은 예이다. 오늘날 주일학교는 영국에서 길거리를 배회하는 아이들에게 성경을 가르쳐주고 그들의 삶을 돌보아주기 위해서 시작되었다. 그러다가 이것이 19세기 중반부터 미국 대부분의 교회들에 정착되면서 놀라운 선교적인 기능을 감당했다. 아이들이 교회에 나오면서 부모들도 예수님을 믿는 경우가 생기게 된 것이다. 하지만 이로 인해 문제가 되는 지점도 발생했다. 그것은 주일학교가 생기기 전에는 자녀에 대한 신앙교육이 부모에 의해 가정에서 이루어졌는데, 주일학교가 부흥하면서 믿는 자녀들도 주일학교에 가게 되자 부모들이 자녀들의 신앙교육을 주일학교에만 맡기게 된 것이다. 그에 따라 19세기 중반부터 미국의

---

26. 김영재, 『한국교회사』, 개혁주의신행협회, 1992, 339-340쪽.

가정에서는 가정예배를 드리는 경우가 거의 사라졌다. 비록 일부 장로교와 개혁교회에서 여전히 가정예배를 드렸지만, 대부분은 그렇지 않았다. 따라서 당시 한국에 들어온 선교사들도 가정예배의 경험이 없을 수밖에 없었고, 이로 인해 한국에서 가정예배는 중요하게 생각되지 않았다. 이러한 현상들이 복음주의가 강력해지면서 나타난 모습이라 할 수 있다.

가정에서 신앙교육이 약화되면서 더불어 기독교교육도 약화되었다. 복음주의 그리스도인은 전도를 위한 종교학교(미션스쿨, Mission School)만 생각하지, 자녀에게 성경적인 관점에서 지식을 어떻게 가르칠 것인가에 대해서는 그다지 고민하지 않는다. 무신론적인 세계관으로 교과목을 가르치는 공립학교에 믿는 자녀들을 보내면서도 아무런 문제의식을 가지지 않는다. 오히려 성경적인 관점으로 교육하는 기독교학교에 아이들을 보내는 것은 유약한 온실 안의 화초나 우물 안의 개구리로 키우는 것이라고 비판한다. 공립학교에 가야만 아이들이 전도할 수 있다고도 말한다. 그러나 자녀들이 신앙적으로 분명한 정체성을 갖지 못한 채 수많은 세속적인 사상에 노출되는 것이 바람직한 것일까?

6. 한국교회의 미래와 대안

한국교회는 복음주의로 인해 놀랍게 성장했지만, 복음주의가 지닌 생태적인 약점 때문에 문제도 함께 노출되고 있다. 그렇다면 과연 21세기의 한국교회는 어디로 가야 할까? 이전까지 한국교회가 양적인 성장을 추구해 왔다면, 앞으로는 질적인 성장을 도모해야 한다고 많은 사람들이 이구동성으로 말한다.[27] 여기에는 아무도 이의를 제기하지 않는다. 그러나 사

---

27. 이원규, 「한국교회 성장둔화와 그 요인의 분석」, 『신학과 세계』 34호 1997, 184쪽.

실 어떻게 질적인 성장을 도모할 것인가에 대해서는 별다른 대안이 없다. 질적으로 우수한 교회 지도자들을 배출해야 한다고 제안[28]하기도 하지만, 사실 이보다 훨씬 더 근본적인 변화가 필요하다. 그것은 지금까지 한국교회의 토대가 되어 왔던 복음주의보다 훨씬 깊고 폭넓은 다른 토대로 바꾸는 것이다.

예수님의 대위임령은 단순히 복음을 선포하는 것에 머물지 않는다. 예수님께서 원하시는 제자도는 복음을 믿고, 세례를 받고, 가르쳐 지키도록 하는 단계에까지 나아간다. 복음 또한 개인의 구원을 넘어 우주적인 구원에까지 나아간다. 하나님께서는 피조물인 각종 동물들도 방주에 실어 구원해 주셨다. 인간의 죄로 인해 인간 자신은 물론 세상까지 오염되었지만, 예수님 안에서 그들 모두가 다시 구속받을 수 있다. 바울은 세상의 모든 피조물이 하나님의 아들들이 나타나기를 기다린다고 말했다(롬 8:19~23). 이렇듯 구원은 인간에게만 제한되지 않는다. 아니 구원의 범위는 창조의 범위와 동일하다. 따라서 그리스도인이 살아가는 세상의 모든 것들이 구원과 관계가 있다. 각종 선거(대통령과 국회의원), 빚, 동성애, 고소, 먹거리 등이 모두 우리의 관심사가 되어야 한다. 우리는 그만큼 세상을 적극적으로 끌어안아야 한다. 죄악된 세상을 안고 말씀으로 기도하며 하나님께서 기뻐하는 세상을 만들기 위해 힘써야 한다.

물론 1974년에 로잔언약(The Lausanne Covenant)이 발표되면서 복음주의도 사회와 피조물에 점점 더 많은 관심을 가지고 활동하기 시작했다. 오늘날에는 이러한 복음주의 운동들이 곳곳에서 활동하고 있다. 하지만 한국교회만큼은 여전히 과거의 복음주의 틀에서 벗어나지 못하고 있

---

28. 이병선, 336쪽.

다. 이런 시점에서 21세기의 한국교회를 이끌어 갈 다른 틀을 제시하는 것이 절실한데, 여기서는 그것이 다름 아닌 '개혁신앙'(Reformed Faith)이라고 과감히 주장하고자 한다. 즉 복음주의적 한국교회의 대안은 '개혁신앙'이라는 것이다.

<토론을 위한 질문>

1) 복음주의란 무엇인가요? 복음주의를 정의하기가 어려운 이유는 무엇인가요?

2) 네덜란드 신학자인 루니아가 말하는 복음주의의 공통적인 특징은 무엇인가요?

3) 한국 복음주의의 약점은 무엇인가요?

4) 한국 복음주의의 약점을 극복하기 위해 필요한 것은 무엇인가요? 약점들을 중심으로 유추해서 생각해 보세요.

3장
개혁신앙이란 무엇인가?

오늘날 한국교회는 교파를 초월해서 복음주의 일색이라고 해도 과언이 아니다. 물론 앞에서 말했듯이, 복음주의에는 강점이 있다. 그것은 개인적인 회심과 변화, 전도, 선교에 앞장서는 것이다. 이러한 복음주의로 한국교회는 양적인 성장을 맞았다. 그러나 1995년부터 한국교회에서는 복음주의의 강점보다 약점이 더 부각되기 시작했다. 물론 양적인 성장도 뒷걸음질 치기 시작했다. 한국의 사회, 경제, 정치, 문화의 변화와 더불어 교회를 향한 사람들의 인식도 점점 나빠지기 시작했다. 기독교는 더 이상 소수 집단이 아니다. 아니 한국교회는 이제 단순한 종교집단을 넘어 기득권을 가진 이익집단 혹은 압력집단으로 활동하고 있다. 그런데 정작 하나님의 공의와 사랑에 대해서는 별로 관심이 없어 보인다. 다만 종교적인 이익에만 관심이 있다. 지금까지 한국에 장로 대통령이 세 명이나 나왔지만, 그들이 한국 사회에 던져준 인상은 그렇게 곱지 않다. 그들은 희생과 사랑과 공의를 정치에 접목하지 않았다. 이러는 사이에 어느 새 반기독교 단체들은 공공연하게 개신교회에 적의를 나타내기 시작했다. 물론 그들의 주장들에는 어처구니없는 것들도 많지만, 한국 복음주의 교회의 맹점을 정확하게 지적하는 것들도 있어 귀 기울여 들을 필요가 있다. 언론에서도 한국교회의 문제점이 심심찮게 지적되고 있다. 심지어 한국교회가 자정능력을 잃었다고까지 말한다. 이제 교회가 세상을 판단하는 것이 아니라, 세상이 교회를 판단하는 상황이 된 것이다.

선교학자로서 한국을 서른 번 이상 다녀간 랄프 윈터(Ralph Winter) 박사조차도 선교 강국으로 약진한 한국교회에 이렇게 직언했다.

"가장 큰 도전은 교회가 선교를 과소평가하는 것에 있습니다. 선교가 세상에 참여하는 데까지 이르지 못하고 단지 복음전도와 개인적 구원에만 한정돼 있는 게 가장 큰 도전입니다. 기독교가 삶의 방식이 아니라 종교의 하나가 되고 있다는 게 가장 큰 문제지요. 하나님과 이웃을 섬기는 일이 약화되고 있습니다. 하나님 나라의 관점을 세상 속에 실현하려는 노력이 우선되어야 합니다."[1]

이제 한국교회는 복음주의를 극복할 수 있는 새로운 틀이 필요하다. 세상을 향한 균형 잡힌 신앙과 삶이 필요하다. 이웃과 세상을 바르게 보게 하는 신앙적 틀이 필요하다. 그것은 다름 아닌 개혁신앙이다. 개혁신앙을 '새로운 틀'로 간주하는 이유는, 비록 한국교회가 개혁신앙을 이야기해 왔지만 실제로는 복음주의의 영향력에 눌려 제대로 그 역할을 못해 왔다고 판단하기 때문이다. 그러므로 이제는 개혁신앙이 한국교회의 주

---

1. 《국민일보》, 2008년 5월 22일(목) 제5971호 기사, 〈의미 없는 단기선교보다 부정부패 척결 앞장서야〉

류로서 역할을 해야 할 때가 되었다.

1. '개혁신앙'의 용어

일반적으로 한국에는 '개혁주의'(改革主義)라는 용어가 널리 알려져 있다. '개혁주의 사상', '개혁주의 신학', '개혁주의 교회', '개혁주의 학문' 등이 그렇다. '개혁주의'라는 용어를 처음 사용한 사람은 박윤선과 한명동으로 알려져 있는데, 그들은 이 용어를 종교개혁 역사의 배경을 바탕으로 하는 형용사적 의미로 사용했다. 그런데 사실 '개혁주의'에서 '주의'(主意)는 어떤 사상의 포괄적인 체계를 일컫는 말이다. 따라서 이 용어는 본래 '주의'나 '주장'이 아니라 훨씬 생명력 있는 그 무엇을[2] 오히려 제한하는 느낌을 줄 수 있다. 다시 말해 '개혁주의'라는 용어는 본래의 역사적 의미로서 개혁신앙이 지닌 의미를 왜곡할 수 있다는 것이다. 이는 '개혁주의'의 영어 표기인 'reformed'만 봐도 알 수 있는데, 이 단어는 명사가 아니라 형용사적 기능과 의미를 지닌 용어다. 또한 여기에는 16세기 종교개혁(The Reformation)을 배경으로 하는 역사적인 의미가 함축되어 있다.

그러면 'reformed'를 어떻게 번역하는 것이 좋을까? 물론 이를 직역하면 '개혁된'이다. 따라서 이를 그대로 적용하면 '개혁된' 교회, '개혁된' 신학, '개혁된' 학문 등으로 사용할 수 있다. 하지만 이럴 경우 한번 개혁된 교회는 개혁될 필요가 없다는 정체된 느낌을 줄 수 있기 때문에 적절치 않아 보인다. 따라서 그보다는 그냥 '개혁'이란 용어를 사용하고, 이를 명사보다 형용사로 이해하는 것이 좋을 것 같다. 사실 '개혁'이라는 한글

---

2. 마키다 요시카즈, 『개혁파 신앙이란 무엇인가?』, 이종전 옮김, 아벨서원, 2002, 23쪽; S. Greidanus, *Wezen van het Calvinisme* (Franeker, 1941), p. 14.

용어에는 '개혁하는'(reforming)과 같이 현재 진행 중이라는 적극적인 의미도 포함된다. 따라서 '개혁' 신앙, '개혁' 교회, '개혁' 신학 그리고 '개혁' 학문 등으로 사용하는 것이 바람직하다. 물론 보다 엄밀히 말하자면, '개혁'은 '종교개혁'을 의미하기 때문에 '종교개혁'을 사용하는 것이 더 맞을 수도 있겠지만, 그럴 경우에도 역시 과거에 머물러 있는 느낌을 줄 수 있기 때문에 그냥 '개혁'을 사용하는 것이 좋을 것 같다.

결론적으로 '개혁주의'라는 용어는 본래 '개혁'(reformed)이라는 형용사적 의미이고, 이는 종교개혁의 역사에 뿌리를 두고 있는 것이다. 따라서 '개혁주의'라는 용어는 '개혁'이라는 용어로 교차 사용 가능할 뿐 아니라, 오히려 '개혁'이라는 용어가 더 바람직할 수도 있다. 이런 점에서 여기서는 '개혁'이라는 용어를 사용할 것이다.

2. 개혁신앙과 개혁교회

오늘날 한국교회가 보여주는 복음주의적 약점을 대체할 수 있는 대안으로 '개혁신앙'만한 것이 없다고 생각한다. '개혁신앙'은 하늘에서 떨어진 말이 아니다. 이는 16세기의 역사에 정초한 용어다. 곧 마르틴 루터(Martin Luther, 1483~1546)와 츠빙글리(Ulich Zwingli, 1484~1531), 마르틴 부써(Martin Bucer, 1491~1551), 하인리히 불링거(Heinlich Bullinger, 1504~1575), 그리고 존 칼빈(John Calvin, 1509~1564)으로 이어지는 종교개혁가들에 의해 전개된 16세기의 종교개혁에 근거한 단어다. 부패한 로마교회로부터 개혁된 교회(the reformed church), 곧 개혁교회가 지닌 신앙이 개혁신앙인 것이다. 물론 '개신(改新)교회'라는 용어도 있지만, 그보다는 개혁교회가 종교개혁의 의미를 더 잘 반영한다고 하겠다.

로마교회에서 교회개혁을 위해 떨어져 나온 개혁교회[3]의 범위는 상당히 넓다. '루터교회', '성공회', '장로교회', '회중교회', '감리교회', '침례교회', '구세군교회', '순복음교회' 그리고 '개혁교회' 등이 있다. 이는 모두 종교개혁 이후 로마교회의 멍에에서 벗어난 교회들이 각 지역과 국가에서 역사적으로 독특하게 발전해 나간 교회들이다. 따라서 넓은 의미에서는 이런 교회들을 모두 '개혁교회'라고 말할 수 있다. '세계개혁교회연맹'(WARC: World Alliance of Reformed Churches)이 이것의 좋은 예다. 이 단체에는 장로교회, 개혁교회, 회중교회, 루터교회 등이 다양하게 가입되어 있는데, 세계적으로 100개의 나라에 7천 5백만 명의 회원이 있다.[4] 여기서 개혁교회는 같은 종류의 무리를 통칭하는 보통명사로 사용된다.

반면 좁은 의미에서 '개혁교회'는 일반적인 명칭이 아닌 고유명사로 사용된다. 이 교회들은 독일과 독일어권 스위스 개혁교회(Reformierte Kirche), 네덜란드 개혁교회(Hervormed Kerk 혹은 Gereformeerde Kerken), 프랑스 개혁교회(Eglise Reformee), 헝가리 개혁교회, 루마니아 개혁교회, 폴란드 개혁교회, 남아프리카공화국 개혁교회, 그리고 이들 나라에서 이민을 간 사람들이 세계 각 곳에 세운 개혁교회들이 있다. 호주, 뉴질랜드, 캐나다, 미국, 일본 등지에 있는 개혁교회들이 그렇다. 이 교회들은 전통적으로 칼빈(John Calvin)의 신학을 신앙고백으로

---

3. '개신교(改新敎)'의 의미는 다시 개혁한 새로운 종교라는 뜻이 담겨있다. 여기서 '신교(新敎)'도 자주 쓰이는 단어인데, 개신교를 짧게 일컫는 단어다. 역사적으로 로마교회에서 떨어져 나왔기에 개신교회를 '신교'라 한다. 하지만 종교개혁의 의미를 살펴보면, 로마교회가 천 년 동안 교리와 정치에서 잘못된 길을 걸어갔고, 오히려 개신교회가 본래 초대교회의 바른 모습으로 돌아간 것이기 때문에 엄밀한 의미에서는 신교가 구교이고, 구교(로마교회)가 신교라고 해야 한다.

4. http://warc.jalb.de/warcajsp/side.jsp?news_id=2&part2_id=19&navi=8

채택하고 삶에 적용한다. 그러므로 좁은 의미의 '개혁신앙'은 '칼빈주의 (Calvinism) 신앙'이라고도 말할 수 있다. 그리고 여기서 다루고자 하는 '개혁신앙' 역시 바로 이 좁은 의미인 칼빈주의 신앙을 의미한다.

좁은 의미의 개혁교회로 대표적인 예가 네덜란드계 '개혁교회'이다. 이 교회는 네덜란드어로 'Gereformeerde Kerken'(개혁된 교회)라는 공식 이름을 가지고 있으며, 이들이 미국으로 이민을 가서 세운 교회 역시 'Reformed Church'라고 불린다. 이들 개혁교회는 넓은 의미의 개혁교회, 곧 일반 개신교회의 신학이나 신앙과 상당 부분 다른 양상을 띤다. 한편 '장로교회'는 '개혁교회'와 동일한 교리와 신앙을 가지지만,[5] 교회정치에 있어서 '장로'라는 대의제를 강조한다는 측면에서 그렇게 명명한다. 일반적으로 장로교회는 개혁신앙을 소유한 앵글로 색슨계 교회를 말한다. 장로교회의 설립자 존 낙스(John Knox, 1505~1572)는 칼빈의 절친한 친구이자 제자였으며, 칼빈의 신학적 입장에 동의했다.[6]

3. 개혁신앙 = 칼빈주의

16세기에는 로마교회에서 떨어져 나간, 소위 골칫거리인 교회들을 '개혁교회'(reformed church)라 불렀다. 기록에 의하면, 이 용어는 1561년 프랑스의 포이시(Poissy)회에서 처음 사용되었는데, 그 때에는 종교개

---

[5] 장로교는 대체로 스코틀랜드 신앙고백(1560)과 웨스트민스터 신앙고백서와 대·소교리문답(1647)을 신앙고백으로 하는데 비해, 개혁교회는 프랑스 신앙고백(1559), 벨기에 신앙고백(1561), 하이델베르크신앙고백(1563), 제2스위스 신앙고백(1566), 도르트 신조(1618/9)를 채택한다.

[6] J. Hesselink, 『개혁주의 전통』, 최덕성 옮김, 본문과 현장 사이, 2000, 22-23쪽(원서 제목은 *On Being Reformed*).

혁 무리 전체를 포함하는 용어로 사용되었다. 하지만 16세기 말경에는 루터교회와 칼빈을 따르는 개혁교회로 구분되었다. 물론 재세례파와 자유주의자는 제외되었다. 특히 성만찬 논쟁에서 칼빈주의를 따르는 교회를 개혁교회라 불렀다.[7] 그러므로 루터교회와 개혁교회를 넓은 의미에서 모두 개혁교회라고 부를 수도 있지만, 좁은 의미에서는 칼빈의 신앙을 따르는 무리만을 개혁교회라 부른다.

칼빈주의는 루터교회와 본질적으로는 같지만, 정도와 강조에 있어서 차이가 있다. 그 차이는 개신교회 안에서 복음주의와 개혁신앙을 나누는 뿌리가 된다. 즉 루터주의는 복음주의로, 칼빈주의는 개혁신앙으로 발전했다. 루터의 관심은 "내가 어떻게 하나님의 진노를 피하고 구원 받을 수 있을까?"에 있었다. 한 마디로 루터의 관심은 인간인 '나'에 있었던 것이다. 이에 대한 루터의 답은 "믿음으로 말미암아 의롭게 되고 구원을 받는다."였다. 이에 비해 칼빈의 관심은 루터에서 한 걸음 더 나아갔다. 즉 칼빈은 "하나님께서 어떻게 영광을 받으셔야 할까?"에 있었다. 칼빈의 관심은 '나'가 아니라 '하나님'에 있었던 것이다. 이신칭의로 말미암는 인간의 구원에서 한 걸음 더 나아가 하나님의 영광으로까지 영역이 넓어진 것이다. 이러한 차이는 교회의 역사에서 확연하게 드러났다. 인간 개인의 구원에 대한 루터의 관심은 오늘날 복음주의로 이어졌고, 하나님의 영광에 대한 칼빈의 관심은 개혁신앙으로 이어졌다.

좁은 의미의 개혁교회, 즉 칼빈주의 교회는 16세기 유럽에서 다양하게 전개된 종교개혁의 한 흐름이다. 이 흐름은 스코틀랜드, 영국, 아일랜

---

7. M. E. Osterhaven, *The Spirit of the Reformed Tradition* (Grand Rapids, 1971), pp. 171-176.

드의 장로교회와 동유럽, 북아메리카, 호주 등으로 발전해 갔는데, 현재에는 전 세계적으로 2천 5백만 명 이상의 기독교인들이 참여하고 있다.[8] 미국에서 세 번째로 큰 교회가 개혁교회에 속하며, 아시아, 아프리카, 라틴 아메리카의 가장 큰 개신교 교단들 중에도 개혁교회가 있다. 이렇듯 오늘날 좁은 의미에서의 개혁교회(칼빈주의 개혁교회)는 더 이상 유럽에 국한되지 않는다. 오히려 그 중심지가 서울, 상파울로, 나이로비로 이동한 모양새다.

한편 칼빈주의 개혁신앙은 더 이상 개혁교회에만 머물지 않는다. 오늘날 침례교회, 성공회, 회중교회에도 칼빈주의 개혁신앙을 가진 자들이 많다. 침례교 신학자인 아우구스투스 스트롱(Augustus H. Strong)은 유명한 칼빈주의 신학자이기도 하다. 뿐만 아니라 유명한 칼빈 연구가인 베틀즈(F. L. Battles) 역시 회중교회의 배경을 가진 자였다(나중에 개혁교회로 옮겼지만). 그 외에도 휴즈스(P. Hughes), 패커(J. I. Packer), 파커(T. H. L. Parker) 등의 칼빈연구가들은 성공회 신학자들이다. 최근에는 존 파이퍼(John Piper)가 침례교 목사이면서 개혁신앙을 고백하며 실천하고 있다. 이렇듯 '칼빈주의 신앙' 혹은 '개혁신앙'은 더 이상 어느 한 교회에만 국한되지 않고 다양한 범위로 넓어지고 있다.

4. 개혁신앙의 특징

개혁신앙이 무엇인지, 어떤 특징이 있는지 얘기하라면 공통된 어떤 것을 찾기가 쉽지 않다. 개혁신앙에 칼빈의 영향이 절대적이라고 하더라도, 어거스틴, 안셀무스, 루터와 종교개혁 이후 세대의 영향도 무시할 수

---

8. J. Hesselink, p. 24.

는 없다. 개혁신학자들이 공통적으로 주장하는 것에서 개혁신앙의 특징을 살피는 것이 좋은 방법이겠지만, 그럴 때 문제는 누구를 그 개혁신학자의 범위에 넣을까 하는 점이다. 어떤 사람은 도르트 신경에 나타난 칼빈주의 5대 교리를 개혁신앙의 특징으로 내세우기도 한다. 하지만 그것은 그 시대의 독특한 이슈에 대한 표현이지 개혁신앙의 모든 것을 말하는 것은 아니다. 개혁신앙은 종교개혁 당시 무너진 성경의 권위를 회복하고, 그 성경에 근거해 교회와 세상을 향한 하나님의 뜻을 되찾은 것이다. 따라서 각 시대를 향한 부르심(Calling)과 사명(Mission)이라는 관점에서 개혁신앙의 특징을 찾을 수 있을 것이다.

개혁신앙을 따르는 개혁교회라 하더라도 더 이상 개혁될 필요가 없을 만큼 완벽한 교회는 없다. 개혁신앙조차도 결코 완전하지 않으며 무오하지도 않다. 오히려 개혁신앙이 지닌 특징은 성경에 비추어 계속해서 개혁하는 것이다. 다음과 같은 라틴어 문장이 이러한 개혁신앙의 특징을 잘 나타낸다. "에클레시아 레포르마타 셈페르 레포르만다 에스트!"(*Ecclesia reformata semper reformanda est!*) 곧 "개혁된 교회는 항상 개혁되어야 한다."라는 것이다. 여기서 '*Ecclesia reformata*'가 'reformed church'(개혁된 교회), 곧 '개혁교회'를 말한다. 그런데 자칫 역사적 의미가 가미된 '개혁된'(reformed)이라는 과거분사는 과거에 완료된 일로 생각되어 이제는 더 이상 개혁이 필요 없는 교회라는 오해를 일으킬 수 있다. 그러나 '개혁신앙'에서 '개혁'은 '개혁된'(*reformata*, reformed)이라는 역사적인 의미와 함께 '항상 개혁되어야 하는'(*semper reformanda est*, should be always reformed)이라는 현재와 미래적인 의미를 모두 포함한다. 그러므로 개혁교회는 과거에 정체되지 않고 스스로에게 끊임없이 개혁할 요소가 있음을 알고 겸손한 자세로 개혁을 시도해 가야 한다.

대부분의 개혁신학자들이 공통적으로 주장하는 개혁신앙의 특징은 다음과 같이 여섯 가지로 정리될 수 있다.

1) 하나님 중심

개혁신앙은 성경해석과 믿음과 삶에서 인간 중심적이지 않고 하나님 중심적이다. 예를 들면, 구원론에서 개혁신앙은 철저하게 하나님 중심적이다. 아르미니안주의(Arminianism)자들은 구원은 인간의 의지적 믿음과 삶에 의해서 결정된다고 믿는다. 또한 이들은 믿음이 하나님의 선물이지만, 인간이 거절할 수 있다고 주장한다. 때문에 하나님께서 택한 자들을 끝까지 믿음을 지켜 주실 것이라는 '성도의 견인'을 믿지 않는다.

17세기 네덜란드 정부는 도르트레흐트(Dordrecht)에서 네덜란드 신학자들과 유럽의 13개 국가에서 파견된 개혁신학자들을 모아 무려 7개월(128일 1618.11.13~1619.5.29) 동안 180회에 걸쳐 오전과 오후로 성경을 연구하며 토론하게 했다.[9] 그 결과 완성된 것이 '도르트 신경'(The Canons of Dort)이다. 여기에는 오늘날 '튤립'(TULIP) 교리로도 잘 알려진 5대 교리가 담겨 있다. 이는 네덜란드를 상징하는 튤립 꽃의 철자를 따라 도르트 신경의 다섯 개의 기본 고백을 정리한 것인데, 곧 '인간의 전적타락'(Total Depravity), '무조건적 선택'(Unconditional Election), '제한된 구속'(Limited Atonement), '저항할 수 없는 은혜'(Irresistible Grace), '성도의 견인'(Perseverance of the Saints)이다. 물론 본래의 도르트 신경의 순서로 보면 'ULTIP'이 맞지만, 편이를 위해 'TULIP'으로

---

9. W. van't Spijker e.a., *De Synode van Dordrecht in 1618 en 1619* (Den Hertog B.V.-Houten, 1994), p. 96.

알려진 것이다. 이 신경은 무미건조한 스콜라주의 신학에 따른 것이 아니라, 철저하게 목회와 교회교육을 위해 만들어진 것이다.

개혁신앙에서 구원이란 하나님께서 그리스도 안에서 주도적으로 이루시는 사역이다. 인간은 전적으로 타락해 구원에 이를 수 있는 어떤 선행도 행할 수 없다. 인간은 하나님의 은혜를 거절할 수도 없다. 하나님의 은혜는 불가항력적이다. 하나님께서는 인간의 어떤 조건도 보시지 않고 선택하셔서 은혜를 베푸신다. 예수님을 보내신 것도 그 택한 자들을 위한 것이다. 또한 택한 백성은 끝까지 붙잡고 놓지 않으시며 구원해 주신다.

이러한 특징은 개혁신앙이 말하는 '중생'의 개념에서 보다 분명하게 드러난다. 복음주의 부흥사들은 성도들에게 "여러분! 중생해야 합니다!"라고 설교한다. 그런데 이 말은 인간이 중생하기 위해, 곧 구원에 이르기 위해 뭔가 할 수 있는 일이 있다는 말이다. 그러나 개혁신앙의 입장에서 볼 때, 중생은 인간 스스로가 할 수 있는 일이 아니다. '중생'(regeneration)은 말 그대로 '다시 태어나는 것'(being born again), '거듭나는 것'인데, 이는 능동태가 아니라 수동태이다. 인간은 뱃속에 들어가 스스로의 의지로 다시 태어날 수 없다. 그러므로 중생은 인간의 일이 아니다. 중생은 하나님께서 하시는 일이다.

요한복음 3장에서 니고데모와 대화하면서 예수님께서도 말씀하셨듯이, 중생은 성령 하나님의 역사로만 가능한 것이지 인간이 뭔가를 한다고 해서 되는 것이 아니다. 느끼거나 볼 수 없는 성령의 역사와 같이 중생 또한 사람이 느끼고 볼 수 없이 이루어지는 하나님 편에서의 사역이다. 그런데 이 같이 하나님께서 중생케 하시는 사역이 없이는 믿음 또한 불가능하다. 그러므로 우리가 믿음으로 구원을 얻는 것이지만, 그 믿음은 우리의 의지가 아니라 하나님의 선물이다. "너희는 그 은혜에 의하여 믿음으로 말미암아 구원을 받았으니 이것은 너희에게서 난 것이 아니요 하나님의 선물이라."(엡 2:8) 비록 믿음이 사람이 하는 고백이라 하더라도, 궁극적으로 그것은 하나님의 중생 사역의 결과이다. 성령 하나님의 역사 없이는 누구도 예수님을 주라고 고백하며 믿을 수 없다. "성령으로 아니하고는 누구든지 예수를 주시라 할 수 없느니라."(고전 12:3).

성경은 하나님의 전능과 인간의 책임, 하나님의 선택과 인간의 의지를 모두 언급한다. 그런데 개혁신앙은 하나님의 주권과 섭리, 선택, 예정 등에 관심이 많다. 이에 반해 아르미니안주의자들은 인간의 의지와 노력과 행위를 강조한다. 바울은 빌립보 성도들에게 이렇게 권면한다. "두렵고 떨림으로 너희 구원을 이루라."(빌 2:12) 여기서 '구원을 이루라'라고 한 것을 볼 때, 구원의 책임이 인간에게 있는 듯 보인다. 그러면 아르미니안주의자들이 옳은 것인가? 그렇지 않다. 바울은 이어서 13절에 구원을 이루시는 하나님의 일을 언급한다. "너희 안에서 행하시는 이는 하나님이시니 자기의 기쁘신 뜻을 위하여 너희에게 소원을 두고 행하게 하시나니"(빌 2:13)[10] 여기서 구원은 철저하게 인간의 일 이전에 하나님의 사역임을 분명하게 보여준다. 따라서 개혁신앙은 구원의 확신과 격려와 위로를 인간 개인의 체험과 경험에 의존하지 않는다. 바울이 고백하고 찬양한 것처럼(엡 1장), 구원하시고 완성하시는 하나님의 작정과 섭리를 믿는다. 이것이 '사람 중심'보다 '하나님 중심'인 개혁신앙의 특징이다.

이와 관련한 대표적인 또 다른 예가 '유아세례'이다. 성인세례만을 인정하는 사람들의 주장에 의하면, 신앙은 당사자 스스로가 고백할 때에 의미가 있기에 유아세례는 의미가 없다고 주장한다. 그러나 개혁신앙은 사

---

10. J. Hesselink, p. 132.

람의 구원은 자신의 믿음으로 이루어지지만, 그 전에 하나님의 주권적 은혜로만 가능하다고 믿는다. 따라서 신자의 자녀는 하나님과의 언약에 근거해 (유아)세례를 받는다. 하나님께서는 말씀에 순종하는 자에게 천대까지 은혜를 베푸시겠다고 약속하셨다. 유아세례는 언약의 백성임을 표하는 것이요, '너와 네 자손'에게 주시는 하나님의 약속을 도장 찍는 것이다. 성경은 에베소서 2장 5절에서 "은혜로 너희가 구원을 받았나니"라고 분명하게 말한다. 이 은혜가 언약의 관점에서 믿음의 자손인 유아에게도 주어질 것을 믿는다. 하이델베르크 교리문답도 이 점을 분명하게 기술한다. "나에게도 하나님께서는 죄 사함, 영원한 의와 구원을 그리스도의 구원사역을 통해 순전한 은혜로 주신다."(하이델베르크 교리문답 21).

2) 하나님의 절대주권

복음주의에서는 성과 속의 이원론이 극명하게 드러난다. 세상은 불타 없어질 것이다. 세상은 파선되어 가라앉고 있는 **난파선**과 같다. 이에 복음을 소유한 교회는 **구조선**으로서 물에 빠져 허덕이는 불쌍한 영혼들을 구원해야만 한다. 난파선을 고치고 수리하는 것은 무의미하다. 정치는 본래부터 부패할 수밖에 없기 때문에 기독교인이 관심가질 바가 아니다. 문화 예술의 영역 또한 마찬가지이다. 때문에 복음주의의 영향 아래 있는 수많은 그리스도인들은 실제로 **이원론적인 삶**을 살아간다. 기독교인이 대통령이 된다 하더라도, 그에게는 국가를 어떻게 통치해야 하는지 아무런 기독교적인 대안이 없다. 기독교인 정치인이라면, 당연히 정치에 대한 성경적인 대안을 찾아야 함에도 불구하고, 그에게서 신앙과 정치는 전혀 별개로 작동한다. 이것은 오늘날 기독교가 반드시 극복해야 할 과제다.

성과 속의 이분법적인 모델은 직업에 대한 관점에서도 잘 나타난다.

해외선교사, 목사, 전도자, 선교단체 종사자 등은 '기독교 전담 사역자'(full time christian worker)로 생각하지만, 농부, 의사, 주부, 배관공, 판매원 등은 '세속적인' 직업의 종사자로 생각한다. 더군다나 전자가 더 중요하며, 더 영적이고 하나님을 더 기쁘게 하는 사람으로 생각한다. 예수님을 믿고 은혜를 받게 되면 누구나 선교사나 목사가 되려 한다. 훌륭한 주부나 엄마, 좋은 아버지, 탁월한 청소부가 되려는 사람은 없다. 왜 목수는 하나님께서 주신 직업으로서 자랑스럽지 않단 말인가!

개혁신앙은 그리스도께서는 우리 영혼을 구원하시는 구속자이실 뿐만 아니라, 온 세상을 창조하시고 다스리시는 창조주요, 만왕의 왕이시라고 고백한다. 이 고백, 곧 그리스도께서 구원자가 되시고(saviorship) 왕이 되신다(lordship)는 것은 그리스도인이 활동하는 모든 창조의 영역에서 표현되어야 한다. 개혁신앙은 세상의 모든 직업 속에 하나님의 통치가 이루어져야 한다는 것을 믿는다. 그런 의미에서 그리스도인들은 모두 '**전임 사역자들**'로 부름을 받은 것이다. 그럼으로써 세속적이라고 낙인찍는 대부분의 일터에서도 그리스도의 주권이 이루어지도록 해야 한다. 그곳이 선교지며, 그곳의 그리스도인들이 선교사들이다.

온 세상에 대한 하나님의 절대주권을 인정할 경우, 자연스럽게 '하나님 나라'에 관심을 갖게 된다. 예수님께서 오셔서 선포하신 것은 교회가 아니었다. 그것은 하나님 나라(마 4:17, 23)였다. 하나님 나라는 하나님께서 통치하시는 영역이다. 하나님께서는 사탄의 지배 아래 있는 죄인을 십자가의 피 값으로 사시어 자신의 백성으로 삼으시고 통치하신다. 그리고 그들을 통해 하나님 나라를 이루어 가신다. 다시 말해 하나님께서는 택한 백성을 부르시어 그에게 생명을 주실 뿐만 아니라 더 풍성한 삶을 보장하신다(요 10:10). 물론 그 풍성한 삶은 이 세상에서 펼쳐진다. 이 세상에서 하나님의 말씀에 따라 다스림을 받으면서 세상의 정치, 경제, 사회, 문화, 예술의 영역에서 아주 특별하고 구별된 삶을 펼쳐 나간다.

개혁신앙을 좇는 사람은 모든 현상의 배후에서 하나님을 발견하며, 그 속에서 역사하시는 하나님의 손을 찾고, 기도하는 태도로 전 생애를 살아간다. 또한 그는 구원과 관련하여 자기 자신을 의존하지 않고 하나님의 은혜만을 전적으로 의지한다. 하나님께서는 그리스도의 구원사역을 통해 만물을 자신과 화목케 하셨다(골 1:20). 구원은 온 세상의 회복을 의미한다. 따라서 그리스도의 구원사역을 믿는 자들은 모든 것, 곧 산업과 상업의 영역까지도 궁극적으로 회복되어 하나님께 속하게 될 것을 믿는다. 나아가 이 믿음은 하나님을 위하여 세상에서의 사역을 소명(calling)으로 알게 하고, 그것에 순종케 한다. 그리할 때 **직업은 경건한 삶이 된다. 곧 검소, 절약, 정직, 성실과 같은 사업적 미덕들을 실천함으로써 그리스도의 주권을 나타내며 온 세상을 향한 그리스도의 구속을 나타내게 된다.**

미국 아이오와 주에 있는 펠라(Pella)라는 자그마한 도시에 버미어 회사(Vermeer Corp.)라는 3천명의 직원을 둔 세계적인 회사가 있다. 이 회사는 농업과 임업에 필요한 중장비를 생산하는데, 여기서 일하는 직원들은 일 자체는 물론이고 기타 서비스 활동에서도 자원에 대한 청지기적 직분을 수행해야 한다는 사명감을 가지고 있다. 특히 이 회사는 모든 분야에서 그리스도의 주권을 나타내는 것으로 유명하다. 이웃에게 봉사, 질적으로 우수한 기술, 공정한 가격, 고객에게 봉사, 종업원들과 이익을 공유, 지역 사회와 교육에 기부 등으로 좋은 평판을 얻고 있다. 이 회사는 다른 회사들처럼 기업의 성장만을 위해서 막대한 자금을 외부로부터 빌려 쓰지 않고, 회사 자체의 재원이나 한정된 부채 안에서만 자금을 운용하면서 건실하게 기업을 경영하는 방침으로 유명하다. 필자는 2007년에 이 회사의 창업자를 만나 인터뷰할 기회를 가졌는데, 당시 그는 이런 경영방침에 대해 하나님께서 주신 은사로 말미암아 큰 회사로 성장한 만큼 언제나 하나님의 말씀에 따라 하나님 나라를 위해 재산을 사용하는 것일 뿐이라고 말하였다. 더불어 그는 이런 신앙과 삶을 성경과 목사의 설교를 통해 배웠다고 고백했다.

그러나 아쉽게도 오늘날 한국교회에서는 이와 같은 개혁신앙의 세계관을 가진 기업인을 찾아보기 힘들다. 오히려 한국교회는 19세기 말엽 전 세계를 휩쓸었던 복음주의 성령운동의 영향을 받아, 교회는(신앙은) 신성하며, 세상(일)은 세속적이라는 이원론적 세계관을 보이고 있다. 그런 세계관에서는 신앙과 삶이 통합되지 못한다. 종교적인 삶만이 아니라 우리의 삶 전체가 예배며 기도라는 성경적 진리를 충분히 강조하지 못한다.

한국교회에 개혁신앙이 필요한 이유가 바로 여기에 있다. 한국교회의 강단은 변해야 한다. 교회는 설교와 성경공부 등 다양한 기회를 통해 개혁신앙의 기본 개념과 원리, 기독교적 세계관, 사회관, 문화관 등을 가르쳐야 한다. 창조주이자 동시에 구(속)주이신 그리스도의 가르침을 실제생활에 구체적으로 적용할 수 있도록 교육하고 훈련해야 한다.

한국사회는 일제의 통치와 동족상잔의 비극으로 인해 나라 전체가 유린되고 파괴된 후, 1950~60년대를 거치면서 빈곤의 악순환을 경험했다. 이런 상황에서 영혼의 구원과 이생의 성공을 장담하는 한국교회의 기복신앙은 절망에 빠진 한국사회의 많은 사람들에게 좋은 소식, 곧 복음이 아닐 수 없었다. 덩달아 한국교회와 복음주의는 이러한 성공에 흠뻑 취했다. 그러면서 한국사회를 병들게 하고 절망케 하는 문제들에는 관심을 가지지 않았다. 어차피 멸망해 버릴 세상에 관심을 가질 필요도 없었다. 그러나 이제는 점차 한국사회가 이와 같은 한국교회와 그들이 전하는 복음에 회의를 품기 시작했다. '지금 여기', 현대인들이 발 딛고 살아가야 할 세상에 대해 아무런 대안이 없는 한국교회에 등을 돌리기 시작한 것이다.

그러나 개혁신앙은 인간의 구원만이 아니라 모든 피조물의 구원에 대해 생각한다. 현대사회의 각 분야에서 하나님의 뜻과 정의가 실현되길 원한다. 그래서 정치, 경제, 사회, 문화 등 모든 분야에서 기독교인이 소금과 빛으로서의 역할을 감당할 것을 독려한다. 물론 이런 일들을 교회가 직접 할 수는 없다. 그보다 이런 일들은 교회에 속한 성도들이 해야 한다. 그런데 최근 사회에 관심을 가지기 시작한 교회들이 직접 이런 일들을 하려고 하는 경향이 있는데, 이는 잘못된 접근이다. 교회와 하나님 나라의 역할을 혼돈해서 나타나는 결과다. 교회는 모든 것을 할 수 없을 뿐만 아니라 해서도 안 된다. **교회는 말씀을 선포함으로써 잃어버린 자들을 구원하고, 나아가 그들로 하여금 삶의 현장에서 말씀대로 살아가게 해야 한다**(마 28:20). 그런 의미에서 성도들은 누구나 부름 받은 하나님의 사역자들이다. 그들의 부름인 직업은 단순히 선교 헌금을 위해 돈을 버는 장소가 아니라 하나님의 통치가 이루어지는 거룩한 '사역지'(**mission field**)인 것이다. 하나님의 절대주권은 교회뿐만 아니라 성도들의 삶의 모든 영역에도 영향을 미친다. 네덜란드 신학자 아브라함 카이퍼(A. Kuyper)는 이와 관련해 유명한 말을 했다. "우리 인간이 살아가는 삶의 영역에서 만물의 주권자이신 그리스도께서 '내 것이다'라고 외치시지 못할 한 치의 영역도 없다."[11]

---

11. "… en geen duimbreed is er op heel 't erf van ons menschelijk leven, waarvan de Christus, die aller Souverein is, niet roept: 'Mijn' …." A. Kuyper, *Souvereiniteit in eigen kring*: rede ter inwijding van de Vrije Universiteit, den 20sten October 1880

3) 성경 중심

　루터교회는 종교개혁의 핵심 내용인 '이신칭의'(以信稱義)를 강조했다. 성경에서 가장 중요한 것을 찾으라고 한다면 당연히 '이신칭의'일 것이다. 하지만 루터교회는 '이신칭의'에 어긋나는 성경내용을 부담스러워 한다. 루터는 이신칭의와 상충되어 보이는 행위를 강조한 야고보서를 '지푸라기 서신'이라고 평가절하하기도 했다. 그러다보니 루터교회에서 고백하는 교리에는 '성경' 자체에 관한 명확한 진술이 없다. 성경 안에 포함된 내용만 중요하지(material principle) 그것이 정경인지 위경인지는 그렇게 중요하지 않다고 생각하기 때문이다. 이에 반해 개혁신앙은 공식적으로 성경을 하나님의 말씀이라고 선언하고 믿는다(formal principle). 성경의 내용은 말할 것도 없고 성경 그 자체의 중요성도 함께 인식한다. 그래서 개혁신앙의 신앙고백과 교리문답은 성경을 별도의 항목으로 다룬다. 예를 들면, 프랑스 신앙고백(1559), 제2스위스 신앙고백(1577), 아일랜드 조항(1615), 웨스트민스터 신앙고백(1646), 스위스 일치신조(1675) 등인데, 이들은 '성경'을 하나의 독립적인 항목으로 할애해서 진술한다. 그만큼 성경을 강조한다는 증거다.

　간혹 복음주의는 개혁신앙이 신앙고백과 교리문답을 성경보다 더 중요하게 생각한다고 비난한다. 하지만 그 비판은 결코 정당하지 않다. 왜냐하면 개혁신앙의 신앙고백과 교리문답들은 성경만이 유일한 하나님의 말씀이라고 명백하게 강조하고 있기 때문이다. 개혁신앙이 신앙고백과 교리문답을 강조할 때는 그것들이 성경을 잘 정리하고 요약한다는 조건 하에서다. 개혁신앙은 결코 신앙고백과 교리문답에 성경과 동일한 가

---

gehouden, in het Koor der Nieuwe Kerk te Amsterdam, 1880, 35.

치를 부여하지 않는다. 그 결과 루터교회는 전통적으로 하나의 교리문답서와 신앙고백서만을 가지지만, 개혁교회는 종교개혁 이후 지금까지 **60여개의 다양한 신앙고백서**들을 만들었다. 즉 그만큼 개혁신앙을 고수하는 교회는 하나의 교리모델만을 고집하지 않고 다양성을 인정한다는 것이다.

신앙고백은 시대와 지역 환경에 따라 강조점이 달라질 수 있다. 교회를 향한 다양한 도전 가운데서 특별한 신앙고백과 교리문답이 탄생할 수도 있다. 그런데도 복음주의는 신앙고백과 교리문답을 그 자체에 우상숭배적인 요소가 있다고 금기시한다. 그러나 엄밀히 따지자면, 복음주의도 그 나름대로의 교리적 진술과 형태, 삶을 소유하고 있다. 물론 공식적으로 복음주의는 성경 이외에는 어떠한 교리문답이나 신앙고백도 받아들이지 않는다. 설령 공식적으로 신앙고백을 채택하고 있는 교회라 하더라도, 그것은 명목상의 역할만 할 뿐 실제 교회 현장에서는 전혀 그 가치를 인정받지 못한다. 오늘날 대한예수교장로교회들이 웨스트민스터 신앙고백 표준문서들을 공식적으로 채택하지만, 실제 교회 현장에서는 전혀 고백되지도 않고 가르쳐지지도 않는 것이 좋은 예다. 사실 오늘날 한국교회는 신앙고백이나 교리문답보다는 목사 개인의 목회철학이나 사상에 의해 운영되고 있는데, 이는 성경 이외의 어떤 신앙고백도 인정하지 않는다는 명목 하에 사실은 자의적인 성경해석과 성경문자주의(Biblicism)의 위험을 초래하고 있는 것이다.

이와 달리 개혁신앙을 따르는 교회는 성경을 읽고 이해하고 가르치는데 좋은 보조도구가 필요하다고 인정한다. 자의적 성경해석의 오류에 빠지지 않기 위해서다. 이런 점에서 신앙고백과 교리문답에 대한 가치를 인정하는 것이 오히려 겸손한 자세가 될 수 있다. 물론 교리문답과 신앙고

3장 개혁신앙이란 무엇인가? 77

백은 일차적으로 성경의 권위에 복종한다. 성경이 '규범을 만드는 기준'(norma normans: the ruling rule)이라면, 신앙고백과 교리문답은 '기준으로 만들어진 규범'(norma normata: the ruled rule)이다. 즉 교리문답이나 신앙고백은 성경을 기준으로 해서 만들어지고 또 언제든지 교정될 수 있다는 것이다. 이렇게 개혁신앙은 성경의 절대적 권위를 인정하는 한편, 신앙고백과 교리문답에 상대적인 권위를 부여함으로써 그 유용성을 강조하는 동시에 그 한계 또한 명확하게 인식한다.

특별히 신앙고백과 교리문답은 종교개혁자들이 '오직 성경'(*Sola Scriptura*)과 '성경 전체'(*Tota Scriptura*)를 함께 강조한 것에서 비롯된 산물이다. 즉 성경을 주제별로 전체적으로 살펴 정리하기 위해서 만든 것이다. 예를 들면, '삼위일체'의 경우, 비록 이 용어가 성경에는 등장하지 않지만, 성경을 전체적으로 읽을 경우, 삼위일체 하나님을 고백하지 않을 수 없다. 성경은 무엇이며, 하나님께서는 어떤 분이시며, 인간은 누구이며, 예수님께서는 어떤 분이시고 무슨 일을 하셨는지, 구원은 어떻게 이루어지며, 성령님께서는 누구시고 무슨 일을 하시는지, 교회는 무엇이며, 세상의 마지막은 어떠할지 등의 주제들은 기독교 신앙에서 가장 본질적인 것들이다. 이것들에 대해 성경이 말하는 바를 체계적이고 논리적으로 정리한 것이 '교리문답'이며 '신앙고백'이다.

개혁신앙이 말하는 '성경중심'(Bible-centered)을 '성경문자주의'(biblicism)로 오해하는 사람들도 있는데, 이 두 개념은 전적으로 다른 것이다.[12] 물론 '성경문자주의'도 성경의 무오성과 절대적인 권위를 인정한다. 그러나 이것은 성경 텍스트의 역사적 문맥과 공간, 배경, 심지어 때로

---

12. 황대우, 『칼빈과 개혁주의』, 깔뱅, 2010, 101-102쪽.

는 성경 전체의 가르침을 배제한 채 성경구절을 문자 그대로 현대의 상황에 적용한다.[13] 이에 반해, '성경중심'은 성경 텍스트의 역사적 문맥과 공간, 배경뿐만 아니라 성경 전체의 가르침까지 총체적으로 살펴 텍스트를 해석함으로써 그것의 본질과 비 본질을 정확하게 가려내려 한다. 그래서 본질의 경우에는 그것을 오늘의 상황(Context)을 고려하여 적용한다. 이런 점에서 문자적으로 다르게 적용될 수도 있다. 하지만 그 본질적인 의미만큼은 그대로 적용된다고 말할 수 있다.

4) 교회 중심

개혁신앙의 주된 관심은 하나님 나라의 확장이다. 하나님의 구원은 단순히 인간에게서만 머물지 않는다. 그것은 하나님의 창조가 미치는 모든 범위에까지 이른다. 그렇다고 교회가 무시되는 것은 아니다. 오히려 개혁신앙은 교회를 중심으로 하나님 나라를 확장한다. 왜냐하면 **하나님 나라는 교회가 선포하는 말씀과 그것의 실천을 통해 이루어지기 때문이다. 다시 말해 하나님 나라의 중심에는 예수 그리스도의 몸된 교회가 있는 것이다.** 비록 개혁교회가 중세 로마교회의 잘못된 교회관을 개혁하기 위해 시작되었다고 하지만, 그렇다고 해서 예수님께서 세우신 교회까지 무너뜨린 것은 아니다.

물론 교회에 관한 루터와 칼빈의 생각에는 약간의 차이가 있다. 즉 **루터는 교회를 단순히 성도들의 모임(communio sanctorum)으로 인식한 반면, 칼빈은 인간의 모임 이전에 하나님께서 만드신 제도(institutio)로 보았다.** 루터가 본래 구원론과 관련해서 '만인제사장론'을 말했지만,

---

13. J. Douma, *Verantwoord handelen* (Ton Bolland, 1980), pp. 51-55.

사실 루터는 이를 영적인 의미에서 사용한 것이었지 교회론과 관련해 교회 봉사의 직분에 누구나 참여할 수 있다는 의미로 사용한 것은 아니었다. 그런데 **경건주의자와 신령주의자들이 '만인제사장론'을 '누구나 설교할 수 있다'라고 해석하고 적용하는 것은 신학적 오류며 실수가 아닐 수 없다.** 한편 칼빈은 교회를 '보이는 교회'와 '보이지 않는 교회'로 구분했지만, 우리 인간이 논할 수 있는 것은 '보이는 교회'일 뿐 '보이지 않는 교회'는 하나님의 영역이라고 못 박았다. **이 세상의 교회가 불완전하지만 제도적인 교회에 충실하면서 최대한 성경적인 교회를 만들려고 노력한 자가 칼빈과 그를 따르는 개혁신앙인들이었다.** 이와 달리 재세례파는 순수한 그리스도인들만의 교회를 추구하면서 분리주의적인 교회를 지향했고, 17~18세기에 일어난 경건주의 운동 역시 보이지 않는 교회를 역사 가운데서 추구하면서 퀘이커교도와 형제단들로 성장했고, 일본에서는 우치무라 간조를 중심으로 무교회주의가 인기를 끌기도 했다. 우치무라 간조의 사상은 한국에도 들어와 김교신과 함석헌 등에게 전수되었다. 이런 것들을 종합해 볼 때, 보이는 제도적인 교회보다 보이지 않는 영적인 교회를 강조하는 쪽은 교회의 제도와 운영에 관심이 없지만, 개혁교회는 건강한 성경적인 교회 건설에 특별한 관심을 기울였다.

 개혁신앙은 교회를 그리스도의 몸으로 인식하고 세상에서 성경적인 역할을 할 수 있도록 기도하며 연구한다. 그 관심은 **교회의 '구조'와 '정치'와 '운영'에 대한 것**이다. 개혁신앙은 전통적으로 성경에서 바른 '장로 제도'를 부활시키고, 목사와 집사 직분을 지속되는 항존 직분으로 삼는다. 개혁신앙은 목사 위에 다른 목사가 군림하는 **성직자 계급제도(hierarchy)를 허용하지 않으며, 목사와 장로와 집사의 계급 혹은 등급 개념을 철저하게 거부한다.** 개혁신앙은 개체 지역교회의 독립성을 기본으로 하면서 동시에 교회의 연합과 보편성(catholicity)을 최대한 균형 있게 조화시키는 교회제도를 만든다. 이를 위해 시찰과 노회와 총회 제도를 두고 있는데, 장로교는 여기에 상회와 하회 개념을 두는데 반해, 개혁교회는 다수회와 소수회의 개념을 둘 뿐이다. 물론 다수회가 지역에 있는 개체교회에게 명령할 권한은 없다. 하지만 그렇다고 해서 다수회에 아무런 권위가 없다는 말도 아니다. 총회가 결정하면, 개 교회는 성경에 어긋나지 않는 한 따르고 순종해야 한다.

한국 장로교회에는 노회에 주어진 상당한 권위가 남용 혹은 오용되는 경우들이 없지 않다. '개체 교회주의'도 문제지만, '노회주의'에도 폐단이 있다. '상회와 하회'라는 위계구조가 자칫 오용될 수 있는 위험성을 늘 염두에 두어야 한다. 상회의 총대나 임원들이 섬김의 봉사보다는 그 자리를 이용해 군림하고 통제하려는 유혹에 쉽게 빠질 수 있다. 상회의 임원 자리가 영광을 누리는 자리라고 여긴 탓인지 선거 운동(부정적인 방법도 시도함)을 해서라도 그 자리를 차지하려고 서로 경쟁한다. 당연히 이런 모습은 불신자들에게 지탄의 대상이 된다. 서리집사와 장립집사 그리고 장로의 관계도 교회법에는 그렇지 않지만, 실제로는 위계적인 구조로 실행되고 있다. 한국교회의 서리집사 개념은 매우 특이하며 성경적인 근거도 분명하지 않다. 때문에 서리집사의 역할도 명확하지 않다. 단순한 '지위'나 '호칭'에 불과하다. 교회에 다니기 시작한 지 얼마 되지 않으면 성도라고 부르기 어색하니, '집사'라고 불러주기 위해 임명하는 직분일 뿐이다. 이는 엄연한 직분의 타락이며 왜곡이다.

그러면 교회가 교회되기 위해서 개혁신앙은 어떤 제도적인 장치를 가지고 있는가? 개혁신앙의 정치 형태는 아래와 같이 로마교회, 성공회, 장로교회, 침례교회, 회중교회의 중간에 위치한다.

　예수님께서 주인이 되시고 성령님께서 다스리도록 하는 가장 좋은 제도를 연구한 결과가 개혁신앙에 근거한 개혁교회의 질서(order)다.

　개혁신앙이 전통적으로 견지해 온 교회의 표지는 바른 '말씀'과 바른 '성례'와 바른 '권징'의 시행이다. 그 중에서도 '권징' 제도는, 비록 칼빈은 이것을 직접 교회의 표지에 포함시키지는 않았지만(부서와 낙스는 세 번째 표지로 넣음), 전통적으로 세 번째로 중요한 교회의 표지로 수용되어 왔다. 권징은 중세 로마교회에서 부정적인 인상을 남겼다. 그렇지만 개혁신앙은 교회의 영적인 권징이 필요하다고 보았다. 권징은 교회에 대한 분명한 개념이 있어야만 가능한데, 본래 권징의 목적은 목회적인 보살핌을 위한 것이었다. 즉 교회의 성결과 그리스도의 영광을 위해 필요한 것이었다. 하지만 한국교회는 이러한 권징을 실행하지 않는다. 그보다는 하나님의 사랑이라는 명목으로 하나님의 공의와 거룩성이 간과되고 있다. 이로 인해 교회의 세속화는 가속화되고, 하나님의 영광은 수치를 당하고 있다. 교회에서 어떤 직분자가 죄를 지어도 아무런 권징을 받지 않는다. 그는 슬쩍 교회를 떠나 다른 교회로 가버린다. 그러면 끝이다. 물론 다른 교회는 그에게 어떤 과거도 묻지 않고 무조건 두 손 들고 환영한다. 이로 인해 교회는 수적으로 늘어날지 모르지만, 하나님의 교회는 모욕을 당하게 된다. 사실 성경적인 권징의 의미는 죄인을 부끄럽게 하거나 곤란하게 하려는 것이 아니라, 그 영혼을 구원하려는 것이다. 하나님께서는 그분의 자녀를 권징하신다. 교회는 이 일을 위임받아 감당한다. 이는 하나님께서 직분자에게 맡기신 영혼 구원을 위한 귀중한 사명이다. 연약한 교인은 이런 권징을 통해 회개하고 구원에 이른다.

이렇게 **개혁신앙은 교회를 통해 하나님 나라를 이룰 수 있다고 믿기 때문에 교회의 제도와 다스림에 대해 무관심하지 않다.** 오히려 교회가 그 역할을 잘 수행하도록 하기 위해서 최선을 다한다. 그에 비해 복음주의는 **개 교회의 개혁과 성경적인 제도나 다스림에 대해서 크게 관심을 기울이지 않고 교회 바깥에 관심을 많이 둔다.** 루터는 교회의 표지로 말씀과 성례를 강조했는데, 삶의 성화로까지 적극적으로 나아가지 못한 면이 있다. 왜냐하면 로마교회의 공적주의와 행위로 구원 얻는 부분에 부담을 느꼈기 때문이다. 그는 교회의 많은 제도를 국가에 맡겼다. 신학교육과 목사의 관리와 월급도 국가 종교국에서 관리하도록 했다. 그에 비해서 칼빈은 권징을 강조했다. 권징은 성도들의 훈련과 단련을 위한 것으로 이해했다. 칼빈이 스트라스부르(Strasbourg)에서 목회할 때, 재세례파 교인들이 삶을 강조하는 칼빈의 교회로 많이 돌아왔던 것은 주목해 볼 일이다.[14]

오늘날 한국교회는 권징을 잘 시행하지 않음으로써 교회의 순결을 상실하고 있다. 권징이 없는 교회는 윤리적으로 문제가 있고 도리어 분열을 조장한다. 교회는 생존을 위해 천박한 자본주의의 적자생존 경쟁을 하게 된다. 이런 것이 지금 한국 개신교에서 심각한 문제로 등장하고 있지만, 안타깝게도 되돌릴 길이 없어 보인다. **기독교 역사 가운데서 개혁신앙을 따르는 자들만큼 교회의 순수성과 성도들의 삶에 대해 고민한 자들도 없다.**

---

14. W. Balke, *Calvijn en de doperse radikalen* (Kampen, 1977), p. 135.

5) 신앙과 삶의 일치

개혁신앙은 교리적인 이론만 강조하는 것으로 오해를 받는가 하면, 다른 한편으로는 삶의 행위를 강조한다고도 오해를 받는다. 개혁신앙은 믿음보다 행위, 신앙보다 윤리를 강조한다면서 바리새인적이고 율법적이라고 비난을 받는다. 물론 **개혁신앙은 신앙고백과 교리문답을 열심히 가르치기에 신앙적인 내용을 중요하게 여긴다. 그러나 동시에 개혁신앙은 신앙적인 삶의 행위 역시 매우 강조한다.** 이에 반해 복음주의는 이름만 '복음'을 주장하지, 복음의 내용인 신앙고백과 교리문답을 가르치지 않음으로써 교리가 매우 빈약하다. 또 복음주의는 이원론적 세계관으로 말미암아 신앙을 삶으로 엮어내는 데 소극적이다. 하지만 개혁신앙은 신앙이 삶에 녹아나는 성화와 윤리를 강조한다. 이런 점에서 **개혁신앙은 십계명을 중요하게 생각하는데, 이것이 로마교회와 복음주의적인 근본주의자들과 다른 지점이기도 하다.** 특히 개혁신앙은 율법을 죄를 깨닫게 하는 역할에만 그치지 않고, 은혜로 구원 받은 자들에게 감사의 차원으로 재탄생시킨다. 하이델베르크 교리문답은 첫째, '죄', 둘째, '구원', 셋째, '감사'로 구성되어 있는데, 십계명을 세 번째인 '감사'의 삶에 포함시킨다.

개혁교회와 장로교회는 예배 시간에 십계명을 낭독한다. 그러나 한국교회에서는 이런 전통이 사라진지 오래다. 복음주의는 계명과 율법을 좋아하지 않기 때문이다. 하지만 개혁신앙은 십계명의 서론에 기초해 십계명을 강조한다. 십계명의 서론은 매우 중요한 데도, 한국교회의 찬송가 뒤편에 있는 십계명에는 이 서론이 없거나 있더라도 일부는 점으로 생략되어 있곤 했다(옛 찬송가). 십계명은 다음과 같은 서론으로 시작한다. "하나님이 이 모든 말씀으로 일러 가라사대 나는 너를 애굽 땅, 종 되었던 집에서 인도하여 낸 너의 하나님 여호와로라."(출 20:1) 십계명에서 이 서론이 없으면 율법주의에 빠질 수밖에 없다. 서론은 왜 율법을 감사로 지켜야 하는지 그 근거를 제공한다. 감사의 삶이 빠진 그리스도인은 제자일 수가 없다. 예수님께서 강조하신 제자도(마 28:19-20)에서도 예수님께서 분부하신 모든 것을 가르치고 지키는 데까지 나아갈 것이 요구된다.

개혁신앙은 삶과 결코 분리될 수 없다. 신앙은 삶과 함께 간다. 성경에서 '안다'는 것은 단순히 객관적인 지식을 안다는 것이 아니다. 그것은 행동으로 나타나야 한다. 따라서 이 같은 인식을 기반으로 한 신앙 또한 삶으로 드러나게 되어 있다. 개혁신앙은 신자가 믿고 고백하는 내용에서만이 아니라, 삶의 현장에서도 동일하게 보고 확인할 수 있다.

그래서 본서의 관심은 후반부에 있다. 종교개혁 신앙이 현대인의 삶에 뭐라고 대답할까?

6) 기독교 세계관

개혁신앙은 교회 안에 머물지 않고 그들이 속한 세상으로 적극적으로 나아간다. 모든 사람은 세상에 대한 관점을 가지는데, 그것을 '세계관'이라고 한다. 비록 복음주의가 이런 세상을 향한 관점을 포기했지만, 개혁신앙은 이러한 세계관에서 기독교적인 독특한 관점을 지닌다. 다시 말해 개혁신앙은 기독교적인 안경을 끼고 세상을 본다는 얘기다. 이것을 성경적 세계관이라고 하기도 한다. 하나님께서는 아담과 하와가 타락한 후 소위 원시복음(창 3:15)을 주셨다. 이 원시복음에는 하나님 나라와 세상 나라의 대립이 내포되어 있다. 즉 사탄과 하나님의 자녀 사이에는 적개심이 있어 서로 친구가 될 수 없다는 것이다. 그런데 세상과 교회가 대립하는 것은 원시복음에서부터 시작된 것이므로 하나님의 은혜. 의는 죄를 피하지 않고 오히려 죄와 싸운다. 마찬가지로 그리스도인 또한 세상을 떠나

피하지 않고 오히려 세상을 하나님의 공의와 사랑으로 변혁시켜야 한다. 이것이 개혁신앙적 세계관의 필요성이다.

그리스도인의 세상살이는 그렇게 쉽지 않다. 오늘과 같은 복잡한 사회는 직장과 교회, 다양한 가정 형편 속에서 긴장과 갈등의 충돌이 만만치 않다. 이 속에서 기독교적인 세계관으로, 신앙적 가치로 해석하고 행동으로 옮긴다는 것은 엄청난 도전이다. 많은 그리스도인이 세상과의 싸움에서 좌절하거나 타협한다. 개혁신앙은 어떤 세계관을 가지고 있을까? 그리스도인의 세계관을 세 가지 종류로 나눠보자.

첫 번째 기독교적 안경은 **'이원론적이고 수직적인 세계관'**이다. 이 관점에서 보면 세상은 하나님과 멀어진 죄스러운 것이다. 성도는 가능한 죄로 물든 세상으로부터 멀어져야 한다. 땅보다는 하늘에, 이승보다는 저승을 중요하게 생각한다. 영적인 것이 육적인 것보다 중요하고 이 시대의 일보다 영원한 일이 훨씬 중요하다. 구원은 사람의 영혼에만 해당되고, 세상은 악한 사단에게 맡겨진 것으로 성도가 관심을 둘 대상이 아니다. 하나님과 사람의 수직적인 관계에만 관심이 있고, 세상에서 어떻게 살아야 하는가에 관한 수평적인 관계에는 관심이 없다. 그렇다 보니 특별은총만 강조하고 일반은총은 강조하지 않는다. 죄악으로 가득한 현세와 세속의 역사와 문화를 정죄하기 때문에 자연스럽게 반지성적이며 반문화적인 경향을 보인다. 또한 영적인 삶에만 치중하여 윤리를 소홀히 한다. 대체로 선교 지향적이고 개인적인 신앙을 강조하는 신령주의적인 복음주의 교회가 이런 관점을 견지한다.

두 번째 기독교적 안경은 **'혼합적이고 수평적인 세계관'**이다. 이 세계관은 오로지 이 세상에서 어떻게 살 것인가에만 집중한다. 교회가 세상의 문화와 사회적인 문제들에 관심을 둘 뿐 아니라 세상과 한 몸이 되어 평화와 의를 추구해야 한다고 믿는다. 하나님 나라는 천상이 아니라, 지상에 임할 뿐이다. 신기루와 같이 확실하지 않은 미래보다는 구체적인 현재가 그들의 관심사다. 구원은 정치와 사회적인 구조를 좋게 만드는 것이며, 그럼으로써 가난과 억압에서 해방되는 것이다. 또한 전쟁을 반대하고, 평화를 추구하며, 환경운동을 한다. 인종차별주의에 대항하며, 세계의 기아와 인권을 해결하기 위해 열심을 낸다. 이러한 세계관은 사람과 사람, 사람과 세계의 수평적인 관계에만 주로 관심을 기울인다. 자유주의 신학에 영향을 받은 해방신학, 여성신학, 흑인신학, 민중신학의 입장이 이러한 견해를 취한다.

세 번째 기독교적 안경은 **'개혁신앙적인 세계관'**이다. 이 입장은 성경을 색안경을 끼지 않고 전체적으로 바라봄으로써 '이원론적이고 수직적인 세계관'과 '혼합적이고 수평적인 세계관'의 문제를 극복한다. **개혁신앙적인 세계관은 그리스도인을 세상 안에서 살아가지만(in the world) 세상에 속하지는 않은(not of the world) 자들로 간주한다.** 세상은 위험하지만, 피해야 할 사탄의 전유물이 아니라 하나님의 통치가 이루어져야 할 영역이다. 하나님께서 주시는 구원은 인간의 영혼뿐만 아니라 인간의 전인인 영과 육을 구원함을 믿는다. 구원을 베푸시는 분은 창조주 하나님이시다. 그분의 구원 사역은 전체 창조물에 영향을 미친다. 개혁신앙적인 세계관은 미래에 약속된 천국을 소망하면서도 일시적으로 머물고 있는 지금의 세상에서도 하나님의 통치가 온전하게 이루어지도록 힘쓴다. 개혁신앙적인 세계관을 지닌 그리스도인들은 자신이 속한 세상의 전통과 문화가 제공하는 세계관을 무의식적으로 받아들이지 않는다. 오히려 주변의 문화와 전통이 제공하는 세계관을 성경적인 관점으로 비판하고 변혁하려고 한다. 불완전한 인간이기에 이것을 이루는 것이 불가능해 보이지만, 성령 하나님께서 우리를 도우신다면 불가능한 일도 아니다. 이런 개혁신앙적 세계관이 그리스도인의 삶의 현장에 구체적으로 영향을 미친다.

5. 개혁신앙과 한국교회

한국교회는 복음주의적인 영향을 받은 선교사들로 말미암아 장로교회가 지닌 고유한 개혁신앙의 유산을 비교적 적게 물려받았다. 평양신학교의 초대 교장이었던 마포삼열(Samuel A. Moffet) 선교사는 미국의 찰스 핫지(C. Hodge)와 워필드(B. B. Warfield)의 노선을 따르는 개혁신앙에 분명하게 서 있었던 분이지만, 세계적인 부흥운동의 분위기를 등에 업고 한국에 들어온 대부분의 선교사들은 복음주의적인 신앙과 삶을 따르는 자들이었다. 박형룡 박사조차도, 비록 그가 보수적인 장로교 신학을 고수하긴 했지만, 엄밀한 의미에서 개혁신앙을 좋아하지는 않은 것으로 보인다. 그보다는 박윤선 교수를 통해 엄밀한 의미의 개혁신앙이 한국에 전달되었다고 보는 것이 정확하다. 그는 미국 장로교신학교인 웨스트민스터 신학교 출신으로 짧은 기간 네덜란드 자유대학교에서 수학했는데, 이 때 개혁신앙을 한국의 장로교회들이 따라야 할 신앙으로 주목했다. 당시 그는 세계적인 칼빈주의 변증학자인 반틸(C. Van Til) 교수에게 배우면서 네덜란드의 개혁신앙을 섭렵했다. 그는 혼자서 네덜란드어를 공부하면서 네덜란드어로 쓰인 책들을 읽기도 했다. 그런 그가 한국에 와서 고신대학교에서 신학을 가르침으로써, 고신교회에 속한 목사들에게 정통 개혁신학을 전수할 수 있었다. 그는 1960년에 고신대학교를 떠나 총신대학교에서 개혁신학을 가르쳤으며, 1979년 이후에는 합동신학교에서 개혁신학을 가르쳤다. 지금도 그의 영향력은 그의 제자들을 통해 한국교회에 지대한 영향을 미치고 있다.

　박윤선 교수의 뒤를 이어 고신대학교에서는 이근삼 교수가 개혁신학을 공부하기 위해 미국에서 대서양을 건너 개혁신앙의 본산지인 네덜란드의 자유대학교로 갔다. 그는 유학 시절에 자유화란개혁교회(De Gereformeerde Kerken in Nederland, Vrijgemaakt)와 관계를 맺게 되었고, 특히 캄펀(Kampen)에 있는 네덜란드 자유개혁교회와 교류하다가 1968년에 이 교회와 한국의 고신교회가 자매결연을 체결하는 데 큰 역할을 했다. 네덜란드 자유개혁교회는 한국에 교수 선교사를 두 명[고재수(N. Gootjes)와 박도호(J. M. Batteau)] 파송해 10년 동안 고려신학대학원에서 개혁신앙을 가르치도록 했다. 동시에 고신교회는 학생들을 캄펀신학교에 보내 개혁신학을 배우도록 했다. 네덜란드 개혁교회는 자매교회에 개혁신앙을 가르치는 역할을 기쁨으로 감당했다. 이렇게 해서 1964년에 차영배, 1966년에 허순길, 1973년에 박성복과 이보민, 1982년에 변의남, 1985년에 유해무와 변종길, 신득일 등이 공부를 시작했다. 그 후로도 캄펀(Kampen)과 아펄도우른(Apeldoorn) 신학교에서 많은 목사들이 개혁신학을 공부하고 돌아와 대학과 교회에서 개혁신앙을 가르치거나 목회하고 있다. 캄펀에는 1944년부터 같은 이름을 지닌 두 개의 신학교가 있어 왔다. 이는 1944년에 '프레이마킹'(Vrijmaking)으로 자유파 개혁교회가 총회파(Synodaal) 개혁교회로부터 이탈했기 때문이다. 총회파 개혁교회는 캄펀의 개혁교회신학교와 자유대학 신학부를 가지고 있었는데, 그곳에서 공부한 한국인들도 있었다. 그들은 대부분 합동측 장로교회 출신들로서 지금은 총신에서 일하고 있다. 자유대학교(Vrije Universiteit)는 아브라함 카이퍼(A. Kuyper), 헤르만 바빙크(H. Bavinck), 도이여비얼트(H. Dooyeweerd) 시대에 개혁신앙을 꽃 피웠지만, 1970년대 이후부터는 신학이 자유화되어 개혁신앙을 찾아보기가 어렵게 되었다. 자유대학교의 신학부 교수들이 철학부 교수들보다 신앙이 더 없다는 얘기를 할 정도다. 그야말로 신학이 자유로운 곳으로 자유대학교가 된 셈이다.

그런데 한국 장로교회가 이렇게 저렇게 개혁신앙과 계속 관계를 맺어 왔음에도 불구하고 개혁신앙적인 모습보다는 복음주의적인 경향이 더 뚜렷한 이유는 무엇일까? 고려신학대학원에서는 고재수(N. Gootjes) 교수와 박도호(J. M. Batteau) 교수가 거의 10년 동안 개혁신학을 가르쳤다. 그런데도 그런 고신교회에서조차 개혁신앙이 뿌리를 내렸다고 보기가 어렵다. 그렇다면 개혁신앙이 한국교회들에 정착하지 못한 이유는 무엇일까? 이를 몇 가지로 정리해보면 다음과 같다.

첫째, 복음주의적인 영향이 너무나 강했기 때문이다. 한국교회는 해방 후 정치, 경제, 사회적으로 어려움에 직면해 있었기 때문에, 당시 유행하던 기복적인 복음주의가 제공하는 신앙과 삶으로 기울 수밖에 없는 특별한 상황이었다. 뿐만 아니라 미국에서 일어난 부흥과 교회 성장주의가 교파를 초월해 한국의 모든 개신교에 주도적인 영향을 미쳤다. 결국 교회만 성장시켜 놓으면 모든 것이 합리화되는 현실에서 개혁신학을 가르치는 신학교의 학생들조차 신학을 가르치는 교수보다는 목회 현장에서 성공한 목사를 선생으로 두려고 했다. 신학교에서 아무리 개혁적으로 설교하고 개혁신앙을 가르친다 해도, 막상 복음주의 일색의 교회 현장에서 그런 가르침들을 적용하기는 어려웠다. 교회성장주의가 유행하던 시기에 학생들은 "내용과 말은 옳지만, 그것으로 교회를 성장시킬 수 있나?"라고 회의를 품으면서 개혁신앙을 받아들이려 하지 않았다. 그러다 보니 신학교를 졸업해서는 교회 현장에서 개최되는 각종 세미나에 참석하면서 개혁신학이나 방법론과 다른 신학과 방법론을 배우기 위해 이리저리 뛰어 다녔다. 참으로 안타까운 일이지만, 이것이 한국교회의 현실이다.

둘째, 개혁신앙적인 삶의 모범과 목회가 없기 때문이다. 개혁신학을 공부하고 돌아온 목사들은 대부분 신학교에서 가르쳤다. 목회를 한 분은 고신대학교에서 은퇴한 허순길 교수가 거의 유일하지만, 그 역시 호주에서 현지인 교회를 거의 10년 동안 섬겼기 때문에 한국에 미친 영향은 미미하다고 하겠다. 그렇다 하더라도 그가 경험한 개혁교회와 신앙을 바탕으로 출간한 책들은 개혁교회의 신앙과 삶을 간접적으로 그려볼 수 있는 귀한 자료들이다.[15] 오늘날 한국교회에는 개혁신앙만이 아니라 그에 따른 삶과 모범이 절실히 필요하다. 최근 여기저기서 개혁신앙적인 목회를 시도하고 개인적으로 그렇게 살아가는 분들이 생겨나기 시작했다. 이런 현상은 교파를 초월해 일어나고 있는데, 이를 근거로 앞으로 개혁신앙이 한국교회에 큰 물줄기가 되기를 바란다.

---

15. 허순길, 『개혁교회 질서 해설: 도르트 교회 질서』(셈페르 레포르만다 2017), 『벨기에 신앙고백 해설』(셈페르 레포르만다 2016), 『어둠 후에 빛』(셈페르 레포르만다 2014), 『은혜로만 걸어온 길』(2014), 『개혁해 가는 교회』(장로회출판국 2011), 『큰 사건 큰 인물을 따라: 교회사 산책』(장로회출판국 2009), 『개혁주의 진리와 생활』(영문 2009), 『한국장로교회사』(영문 2006), 『잘 다스리는 장로』(영문 2007), 『구속사적 구약설교』(SFC 2006), 『개혁교회의 목회와 생활』(총회출판국 2005), 『교회 절기 설교』(CLC 1996).

<토론을 위한 질문>

1) 왜 '개혁주의'보다 '개혁신앙'이 옳은 표현인가요? '개혁'에는 어떤 의미가 숨겨져 있나요?

2) 좁은 의미에서의 개혁교회는 무엇을 말하나요? 넓은 의미에서의 개혁교회를 루터주의와 비교해서 설명해 보세요.

3) 개혁신앙의 특징은 무엇인가요? 저자가 말하는 여섯 가지의 특징들을 말해 보세요.

4) '하나님 주권' 사상의 시각에서 개혁신앙은 그리스도를 어떤 분으로 보나요? 그리고 이런 시각에서 성도는 어떻게 반응해야 한다고 보나요?

5) 신앙고백과 교리문답이 성경보다 더 높은 권위를 가지나요? 아니라면 그 이유는 무엇인가요? 신앙고백과 교리문답에 대해서 설명해 보세요.

6) 개혁신앙에서 배운 것을 말해 보세요.

제2부

개혁신앙과 현대인의 삶

개 혁 신 앙 , 현 대 에 답 하 다

필자는 지금까지 복음주의 일색인 한국교회에 새로운 대안으로서 개혁신앙이 필요함을 살펴보았다. 개혁신앙은 단순히 개인의 영혼구원에만 만족하지 않는다. 그것은 좀 더 나아가 세상을 향한 메시지를 담고 있다. 따라서 하나님 나라를 이 땅에서 이루기 위해서는 교회와 세상을 향한 개혁신앙의 관점과 삶이 절실하다. 개혁신앙이 추구하는 신앙고백과 교리문답, 정신은 어느 특정 교단과 교회를 넘어선다. 다시 말해, 개혁신앙은 정통적이고 보편적인 기독교 진리이다.[1] 물론 개혁신앙은 국가와 교단, 교회, 개인 등이 지닌 차이들로 인해 여러 가지 오해와 비난을 받기도 한다. 심지어 개혁신앙에 대한 편견이나 부정적인 시각이 있기도 하다. 하지만 개혁신앙은 사도적인 신앙고백에 기초한 종교개혁의 신앙을 그대로 전수 받은 신앙으로서 그 어떤 신앙보다도 성경에 더욱 탄탄히 기초하고 있다고 할 수 있다.

우리나라에서도 개혁신앙은 이미 한국 장로교회, 즉 고신, 합신, 총신, 대신, 백석 등의 교회들을 중심으로 많은 교회들에 영향을 미치고 있지만, 안타깝게도 그 실제적인 영향력에서는 매우 미약하다 하지 않을 수 없다. 대부분의 교회가 여전히 양적인 교회의 부흥에만 관심이 있기 때문이다. 교회를 부흥시키는 데서 개혁신앙은 별 도움이 되지 않는다고 판단하기 때문이다. 그러나 앞에서도 살펴보았듯이, 우리나라에서 복음주의 교회가 그 힘을 많이 상실한 상황에서 교회들은 다른 대안을 찾지 못하고 있다. 그렇기 때문에 지금이야말로 개혁신앙이 그 힘을 발휘할 때라고 생각한다. 이를 위해서 개혁신앙을 따르는 교회와 신앙적인 모델이 그 어느 때보다도 절실하다. 또한 개혁신앙에 근거한 구체적인 삶의 모습들이 절절히 요청된다. 왜냐하면 사람들은 개혁신앙도 중요하지만, 그것에 근거한 삶의 모습을 더욱 보고 싶어하기 때문이다.

---

1. 존 볼트, 「개혁주의란 무엇을 뜻하는가?」(최덕성, 『개혁주의 신학의 활력』, 본문과 현장사이, 1999, 133에서 재인용).

그렇다면 과연 개혁신앙인은 어떠한 삶을 살아갈 수 있을까? 현대의 구체적인 삶의 현장에서 어떤 고민을 하며 어떤 모습을 살아낼 수 있을까? 이런 것들이 궁금하지 않을 수 없다. 이 책의 관심도 사실 이 부분에 집중한다. 예를 들어, 개혁신앙인은 자녀 출산이나 유아세례, 입양, 그리고 가정예배와 관련해서 어떤 자세를 가지고 실천할 수 있을지, 또한 교회의 예배에서 모든 세대가 함께 어우러져 예배하는 세대통합예배를 어떻게 실천해 갈 수 있을지, 그리고 자녀의 교육과 관련해서 교리문답을 통한 신앙교육을 어떻게 실천하며, 자녀들이 직면하는 멀티미디어의 문제를 어떻게 다루며, 무엇보다 사교육의 문제를 어떻게 극복하며, 이를 위해서 선의의 경쟁과 수월성이라는 함정에 어떻게 빠지지 않으며, 나아가 기독교 학교와 가정, 홈스쿨링을 통한 자녀교육을 어떻게 실천할 수 있을지, 마지막으로 현대 사회에서 직업과 직장을 통해 무엇을 꿈꾸고 실천할 수 있을지, 나아가 개혁신앙인으로서 어떻게 하나님 나라를 꿈꾸며 사회참여를 할 수 있을지 등을 다루고자 한다.

필자는 7년이 넘는 유학 기간(1994-2001) 동안 개혁교회의 본산지인 네덜란드에 살면서 배우고 익힌 것을 바탕으로 현재까지 네 자녀를 낳고 입양하고 키우면서 고군분투하고 있다. 그 과정에서 필자가 정리한 것들을 이 책에 모아보았다. 이 주제들은 개혁신앙으로 살아가고자 하는 모든 신실한 그리스도인들에게 작은 모델이자 안내판이 될 것으로 믿는다.

1장
저출산

　대한민국은 현재 세계 최저의 출산국 중 하나다. 현재의 인구 규모를 유지하기 위해서는 출산율이 적어도 2.1명은 되어야 하지만, 국내 출산율은 이에 한참 모자랄 뿐 아니라 계속해서 감소하고 있다. 이러한 저출산에 따른 인구의 고령화 속도도 세계 최고 수준이다. 지난 2000년에 우리나라는 이미 전체 인구 중 65세 이상의 노인 인구 비율이 7% 이상인 '고령화 사회'(Aging Society)에 도달했다. 이 비율은 급격히 증가해 2016년에는 고령자의 인구가 13.2%였다. 따라서 2018년에는 '고령사회'(Aged Society, 노인 인구 비 14%-20%)에도 진입할 것으로 충분히 예상된다. 그럴 경우 '고령화 사회'에서 '고령사회'로 넘어가는 데 걸린 시간이 18년밖에 되지 않는데, 이는 일본의 24년, 독일의 40년과 비교해 훨씬 빠른 속도다.

　이 같은 저출산과 고령화는 생산 인구의 감소를 초래하는데, 이는 우리나라 경제의 성장 잠재력을 저하시킴은 물론 국민연금을 부실하게 만드는 위험이 될 수 있다. 그래서 정부는 다양한 출산장려책을 내놓고 있지만, 산아제한정책만큼 출산장려정책이 효과를 거둘지는 미지수다.

1. 골동품이 된 산아제한정책

우리나라는 전쟁으로 궁핍했던 시절 빈곤의 악순환의 고리를 끊기 위해 경제성장에 주력해왔다. 1960년대와 70년대에 가난을 극복하기 위한 방법 중의 하나로 정부는 산아제한정책을 실시하였다. 박정희 정부는 1961년 3월에 이른바 '가족계획협회'를 창립했다.[1] 한 기사에 따르면, 가족계획은 '사회를 보다 명랑하게 하고 개인의 생활도 질적으로 발전시키기 위해 긴요한 일'이라고 선전되었다. 1966년에 정부는 가족계획 연간 목표량을 정해 산아제한정책을 강력하게 추진했다. 심지어 인공유산시술 가능 시기를 임신 7개월까지로 늘려 법으로 보장해 놓기까지 했다. 당시 분위기를 잘 그려낸 2006년에 상영된 <잘 살아보세>라는 영화는 영어 제목이 'Mission Sex Control'인데, 한글 제목보다 오히려 내용을 더 잘 표현했다. 일인당 출생률이 6.1명이었던 60년대에는 3명의 자녀를 3년 터울로 낳고 35살 이전에 단산하자는 '3.3.35'운동을 했다. 70년대에는 평균 출생률이 4.53명이었는데, '아들 딸 구별 말고 둘만 낳아 잘 기르자'라는 구호를 외쳤다. 80년대에는 평균 출생률이 2.8명이었는데, '잘 키운 딸 하나 열 아들 안 부럽다'라는 구호를 내세웠다. 결국 90년대에는 출생률이 1.59명으로 낮아졌고, 2005년에는 1.08명으로까지 곤두박질쳤다. 비

---

1. 1961년 3월 31일자 《조선일보》 석간에는 <산아제한 기치를 들고 가족계획협회 창립>이라는 제목의 기사가 등장한다. "세계적으로 일어나고 있는 가족계획 운동에 발맞추어 우리나라에서도 가족계획으로 명랑한 사회생활을 유지할 수 있도록 산아제한을 하여 국민 생활의 질적 향상을 도모하고 사단법인 대한가족협회의 설립이 추진되던 중 이의 준비가 끝나 1일 오후 2시 서울시 내 남산동에 있는 대한적십자사 강당에서 창립총회를 개최한다."

록 최근에는 출생률이 좀 올라왔다고는 하지만 여전히 심각한 수준이다.

우리나라의 대표적인 산아제한정책으로는 정관, 난관수술도 있지만, 이와 더불어 낙태를 통해서 인구정책을 의도한 '모자보건법'(1973)도 있다. 이 법의 효과는 대단했다. 이렇듯 경제적인 논리에 의해 국가적으로 출산율을 조정한 우리나라는, 40년이 지난 지금에서는 오히려 심각한 출산 기피 현상으로 정 반대의 고비를 맞고 있다. 산아제한정책은 골동품이 되었고, 반대로 산아촉진정책이 만들어지고 있다. 하지만 별 희망이 없어 보인다.

2. 개신교의 입장

제2차 세계대전 이후 미국의 여러 주를 포함해 일본, 인도, 중국은 가족계획을 정부 사업으로 신속히 추진해 나갔다. 로마교회는 산아제한정책이 인간 생명의 존엄성을 위협하는 것으로 보고 반대 입장을 표명했다. 1958년 9월 15일에 바티칸 교황청은 인공수정에 대한 반대 입장을 선언했다. 잉태를 막는 인위적인 피임방법을 거부한 것이었다.[2] 또한 1968년 7월 31일에는 교황 바오로 6세(1963-1978)가 산아조절에 관한 회칙인 <인간 생명>을 발표함으로써, 산아제한은 인간 생명을 직접적으로 위협하는 행위라고 경고하기도 했다.

하지만 한국 개신교회는 정부의 산아제한정책에 반대하기는커녕 오히려 지지했다. 1971년에 한국기독교교회협의회(KNCC) 총무인 김관식 목사가 가족계획도 하나님의 뜻이라고 하면서 지지하는 발표를 한 것이다. 그는, 교회는 인류가 당면한 모든 위험과 다가오는 불행에 관심을 가

2.《조선일보》1958년 9월 25일 석간

지고 인류에게 자유 행복을 실현할 책임이 있다고 밝히면서, 이러한 노력의 하나로 가족계획 사업을 펴는 것이라고 주장한다. 그리고 그 구체적인 계획으로 '인류 미래와 책임 있는 부모 노릇'이라는 입장에서 교육과 계몽을 전개하는 것, 병원에 피임도구를 공급하는 것, 심지어 여전도사 1만 명에게 가족계획의 필요성과 방법을 교육하는 것 등을 이야기했다. '가족계획은 하나님의 영역을 침범하는 인간의 반역행위'라고 반대하는 일부 목사들을 설득하고, 앞으로 로마교회와의 연합 전선도 펼 예정이라고도 했다.[3] 연세대학교 김찬국 교수도 성경에서 가족계획의 정당성을 발견할 수 있다고 보았다.[4] 그러고는 창세기 1장 28절의 '자식을 낳고 번성하여 온 땅에 충만하라'라는 명령은 인구 조절 문제가 당면 과제인 오늘날에는 문자 그대로 수용하는 것이 곤란하다고 주장했다. 그보다는 책임 있는 결혼과 부부생활, 그리고 자녀 교육을 성실하게 하는 부모권을 강조하는 것으로 해석해야 한다고 지적했다. '땅을 정복하라'라는 뜻도 인간의 무책임과 방심, 무계획성으로 인해 올지도 모를 불행과 위험을 정복하라는 뜻으로 해석했다. 보수진영의 개신교에서도 산아제한정책에 적극적으로 반대하거나 의지를 표명한 흔적을 찾아보기가 어렵다. 이렇듯 개신교의 일부가 적극적으로 산아제한정책을 끌어안는가 하면, 대부분의 개신교회도 이를 침묵으로 동의하고 받아들이자, 이 후로 산아제한 반대운동은 로마교회의 전유물이 되었다.

---

3. 《조선일보》 1971년 12월 9일 조간.
4. 김찬국, 「가족계획에 대한 성서적 고찰」, 『기독교사상』 1972년 1월호(통권 제164호), 110-117쪽; 김찬국, 「가족계획과 기독교인의 책임」, 『기독교사상』 1968년 5월호(통권 제120호), 98-106쪽; 홍현설, 「기독교 윤리에서 본 가족계획의 타당성」, 『기독교사상』 1971년 1월호(통권 제164호), 103-109쪽.

3. 복음주의 개신교회의 문제

한국 개신교회는 산아제한정책에 적극적으로 동참했다. 개신교회는 이 영역에서 하나님과 성경에 따른 바른 결론을 가지고 행동한 것일까? 성경은 과연 산아제한을 지지할까? 아니다. 성경은 산아제한이 아니라 오히려 출산을 적극 권장한다. 자녀는 하나님께서 주시는 복이며 상급이다(시 127:3-5). 그런데 자녀가 복이라는 생각을 액면 그대로 믿는 한국교회 성도들이 얼마나 될까? 적어도 복음주의 성도들은 1960년대 이후부터는 이 성경구절을 그대로 '아멘'하며 받아들이지 않았다. 신앙이 좋은 성도들조차 산아제한정책에 대해서는 적극적으로 따랐고, 필요한 경우 임신중절도 마다하지 않았다. 신앙과 출산은 서로 완전히 다른 영역으로 인식되었다.

어떻게 이런 일이 가능했을까? 개인 영성 위주의 복음주의 신앙으로는 한국사회의 산아제한정책에 대해서 성경적으로 판단할 수 없었고, 따라서 사회의 흐름을 그대로 따를 수밖에 없었기 때문이다. 이것은 오늘날에도 크게 다르지 않다. 한국의 복음주의 교회는 여전히 이 영역에서 어떠한 대안도 제시하지 못하고 있다. 이에 반해 개혁신앙은 이 점에서 이미 분명하게 정리하고 있다. 즉, 개혁신앙은 언약의 자손을 중요하게 여기며, 자녀 출산을 적극 권장하고 있다는 것이다. 개혁신앙의 본산지인 네덜란드 개혁교회의 모습에서 그 모델을 찾아볼 수 있다.

4. 개혁신앙인은 왜 자녀를 많이 낳을까?

1) 자녀는 복

네덜란드 개혁교회 성도들은 자녀를 많이 낳기로 유명하다. 필자가 네덜란드에서 유학하던 시절(1994-2001)에 신학교의 교수들 대부분이 자녀가 일곱 명 안팎이었다. 교회의 목사들도 자녀가 일곱 명 안팎인 경우가 많았는데, 성경에서 자주 등장하는 하나님의 완전수인 '7'이 좋아서 일곱 명의 아이를 낳는다고 농담 삼아 말하곤 했다. 필자와 가까이 지내던 한 네덜란드 친구는 자녀를 여덟 명이나 낳았다. 주일에 교회에 가면 가족끼리 모여 앉았는데, 한국 사람의 눈에는 익숙하지 않은 광경이었다. 여덟 명의 아이를 둔 가정은 맨 가운데 엄마와 아버지가 앉고 그 주변으로 아이들 네 명씩 앉았다. 정말 대단한 그림이 아닐 수 없었다. 필자가 다니던 네덜란드 교회의 담임목사 부부도 자녀가 일곱 명이었다. 그 때가 1996년이었는데, 10년 뒤에 찍은 목사의 가족사진을 보면 엄청난 대가족이 되었음을 알 수 있다. 일곱 명 중 네 명이 결혼하여 손자 손녀를 낳아 무려 스물 네 명의 대가족으로 성장한 것이다. 이렇듯 자녀를 많이 낳을 경우 가족의 수는 기하급수적으로 증가하게 된다. 그런데 이 같이 자녀 출산을 통해 하나님 나라를 확장한다는 말을 과연 원시적이라고 폄하할 수 있을까?

필자의 첫째 아이가 태어났을 때 네덜란드 교회의 목사 부부가 찾아와 축하해 주었다. 그 때 목사는 우리에게 '부~자 되셨습니다!'라고 말했다. 난 처음에는 무슨 말인지 알아듣지 못했다. 아이 낳는 일이 부자 되는 일과 어떤 관계가 있단 말인가? 하지만 나중에서야 자녀는 하나님께서 주시는 큰 복이기 때문에 삶이 풍요로워졌음을 의미한다는 것을 이해하게 되었다. 그 후 하나님께서는 우리 부부에게 세 명의 자녀를 더 주셔서 지금은 네 명의 자녀를 두었으니 엄청난 부자가 되었다고 하겠다.

2) 자녀는 하나님 나라의 일꾼

전통적으로 개혁교회는 유아세례를 중요하게 생각한다. 더군다나 자녀도 많이 낳기 때문에 유아세례가 매 주일 있을 정도로 빈번하다. 그런데 개혁교회가 유아세례를 중요하게 생각하는 이유는 무엇일까? 그것은 언약신앙 때문이다. 개혁신앙은 언약을 중요하게 생각한다. 아브라함에게 약속하셨던 하늘의 별과 같이 많은 자손들(창 15:5)과 그와 그의 자손을 통해 모든 민족이 복을 받게 될 것(창 12:3, 26:4)이라는 언약이 오늘도 여전히 유효하다고 믿는다. 믿는 자의 자녀를 통해 하나님께서는 당신의 역사를 이루신다. 언약의 자녀는 하나님 나라의 군사이며 일꾼이다. 이것을 믿는 그리스도인은 자녀의 출산을 당연하게 여긴다. 그러나 언약 신앙이 없는 그리스도인은 자녀의 출산을 중요한 문제로 생각하지 않는다.

복음주의자는 하나님 나라의 확장이 전도를 통해서만 이루어진다고 여긴다. 그러나 하나님 나라는 자녀의 출산을 통해서도 적극적으로 이루어진다는 것을 간과하지 말아야 한다. 복음주의자는 하나님께서 주시는 언약의 자녀들에 대한 관심이 부족하다. 타인에 대한 전도만이 유일한 지상과제라고 믿는다. 그러나 개혁신앙을 가진 성도는 기본적으로 하나님께서 명령하신 출산의 명령과 언약 신앙으로 인해 자녀를 많이 낳는다.

5. 저출산은 세계관의 문제

과거 가난한 시절 개신교회는 정부의 산아제한정책에 적극 협조했다. 교회의 지도자들도 출산에 대해서 성경이 뭐라 말하는지 특별히 설교하지도 않았다. 예수님을 믿어 구원을 얻고 세상에서 복 받고 또 천국 가는 것이면 충분했다. 그러나 그토록 전도에 열심이었던 복음주의가 정말 생명에 관심이 있었는지 의심스럽다. 복음주의자들은 전도로 죽은 영혼(생명)을 구한다고 하지만, 결국에는 교인의 숫자를 증식해서 교회의 세력을 넓히려고 경쟁한 것은 아닌지 반성해야 한다. 정말 생명에 관심이 있었다면, 산아제한정책에 관해 성경이 무엇이라고 말하는지 꼼꼼히 따져 보아야 했을 것이다. 그러나 한국 복음주의 개신교회는 산아제한을 아무런 이의 없이 당연한 것으로 받아들였다. 다시 말해 그리스도인들이 세상에서 하나님의 명령에 순종하고 실천해야 하는 의무에 대해서 소홀했던 것이다. 눈에 보이지 않는 천국을 소망하는 것에만 집착하고, 정작 이 세상에 이미 임한 하나님 나라에 대해서는 무관심했던 것이다. 그 이유를 여러 가지 측면에서 살펴볼 수 있겠지만, 그 중에 하나로 이원론적인 세계관이 작동했다는 것도 생각해볼 수 있다. 즉, 많은 그리스도인들이 개혁신앙적인 기독교 세계관으로 살지 않고, 수평적이거나 수직적인 기독교 세계관을 지닌 채 이원론적이거나 혼합적인 모습으로 살았기 때문이라는 것이다. 이런 점에서 저출산의 문제는 곧 세계관의 문제라고도 할 수 있다.

6. 돈 있으면 아이를 많이 낳을까?

지금 민간단체와 정부는 '산아제한'정책을 버리고 '출산장려'정책을 펼치고 있다. 앞으로 고령사회가 오면 노인을 부양할 젊은이가 적어져 심각한 경제적인 어려움을 당하게 될 것이라는 예측 때문이다. 이렇게 보면 이전 세대에 장려했던 '저출산'도 경제 논리에 의한 것이었고, 지금 장려하는 '고출산'도 여전히 경제 논리에 의한 것이 된다. 과거 경제적으로 힘든 시기를 살아갈 때 산아제한정책은 거의 모든 국민들에게서 호응을 얻었다. 그러나 어느 정도 부유해진 지금의 시기에 또 다시 경제 논리를 들먹이면서 출산을 장려한다고 해서 국민들이 얼마나 따를까? 보육시설을 늘리고, 양육비를 지원하고, 그 외에 많은 지원들을 쏟아 붓는다 해도, 설령 조금은 나아질지 모르겠지만, 근본적으로 자녀를 많이 낳게 하는 데는 성공하기가 힘들 것으로 보인다. 이미 앞서간 선진국들이 이런 점에서 실패하고 있는 데서도 어렵지 않게 우리사회의 미래를 예측해볼 수 있다. 복지국가로 앞서 나간 선진국들의 출생률을 보면, 지금 우리나라가 추진하려는 많은 정책들의 한계를 미리 볼 수 있다. 아이를 낳고 기르는 일은 결코 쉬운 일이 아니다. 그래서 아예 '무자식이 상팔자'라고 말하기까지 한다. 이제 사람들은 아무리 많은 지원을 받는다 해도 아이를 낳기보다 자신의 복지와 편리를 더 우선하게 될 것이다. 더구나 여성들의 권익과 복지, 건강, 자아실현을 생각할 경우, 출산장려는 그들에게 결코 매력적인 것이 아닐 것이다.

7. 개혁신앙이 해결책!

자녀의 출산은 하나님께서 인간에게 주신 최초의 복이다(창 1:27). 동시에 자녀의 출산은 명령이기도 하다(창 1:27). 따라서 비록 자녀를 낳고 양육하는 것이 경제적으로 부담이 되고 육체적으로 힘들지만, 그것이 곧 하나님의 복이며 명령임을 믿고 순종하는 신앙과 삶이 필요하다.

1983년에 김옥배(한국여자신학교 교장)는 자신이 쓴 「인구폭발과 산아제한」이라는 글에서 인구폭발의 원인을 범죄한 인간들의 무절제한 출산으로 돌렸다.[5] 그러고는 인구를 억제하기 위해서는 전 국민이 가정에서부터 정화운동을 일으켜야 한다고 보면서, 자녀들을 적당히 낳은 후에 절제 생활로 가족계획을 설계해야 한다고 주장했다. 이런 주장에 동의하면서 인구폭발이라는 가상적인 위험을 해결하기 위해서는 산아제한정책

---

5. 김옥배, 「인구폭발과 산아제한」, 『생명샘』 no. 8-9, 1983, 23쪽.

이 필요하다고 생각하는 그리스도인들이 많다. 그들은 성경에 나타난 것처럼 하나님께서 주시는 대로 아이를 낳으면 인구가 폭발해 결국 지구가 멸망하게 될 것이라고 염려한다. 그런데 정말 그럴까? 우리는 종종 하나님의 일과 우리의 일을 혼동한다. 지구가 인구증가로 폭발할 것인지의 문제는 하나님의 영역이다. 인간은 하나님의 명령에 순종하기만 하면 된다. 순종하는 것이 인간의 의무이지, 하나님의 명령대로 하면 문제가 생기니 불순종하겠다고 하는 것은 교만한 월권이다.

개혁신앙인은 올바른 세계관으로 시대를 분별하며, 이 세대를 본받지 않고 변화를 받아 하나님의 뜻을 좇아 순종하는 자들이다. 그 첫 번째 구체적인 예가 언약의 자녀를 많이 낳는 것이다. 지금 서구교회는 자녀 출산에서 이슬람을 따라가지 못하고 있다. 반면 이슬람은 다산으로 그 세력을 기하급수적으로 확장하고 있는데, 조만간 이런 현상은 우리나라에서도 일어나지 않을까 싶다. 따라서 한국교회의 그리스도인들이 언약의 자손, 곧 거룩한 자손들을 많이 낳을 때 하나님 나라의 확장에도 희망이 있다고 할 수 있다. 당장 오늘날 한국교회의 그리스도인들이 자녀를 적게 낳음으로써 교회의 주일학교 학생 숫자가 점점 줄어들고 있는 실정이다. 최근에는 주일학교가 없는 교회가 50%를 넘는다는 통계까지 나오고 있다. 그만큼 한국교회의 미래가 어둡다. 전도도 어려운데, 언약의 자녀까지 줄어들고 있다. 그야말로 심각한 위기다. 한국교회가 이런 위기를 해결할 수 있기 위해서는 개혁신앙을 따르고, 그 가운데서 자녀를 많이 낳는 것이라고 생각한다.

8. 나가면서

그 어느 때보다도 오늘날 언약의 거룩한 자녀를 많이 낳는 것은 개혁신앙인에게 주어진 귀한 사역이다. 필자는 네 명의 자녀를 두고 있다. 더 많이 둘 수도 있었지만, 필자도 산아제한정책을 지지하는 복음주의의 영향을 받으며 자란 세대였다. 이런 세대의 사람들의 생각 한 구석에는 자녀는 귀찮고 힘들고 고통스러운 존재라는 인식이 자리 잡고 있다. 개혁신앙은 이런 생각을 극복하게 한다. 바울은 예수님을 따르는 모든 사람들에게 도전했다. "너희는 이 세대를 본받지 말고 오직 마음을 새롭게 함으로 변화를 받아 하나님의 선하시고 기뻐하시고 온전하신 뜻이 무엇인지 분별하도록 하라"(롬 12:2) 비록 세상 사람들은 계속해서 아이를 적게 낳겠지만, 개혁신앙인은 그 흐름을 거슬러 자녀를 많이 낳아야 한다. 그것이 주님께서 원하시고 기뻐하시는 일이기 때문이다. 우리 자녀들이 교회의 미래다.

<토론을 위한 질문>

1) 출산 문제에서 한국 복음주의 개신교가 지닌 두 가지 문제점은 무엇인가요?

2) 성경은 출산에 대해서 어떻게 말하나요? 성경구절을 들어 구체적으로 설명해 보세요.

3) 어떤 세계관이 산아제한정책을 수용하도록 했나요? 그렇다면 우리는 어떤 세계관을 가져야 할까요?

4) '저출산'에 대해 배운 것을 말해 보세요.

2장
유아세례[1]

    한국교회에는 유아세례의 근거나 이유에 대해 정확한 의미를 알고 있는 부모들이 별로 없다. 이런 점에서 한국교회는 로마교회가 지닌 문제점을 다시 답습하고 있는지도 모른다. 유아세례가 지닌 의미에는 관심이 없고, 단지 의식만 남아 있기 때문이다. 대부분의 그리스도인들이 아이가 유아세례를 받게 되면 구원의 반열에 자동적으로 서게 될 것이라고 믿거나, 아니면 그냥 하나의 돌잔치 정도의 의식으로만 치부하고 만다. 유아세례의 의식 자체보다 그것에 담긴 의미가 훨씬 중요한데도, 정작 그 의미가 유아세례 의식에서 설명되는 경우는 드물다. 단지 의식만 엄숙하게 또는 화려하게 진행될 뿐이다. 이런 상황에서 유아세례가 지닌 진정한 의미를 되새겨보는 것은 개혁신앙을 따르는 그리스도인들의 당연한 도리라고 생각한다.

---

1. 임경근, 『기독교 학교 이야기』, SFC, 2009, 130-139쪽.

1. 개혁교회에서의 유아세례 경험

　유아세례를 왜 받는가? 유아세례는 하나님의 언약 때문에 받는다. 필자가 네덜란드에서 유학할 때 태어난 두 딸은 한 달도 되지 않아 유아세례를 받았다. 참으로 행복한 순간이었다. 유아세례 예배를 마친 후, 수백 명의 교인이 교회 강단 앞에 서 있는 필자의 가족에게 악수하고 안아주면서 축하해 주었다. 가까이 지내는 친구들은 정성스런 선물을 주기도 했다. 유학 시절에 다녔던 교회는 네덜란드 개혁교회(Reformed Churches in the Netherlands)였다. 이 교회에서는 유아세례를 가능한 빨리(출산 후 몇 주 내로) 받도록 했다. 유아세례는 자녀가 하나님으로부터 받는 복이기 때문에 늦출 이유가 없다는 것이었다. 인상적이었던 것은 거의 매주 예배 시간에 유아세례를 베풀었다는 것이다. 그만큼 아기들이 많이 태어났다는 뜻이기도 하다. 네덜란드 개혁교회 성도들은 자녀를 많이 낳았다. 자녀는 언약 백성으로 하나님의 귀한 유산이라고 믿었기 때문이다.

　유아세례는 평소 예배에서 설교 전이나 설교 후에 진행되었다. 목사는 꽤 긴(15분 정도) 유아세례 예식문을 읽었다. 유아세례의 의미와 목적, 하나님께서 주시는 복의 약속을 선포했다. 예식 때문에 예배 시간이 20분 정도 길어지지만 누구도 지겹다고 생각하지 않았다. 오히려 모두가 감격하며 예식에 참여했다. 어린 아이들은 유아세례식을 보기위해 자리에서 일어나 발꿈치를 들기도 하는데, 그 모습이 정말로 사랑스러웠다. 목사가 유아세례 예식문을 다 읽으면 아빠는 아이를 안고 엄마와 자녀들과 함께 세례단 옆에 섰다. 그러면 목사는 단 위에 있는 물을 아이의 머리에 부으며 세례를 주었다. "내가 아버지와 아들과 성령의 이름으로 ○○○에게 세례를 주노라!" 온 성도와 가족은 그 장면을 보면서 언약의 표와 인을 눈으로 확인했다. 그런 다음에는 온 성도들이 웅장한 파이프 오르간의 반주에 맞춰 찬양을 했다. 이로써 언약의 공동체에 새로운 일원이 들어온 것이었다. 예배를 마친 후에는 온 성도들이 앞으로 나와 줄을 서서 유아세례를 받은 아기의 가족을 축하했다. 그날 저녁 그 집에는 잔치가 벌어졌고, 축하객들로 넘쳐났다. 이렇듯 그들은 유아세례에 담긴 언약의 의미를 분명하게 믿고 있었다.

그러면 한국교회는 어떠한가? 한국교회에서는 이런 모습을 찾아보기가 어렵다. 아니 유아세례가 자체가 그렇게 많지 않다. 여기에는 아이를 많이 낳지 않는 최근의 분위기도 한 몫 하겠지만, 결정적으로 유아세례를 일 년에 두세 번으로 모아서 하기 때문이다. 그러나 이런 절차상의 차이 외에도 네덜란드 개혁교회와 한국교회의 유아세례 풍습에는 근본적인 차이가 있다. 그것은 유아세례에 담겨 있는 언약 신앙에 대한 이해다. 과연 한국교회 성도들은 유아세례를 하는 이유를 알고 있을까? 아쉽게도 많은 성도들이 유아세례의 의미를 잘 알지 못한다. 아니 그 의미에 대해 별로 관심조차 두지 않는다. 유아세례를 그냥 하나의 의식으로만 생각한다. 유아세례와 밀접하게 연관된 은혜언약에 대해서도 잘 알지 못한다. 물론 이런 현상은 비단 한국교회만의 문제가 아니다. 유아세례를 베풀고 있는 세계의 모든 교회들에서도 비슷한 모습을 볼 수 있다. 그만큼 교회들이 유아세례에 담긴 언약신앙을 바르게 다루지 않는다는 이야기다. 만일 유아세례에 담긴 언약신앙을 바르게 이해한다면, 유아세례 예식에 대한 태도가 변할 뿐만 아니라 언약의 자녀를 신앙으로 바르게 교육해야 하는 책임 역시 보다 분명하게 드러나게 될 것이다.

2. 은혜로운 언약의 표와 인으로서의 유아세례

고대 근동에서는 친밀한 연합과 지속적인 우정을 위해 언약이 체결되었다. 이 때 동물의 피나 소금을 함께 먹기도 했다. 언약에는 권리도 있지만 감당해야 할 의무도 있었다. 성경에 나오는 최초의 언약은 '행위언약'이라고 불린다. 이것은 아담과 하나님 사이에 맺어진 언약이다. "여호와 하나님이 그 사람에게 명하여 이르시되 동산 각종 나무의 열매는 네가 임의로 먹되 선악을 알게 하는 나무의 열매는 먹지 말라 네가 먹는 날에는 반드시 죽으리라 하시니라"(창 2:16-17) 하지만 아담은 언약의 의무를 지키는데 실패했고, 결국 언약의 복을 잃게 되었다.

비단 아담만이 아니라 모든 인간은 행위언약에 실패할 수밖에 없다. 죄 때문이다. 그래서 하나님께서는 인간에게 '은혜언약'을 주셨다. 이것은 죄로 인해 멀어진 하나님과 인간 사이를 다시 연결하시기 위해 무조건적인 사랑과 은혜로 주어진 언약이다. 우리는 하나님의 아들 예수 그리스도께서 이 은혜언약을 이행하신 것에서 하나님의 사랑의 깊이와 넓이를 확인할 수 있다. 은혜언약은 일방적이다. 하나님께서 인간에게 일방적으로 복을 약속하신 것이다. 따라서 은혜언약은 하나님께는 스스로에게 부여하신 의무지만, 우리에게는 은혜로운 약속이 된다.[2]

대표적인 은혜언약이 아브라함에게 하신 약속이다. "내가 내 언약을 **나와 너 및 네 대대 후손** 사이에 세워서 영원한 언약을 삼고 너와 네 후손의 하나님이 되리라 내가 **너와 네 후손**에게 네가 거류하는 이 땅 곧 가나안 온 땅을 주어 영원한 기업이 되게 하고 나는 그들의 하나님이 되리라"(창 17:7-8) 이 같은 언약의 약속에는 요구가 따른다. 그 요구는 믿음이다. 언약이 약속하는 선물은 믿음으로 아브라함의 것이 된다. 주목할 것은 이 약속의 대상이 아브라함 혼자가 아니라, '너'와 '네 대대 후손'이라는 것

---

2. 유해무, 239쪽.

이다. '할례'는 이 언약의 복을 소유했음을 보여주는 표시다.

그런데 "나는 너희의 하나님이 되리라"(출 6:7; 고후 6:16-18; 계 21:3)라는 하나님의 언약은 신약시대에도 여전히 유효하다. "이 약속은 **너희와 너희 자녀**와 모든 먼 데 사람 곧 주 우리 하나님이 얼마든지 부르시는 자들에게 하신 것이라"(행 2:39) 믿음으로 말미암는 아브라함의 의가 신약시대를 살아가는 성도들에게 유효한 것처럼(갈 3:7), 아브라함과 맺은 하나님의 언약 또한 신약시대를 살아가는 성도와 그들의 자녀들에게 여전히 유효하다. 다만 이 언약의 약속의 증표였던 '할례'가 신약시대에 와서 '세례'로 바뀌었을 뿐이다. 아브라함이 그의 자녀들에게 할례를 행함으로써 그들이 언약 백성임을 표시한 것처럼, 신약시대에는 믿음의 자녀들에게 (유아)세례를 행함으로써 그들이 하나님의 언약백성임을 표시하는 것이다.

하나님께서는 믿는 부모에게 놀라운 약속을 주셨다. 그들을 하나님 나라의 백성으로 삼아주시고 그 상속자가 되게 하셨다. 그런데 이 약속은 부모만이 아니라 그들의 자녀들에게도 해당된다. 부모의 역할은 이 엄청난 은혜언약의 복을 자녀들에게 가르치고 전수하는 것이다. 부모는 자녀들에게 그들이 받은 엄청난 유산이 무엇이며, 그것에 어떻게 감사하고, 또 그것을 어떻게 사용할 것인가를 가르쳐야 한다. 하지만 안타깝게도 오늘날 교회의 성도들은 그리스도 안에서 풍성한 복을 약속 받았음에도 불구하고 그런 약속을 믿지 못한 채 영적인 빈곤 상태에 머물러 있는 것처럼 보인다. 이는 그들이 받은 영적 유산의 위대함과 고귀함을 제대로 알지 못하기 때문이다.[3] 만약 그로 인해 그들의 자녀들까지 마태복음 25장

---

3. Louis Berkhof & Cornelius Van Til(Ed. by Dennis E Johnson), 『개혁주의교육학』,

에 나오는 '무익한 종'과 같이 자기들의 소유를 감추어 두고 썩혀버리거나 그것을 그릇된 곳에 낭비하게 된다면 너무나도 안타까운 일이 아닐 수 없다.

하나님의 언약에는 풍성한 '약속'(promise)도 있지만, 분명한 '요구'(demand)도 있다.[4] 언약의 자녀들에게 요구되는 것은 '믿음'이다. 믿음은 단순히 순간적인 결단이 아니다. 믿음은 자신의 죄에 대한 깊은 회개며, 예수 그리스도의 공로를 의지하는 것이며, 성령님의 지속적인 인도하심에 순종하는 것이다. 언약의 자녀는 믿음으로 성화의 단계로 나아가고 (미 6:8; 딛 2:12), 하나님 나라의 자랑스러운 백성으로 자라간다. 이를 위해 부모의 역할이 중요한 것이다. 부모는 자녀가 하나님의 은혜언약을 받아 누리도록 부지런히 교육하며 도와야 한다.

3. 유아세례의 유익

그렇다면 유아세례를 통해 성도들이 얻게 되는 유익은 무엇인가? 유아세례를 받게 되면, 그 자녀들은 자동으로 구원을 보장받는가? 그렇지 않다. 성인세례가 성인의 구원을 보장하지 않는 것처럼, 유아세례 역시

이경섭 옮김, 개혁주의신행협회, 1994, 147쪽(원서 제목은 Foundations of Christian Education: Addresses to Christian Teachers).

4. 네덜란드 개혁교회의 유아세례 문답 예식문은 이렇게 적고 있다. "셋째, 모든 언약은 약속과 요구라는 두 부분으로 이루어져 있기 때문이다. 우리는 하나님에 의해 또 세례로 부름을 받았고, 새로운 순종의 의무를 지게 된다." (Ten derde: omdat elk verbond twee delen heeft, namelijk een belofte en een eis, worden wij door God in de doop ook geroepen en verplicht tot een nieuwe gehoorzaamheid.) Gereformeerde Kerken in Nederland(vrijg.), "Formulier voor de bediening van de Heilige Doop aan de kniderenvan de gelovigen."

자녀의 구원을 보장하지 않는다.[5] 유아세례를 받은 자녀들이 믿음에서 떠나는 경우도 있다. 성경에서도 모든 유대인이 언약에 약속된 복을 보장받은 것은 아니었다고 말한다(롬 9:6-9). 오직 남은 자만이 언약의 약속을 보장받았다. 그렇다면 구원을 보증 받는 것도 아닌데 왜 유아세례를 받는가? 나아가 유아세례를 받은 자녀들을 어떤 존재로 간주해야 하는가? 이들을 '중생을 받은 존재'로 여길 것인가, 아니면 '중생을 받을 대상'으로 여길 것인가에 따라 교육의 내용도 달라진다. 물론 로마교회에서는 유아세례가 구원과 직결된다고 가르치고 있지만, 그것은 성경적이지 않다. 개신교인들 가운데서도 어떤 이들은 유아세례를 받은 사람들은 '중생' 혹은 '구원 받을 대상'으로 간주되어야 한다고 주장했다.[6] 이것을 '가정적 중생'(presumptive regeneration)이라고 부르기도 했다. 하지만 이것은 성경적인 근거가 별로 없다. 중생했다면 구원 받은 자임이 분명하지만, 중생 혹은 구원 받게 될 것이라는 예상으로 성도의 자녀를 언약의 자녀로 취급하는 것은 옳지 않다.

그러면 유아세례 받은 자녀들을 모두 구원과는 상관없는, 중생이 불확실한 존재로 보아야 하는가? 만약 신자의 어린 자녀가 중생하지 않은 자녀라고 생각할 경우, 성경에 나타난 수많은 지침과 가르침이 그에게는 은혜가 없는, 죽이는 율법조문과 같이 될 수 있기 때문에 기독교 교육과

---

5. 하이델베르크 교리문답(Heidelberg Catechism)은 제72문, "물로 외적 몸을 씻는 것 자체가 죄를 씻어 줍니까?"에 대한 답으로, "아닙니다. 오직 예수 그리스도의 피와 성령만이 우리의 모든 죄를 씻어 줍니다."라고 분명하게 적고 있다.

6. 대표적인 사람이 네덜란드의 아브라함 카이퍼(A. Kuyper)이다. 이에 대한 정보는 다음의 자료를 보라. C. G. Bos & W. A. E. Brink-Blijdorp, *Nieuwe Nederlandse kerkgeschiedenis II* (Barneveld, 1994). 이 논쟁에 관해서는 노르만 E. 하퍼가 잘 논증하고 있다. 노르만 E. 하퍼, 『그리스도의 제자 만드는 기독교 교육』, 이승구 옮김, 토라, 2005, 61-68쪽.

훈련이 오히려 역효과를 낼 수 있다. 그래서 일부 개신교회에서는 스스로 신앙을 고백하지 않는 자녀는 중생한 그리스도인이 아니라고 믿기 때문에 유아세례를 베풀지 않기도 한다. 거듭나지 않은 자녀들은 '하늘에 계신 우리 아버지'로 시작하는 주기도문을 외우며 기도할 수 없다. 하나님의 자녀가 아닌 비중생자는 하나님을 아버지라 부를 수 없기 때문이다.

그런데 여기서 분명하게 알아야 할 것이 한 가지 있다. 그것은 유아세례가 구원이나 영생을 상속받는다는 의미가 아니라는 사실이다. 유아세례는 구원받기 위한 것이 아니라, 하나님의 명령이기 때문에 행하는 것이다. 하나님께서는 아브라함에게 약속하신 복을 그의 자손들에게도 주셨다. 아브라함 역시 자신의 몸에서 태어날 자녀가 하나님의 복을 받게 될 것이라는 언약을 확신했다. 그렇다고 아브라함의 육체에서 태어나게 될 모든 자들이 자동적으로 복을 받는 것은 아니다. 이스마엘은 비록 할례를 받았지만, 이 복에서 멀어졌다. 에서도 할례를 받았지만, 언약의 복에서 멀어졌다. 오히려 교활했던 야곱이 언약의 복을 받았다. 이렇듯 성도의 자녀가 유아세례를 받는 것은 '구원을 상속받는 것'과 다른 차원이다. 그보다 유아세례를 받는 것은 **'하나님의 언약을 상속받는 것'**이라고 할 수 있다.

우리는 이 땅에서 구원 받을 자가 누구인지 알지 못한다. 단지 우리는 예수님의 명령대로 (유아)세례를 줄 뿐이다. 어떤 이는 아무것도 알지 못하는 자녀에게 세례를 베푸는 것보다 성인이 되어 자신의 신앙고백에 따라 세례를 받는 것이 더 좋다고 생각한다. 그럴듯해 보이는 말이지만, 사실 꼭 그런 것만은 아니다. 자녀들이 아담의 원죄에 대해 알지 못하는데도 그 죄의 영향을 직접적으로 받는 것처럼, 비록 자녀들이 예수 그리스도 안에서 은혜로 구원을 얻는 것을 알지 못하더라도 하나님의 자녀로 영접 받을 수 있다. 구약시대에 할례가 믿음으로 말미암는 언약의 표였던 것처럼, 신약시대에는 유아세례가 새 언약의 표로 기능한다. 그렇기 때문에 유아세례는 받는 것이 더 성경적이라 할 수 있다.

4. 언약과 교육

유아세례 예식에서 부모는 언약의 자녀들을 신앙으로 가르칠 것을 서약한다. 그들의 자녀가 구원 받을 자인지 아닌지를 걱정할 필요는 없다. 그 영역은 오직 하나님의 일이기 때문이다. 언약 안에 있는 자녀를 말씀으로 교육해야 하는 근거는 그의 현재의 영적 상태에 있는 것이 아니라 하나님의 약속과 명령에 있다. 이것은 하나님의 예정에도 불구하고 전도를 해야 하는 이유와도 같다. 예정 교리에 의하면, 하나님께서 구원하기로 작정한 사람은 한 사람도 빠짐없이 부르신다(행 13:48). 그럼에도 불구하고 성도들이 복음을 전해야 하고 기도해야 하는 이유는 하나님께서 복음을 전하고 기도하라고 명령하셨기 때문이다. 마찬가지로 성도들의 자녀가 언약의 자녀라고 해서 그들을 이미 구원 받은 자로 생각할 필요는 없다. 물론 그들을 구원 받지 못한 자로 간주할 필요도 없다. 다만 그들은 은혜언약에 참여한 자들로서 고귀한 약속에 참여할 권리가 있으며, 하나님께서 약속하신 언약의 복에 속한 자이기에 그에 따른 말씀에 순종할 의무가 있다. 이를 위해서 기독교 교육이 필요한 것이다.

유아세례로 말미암는 언약의 실제적인 적용은 가정에서 부모가 자녀에게 하는 신앙교육으로 이루어진다. 부모는 가정에서 매일 가정예배를 드림으로써 자녀들에게 하나님께서 주신 언약의 복을 선포해야 한다. 그들이 하나님을 잊지 않고 기억하며, 그 유산을 자신의 것으로 누리도록 가르쳐야 한다. 한편 유아세례 예식에서 마지막으로 하는 질문은 교회 공동체 전체를 향한 것이다. 따라서 교회의 모든 성도가 유아세례를 받는 자녀가 신앙의 교육과 양육을 잘 받을 수 있도록 사랑과 기도로 함께 책임져야 한다. 언약 공동체의 구성원들의 신앙적인 양육은 그 공동체 전체에게 책임이 있기 때문이다. "이스라엘아 들으라"로 시작되는 신명기 6장 4-9절의 교육 명령은 사실 이스라엘 공동체 전체에게 주어진 것이었다. 신약시대의 교회 공동체 역시 언약의 자녀들을 열심히 교육해야 했다. 그러므로 오늘날 자녀들의 신앙교육에서도 먼저 가정에서 부모가 최선을 다해야 하지만, 교회 공동체 역시 함께 최선을 다해야 한다.

현대인은 고대인이나 중세인과 달리 삶의 영역이 가정을 넘어서고 있다. 모든 것들이 세분화되고 전문화되었다. 과거에는 대부분의 질병을 가정에서 해결했지만, 요즈음은 병원이 생겨 전문 의사들이 책임을 진다. 교육도 전문가들의 손에 맡겨졌다. 부모에게서 학교의 교사와 학원의 강사에게로 맡겨진 것이다. 그런데 이렇게 교육이 가정에서 학교로 옮겨진 현실에서 성도들은 학교의 운영이 기독교적인지 아닌지 살필 필요가 있다. 학교라는 영역도 하나님의 통치 안에 있어야 하고, 거기서도 하나님께서 영광을 받으셔야 하기 때문이다. 그러나 오늘날 학교에서는 하나님의 통치나 영광은커녕 하나님에 대해서 말할 수조차 없는 것이 현실이다. 물론 그런 학교들에서는 저마다 종교적으로 가치중립적인 지식을 가르친다고 말한다. 하지만 사실은 그렇지 않다. 학교들에서 가르쳐지는 것은 무신론이나 인본주의적인 철학과 종교다. 종교적으로 가치중립적인 지식이 아니라 반신앙적인 교육과 훈련을 받고 있는 것이다. 이런 점에서 기독교 학교의 필요성이 더욱 절실하지 않을 수 없다. 단순한 미션스쿨이 아니라 모든 과목을 기독교적인 관점으로 접근하고 가르치는 기독교 학교 말이다. 물론 기독교 학교는 언약 신앙을 믿기 때문에 성도의 자녀만을 받아 교육한다. 이는 언약의 자녀를 교육하라는 하나님의 명령을 수행하기 위함이다. 이 주제는 나중에 보다 상세하게 다룰 것이다.

교회 공동체는 유아세례 예식에서 자녀의 신앙교육에 함께 책임을 지겠다고 한 목소리로 서약한 것을 성실히 이행해야 한다. 주일에 운영하는 교회학교만이 아니라 주중에도 교리문답학교를 열어 신앙의 기본진리를 자녀들에게 가르쳐야 한다. 나아가 초등학교, 중학교, 고등학교 과정도 기독교적으로 교육하기 위하여 노력해야 한다. 이를 위해서 교회의 목사와 지도자들은 먼저 성도들에게 자녀를 신앙으로 교육하고 훈련하도록 설교하고 가르쳐야 한다. 또한 가능하면 가정예배를 매일 드리도록 가르치고 권고해야 한다. 나아가 좋은 기독교 학교를 만들도록 동기를 부여하고 도와야 한다. 세계선교에 많은 힘을 쏟고 있는 한국교회는 이제 언약의 자녀를 하나님 나라의 일꾼으로 양육하고 교육하는 일에도 박차를 가해야 한다. 만약 가장 기본적이고도 중요한, 언약의 자녀를 신앙으로 교육하는 일에 실패한다면, 한국교회는 그 정체성을 잃게 됨은 물론 더 이상 미래가 없게 될 것이다. 반대로 언약의 자녀를 잘 양육하고 교육한다면, 한국교회는 더 큰 미래와 희망을 보게 될 것이다. 이를 위해서도 기독교 학교가 큰 역할을 감당할 수 있을 것이다.

<토론을 위한 질문>

1) 은혜언약이 무엇인지 말해 보세요.

2) 유아세례의 의미와 유익은 무엇인가요? 하나님께서 아브라함과 맺으신 언약으로 설명해 보세요.

3) 유아세례를 받은 자녀를 위해서 가정과 교회는 어떻게 해야 하나요?

4) 유아세례에 대해 배운 것을 나눠 보세요.

3장
입양

　한국 복음주의 교회는 '입양'을 대단한 일로 생각하지만, 실제로 이를 실천에 옮기는 데는 장애물들이 많다. 왜 그럴까? 무엇보다 기독교 세계관의 부재 때문이라고 말할 수 있다. 물론 입양에 대해 부정적인 한국사회의 영향과도 무관하지 않지만 말이다. 성경은 고아와 과부를 사회적 약자로 보고, 그들을 교회와 그리스도인들이 돌볼 것을 요청한다. 오늘날 이러한 요청을 실천하는 방법 중 하나가 입양이다. 그런데 정작 입양에 대한 그리스도인들의 편견이 만만치 않다. 대개 그러한 편견은 한국인에게 배여 있는 혈연에 대한 집착에서 기인한다. 이는 그만큼 교회와 그리스도인들이 여전히 세속적인 세계관을 탈피하지 못하고 있음을 보여주는 셈이다. 그러나 다시 한 번 말하지만, 개혁신앙은 복음주의가 강조하는 예수님 믿고 천당에 가는 것으로 만족하지 않는다. 오히려 개혁신앙은 여기서 한 걸음 더 나아가 세상에서 그리스도인으로 살아가는 삶을 고민하면서 이를 성경적으로 정리하고 실천하려고 애쓴다.

1. 가정과 가족이 없는 아이들

5월을 '가정의 달'이라고 부른다. 1년 중 그 어느 때보다 가정에 대해 많이 생각하는 달이다. '어린이날'과 '어버이날', 그리고 '부부의 날'도 있다. 교회마다 가정을 주제로 한 특강이나 특별 행사를 한다. 가족과 함께 놀이터나 공원에 가서 즐겁게 논다거나 따스한 햇볕을 즐기며 들로, 산으로, 바다로 떠나기도 한다. 가족의 소중함과 행복을 맘껏 누리는 달이다. 하지만 5월 11일이 '입양의 날'이라는 것을 아는 사람이 있을까? 텔레비전 뉴스에서 입양의 날 행사 보도가 있으면 '아! 오늘이 입양의 날이구나!'라고 생각하는 정도일 것이다. 그것도 대개는 좋은 소식보다 입양의 부정적인 모습을 소개하는 경우가 많아 안타까울 때가 많다. 물론 정부가 입양활성화를 위해 발 벗고 나선 것은 좋은 일이다. 가정이 없는 아이에게 가정을 갖게 하는 것은 참으로 소중하고 귀한 것이라는 사실은 모두가 동의하는 바다.

물과 공기와 태양이 늘 있는 것처럼, 누구에게나 가정과 가족이 있으며, 또 있어야 한다고 생각한다. 하지만 그런 기본적이고도 중요한 것을 상실한 아이들이 있다. 어떤 철없는 아이는 아버지가 마음에 들지 않는다고 "아버지가 없었으면 좋겠어요."라고 말하기도 한다. 하지만 고아는 그렇게 불평할 수 있는 아버지라도 있는 것이 그저 부러울 수밖에 없다. 그 아이에게는 불평하거나 푸념할 대상 자체가 아예 없다. "나는 네가 없었으면 좋겠다는 아버지라도 있었으면 좋겠어."라고 말하는 것이 가정이 없는 아이들의 처지고 마음이다.

우리나라에는 1년에 약 1만 명가량의 아이들이 이런저런 사정으로 '요보호 아동'이 된다. 이들은 아버지와 어머니와 형제자매가 없다. 할머니도 없고 고모와 이모도 없다. 그래서 정부나 민간단체에서 만든 시설에서 보호를 받는다. 거기에는 잘 방도 있고, 먹을 음식도 있고, 공부할 책도 있다. 함께 뛰어 놀 친구도 있다. 다른 아이들과 별반 차이가 없어 보인다. 하지만 이들에게는 가족이 없다. 가정이 없다. 함께 웃고 울 형제자매와 엄마와 아빠가 없다. 이들이 시설에 머물 수 있는 나이는 만 18세까지다. 만 18세가 되면 특별한 일이 없는 한 시설을 떠나야 한다. 시설을 떠나 독립한다는 것, 그것이 무엇을 의미하는지를 알면 충격이 아닐 수 없다. 그들이 시설을 나설 때 정부로부터 받는 것은 단돈 삼백내지 오백만 원이다. 그 돈으로는 그들이 갈 곳도 잘 곳도 없다. 몇 백만 원으로 할 수 있는 것이 거의 없다. 혼자 살아갈 수 있는 기반이 전혀 없는 처참한 상황이 된다. 그런 이들이 살아가야 하는 삶은 참으로 험난하고 어렵기만 하다.

가정이 얼마나 중요한지는 새삼 말할 필요가 없다. 어릴 때부터 가족이 없는 아이들이 우리 사회에 얼마나 많은가! 이들에게 가족이 되어 주고 가정을 이루어주는 것은 꼭 필요한 일이다. 그런데 국가와 사회는 가족과 가정이 없는 아이들이 있다는 사실에 별로 관심을 기울이지 않는다. 그리스도인들조차도 예외가 아니다. 국내입양이 잘 되지 않아 시설에서 가정 없이 자라야 하는 아이들이 많다는 현실은 입양에 대한 막연한 편견과 무관하지 않다.

2. 우리나라 사람들의 입양에 대한 편견

우리나라 사람들은 입양을 터부시하거나 꺼린다. 그래서 보호를 필요로 하는 많은 아동들이 대개는 해외로 입양된다. 1953년에 한국전쟁으로 말미암은 고아 네 명이 미국으로 입양되면서 시작된 입양의 역사는 지금까지 무려 24만 명을 넘는다고 한다. 보호가 필요한 아동을 우리 사회가 끌어안지 못했기 때문에 비롯된 결과다. 최근 우리나라 정부는 입양아 수

출국이라는 오명을 벗기 위해 몇 년 전부터 생후 6개월 이하의 아동은 외국으로 입양 보낼 수 없도록 법을 바꾸었다. 6개월이 넘은 아이들만 해외로 입양 보낼 수 있다는 말이다. 그로 인해 비율로만 보자면 이제는 국내 입양이 해외 입양을 넘어섰지만, 여전히 국내 입양의 수치는 미약한 편이다. 이런 현상은 우리 사회에 만연한 입양에 대한 편견 때문으로 보이는데, 이런 편견을 만들어내는 요인으로는 다음의 두 가지를 들 수 있다.

첫째, 입양은 비밀리에 해야 한다는 것이다. 과거부터 우리나라 사람들은 입양을 대체로 비밀스럽게 했다. 가짜로 임신을 한 것처럼 배를 부르게 했다가 아이를 데리고 와서는 자신이 낳았다고 속이기도 했다. 또한 아주 갓난아기일 때 입양되어 왔기 때문에 본인만 입양사실을 모르고 다른 가족과 친지들은 모두 아는 경우도 많았다. 그러나 이렇게 비밀스럽게 입양된 경우, 나중에 본인이 그 사실을 알게 되면 정체성에 심한 혼란을 겪게 된다. 이는 영화나 드라마에서도 자주 등장하는 문제인데, 이로 인해 양부모와의 관계가 나빠지고 본인도 힘들어하게 된다. 이와 같은 비밀 입양으로 말미암는 부정적인 이야기들을 많이 들었던 우리나라 사람들은 입양을 부정적으로 바라보고 꺼리게 되는 경향이 있다.

둘째, 우리 사회는 혈통주의를 중시하는 사회라는 것이다. 이런 사회에서는 자기 몸에서 나지 않은 아이를 가족으로 인정하기가 매우 어렵다. 자신의 몸에서 난 자식만 친 자식이고, 가슴으로 나은 자식은 양 자식이라고 분리해서 생각한다. 최근 우리나라 부부의 불임 비율이 약 10%에 이른다고 한다. 그런데도 그들은 입양을 꺼린다. 특히 입양된 남자 아이가 가정의 대를 잇게 될 경우, 유산 상속 문제와 관련해 가정에 분란이 일어날 수 있다는 불안 심리도 크게 작용한다. 이렇다보니 입양을 하더라도 남아보다는 여아를 선호하는 현상이 있다.

3. 고아와 입양에 관한 성경의 입장

　그러면 성경은 입양에 대해 뭐라고 말할까? 물론 성경은 입양이라는 단어를 구체적으로 말하지는 않는다. 하지만 '고아'에 대해서는 여러 곳에서 언급한다. 구약성경은 사회적 약자의 대명사로 언제나 '고아'를 빠뜨리지 않는다. 예를 들어, 신명기는 이렇게 말한다. "네 성중에 거류하는 객과 및 고아와 과부들이 와서 먹고 배부르게 하라"(신 14:29)

　입양을 은유적 표현으로 나타내는 성경구절도 있다. 예를 들어, 에스겔 16장 6-14절에서는 이스라엘 백성을 길거리에서 데려다 입양한 것으로 묘사한다. 또 다윗 왕과 맺은 언약에서도 "나는 그에게 아버지가 되고 **그는 내게 아들이 되리니**"(삼하 7:14)라고 말함으로써 입양의 의미를 담고 있다. 본래 아버지가 아니었는데, 언약을 통해 아들과 아버지의 관계를 맺겠다는 것이다.

　신약성경에서도 사도들은 고아에 대한 구약의 입장을 그대로 계승한다. 야고보가 한 말을 보자. "하나님 아버지 앞에서 정결하고 더러움이 없는 경건은 곧 고아와 과부를 그 환난중에 돌보고 또 자기를 지켜 세속에 물들지 아니하는 그것이니라."(약 1:27) 입양에 대한 개념은 신약성경에 보다 분명하게 등장한다. 바울의 편지를 보면, 구원을 하나님의 아들이 되는 것으로 설명하면서 '입양'이라는 개념을 은유적으로 표현했다. "그 기쁘신 뜻대로 우리를 예정하사 예수 그리스도로 말미암아 **자기의 아들들이 되게** 하셨으니"(엡 1:5) "율법 아래에 있는 자들을 속량하시고 우리로 **아들의 명분을 얻게** 하려 하심이라"(갈 4:5) 그런데 여기서 하나님의 아들로 입양되는 대상은 비단 유대인만이 아니라 이방인들까지 모두 포함된다. 즉, 그리스도를 믿는 사람은 누구나 하나님의 아들로 입양된다는 것이다. 다시 말해, 그리스도인은 누구나 입양된 자들이다. 이런 점에서 입양은 우리 그리스도인들과는 매우 밀접하게 관련된 단어라 할 수 있다.

4. 그리스도인은 모두 입양된 사람들

하나님께서는 우리를 그분의 아들로 입양하셨다. 즉 우리는 모두 입양된 사람들이다. 본래 하나님의 아들이 아니었는데, 하나님의 자녀로 입양되어 하나님의 양자가 된 사람들이다. 로마서 8장 14-17절을 보자.

"무릇 하나님의 영으로 인도함을 받는 사람은 곧 **하나님의 아들**이라 너희는 다시 무서워하는 종의 영을 받지 아니하고 **양자**의 영을 받았으므로 우리가 아빠 아버지라고 부르짖느니라 성령이 친히 우리의 영과 더불어 우리가 하나님의 자녀인 것을 증언하시나니 자녀이면 또한 상속자 곧 하나님의 상속자요 그리스도와 함께 한 상속자니 우리가 그와 함께 영광을 받기 위하여 고난도 함께 받아야 할 것이니라"

바울은 우리가 더 이상 사탄의 종이 아니라, 하나님의 아들이 되었다고 강조하면서 '양자'라는 개념을 사용한다. 우리가 하나님의 양자라면 그분의 친 아들은 누구인가? 물론 그분은 성자 하나님, 곧 우리 주 예수 그리스도이시다. 허물과 죄로 죽었던 우리를 하나님께서 예수님의 십자가와 부활로 다시 살리시고, 사탄의 권세에서 해방하시고, 그분의 자녀로 삼으셨다. 한 마디로 우리를 입양하신 것이다. 하이델베르크 교리문답 제33문답이 이를 잘 정리하고 있다.

문) 우리 역시 하나님의 자녀인데, 그분을 왜 '하나님의 독생자'라고 부릅니까?

답) 왜냐하면 오직 그리스도만 본질로 하나님의 영원한 아들이시기 때문입니다. 우리는 그리스도로 말미암아 은혜로 입양된 하나님의 자녀입니다.

그리스도인은 본질적으로 입양된 사람이기에 누구보다 고아의 처지를 잘 이해할 수 있어야 한다. 예수님도 인간이 되셨기 때문에 인간의 고통과 슬픔, 공포, 아픔을 누구보다 잘 아셨다. 그렇기 때문에 그리스도인 역시 고아를 불쌍히 여기는 마음을 한시라도 놓쳐서는 안 된다. 뿐만 아니라 한 걸음 더 나아가 고아를 입양하는 적극적인 사랑의 실천이 요구된다.

5. 언약과 입양

그런데 왜 우리나라의 그리스도인은 여전히 입양에 대해 적극적이지 못할까? 앞에서도 말했듯이, 이는 우리사회에 깊이 뿌리 내린 혈연적 가족 개념에 종속되어 있기 때문이다. 과거 이스라엘 역시 전형적인 동양사회의 혈연적 가족 개념을 소중하게 여겼다. 더군다나 그들은 혈통 중심적인 언약 공동체였다. 율법이 그러했고, 할례가 그러했다. 유대인들은 혈통을 그들의 정체성을 유지시켜 주는 것으로 보았고, 그것이 선민사상으로 나타났다.

하지만 성경을 조금만 주의 깊게 읽어보면, 이스라엘의 언약 공동체를 혈연적으로만 접근할 수 없다는 것을 금방 알게 된다. 오히려 성경은 혈연보다 '언약신앙'을 더 중요하게 다룬다. 이 언약신앙을 한 마디로 말하면, "내가 너희의 하나님이 되고 너희는 나의 자녀가 될 것이다."라는 약속에 대한 믿음이다. 다시 말해 하나님께서 아브라함과 그의 자손들, 즉 이스라엘을 그분의 자녀로 입양하시겠다는 약속을 믿는 것이다. 그런데 이 언약은 단순히 아브라함의 혈통만을 위한 것이 아니었다. 아니 애초부터 이 언약은 혈연적 가족(family)이 아니라 관계적 가족(household)에게 주신 것이었다. 즉, 혈연으로 연결된 부모와 자식만이 아니라 그 가정에 머무는 종과 모든 자에게 주신 것이었다. 하나님의 언약을 믿음으로 받아들인 사람은 누구나 그 언약의 복을 받을 수 있었던 것이다. 그래서 바울도 혈통적 유대인이 아니라 오직 하나님의 은혜로 부르심을 받은 자녀가 참 언약의 자녀라고 역설했다(롬 9:7-11). 사실 유대인도 혈통이 순수하거나 우수했기 때문에 하나님의 자녀로 입양된 것이 아니었다. 오히려 그들은 볼품없고 형편없는 백성들이었다. 그런데도 하나님께서 오직 은혜로 입양하셨던 것이다(신 7:6-8; 9:4-6). 물론 언약이 혈통과 전혀 관계가 없는 것은 아니다. 하지만 적어도 혈통이 언약의 본질은 결코 아니다.

6. 입양도 가족이 되는 한 방법

가족이 되는 가장 보편적인 방법이 혈통인 것은 사실이다. 아빠와 엄마의 결혼을 통해 혈통이 전해지고 가족이 구성되는 것이다. 그러나 입양이라는 방식으로도 얼마든지 가족이 될 수 있다. 입양으로 형성된 가족은 혈통으로 형성된 가족보다 연약하다거나 문제가 생길 수 있다고 보는 것은 편견이다. 법적으로도 이미 입양은 가족을 구성하는 합당한 방법이다. 뿐만 아니라 사도 바울 역시 '입양' 또는 '양자 됨'이라는 개념으로 우리의 구원을 설명하기도 했다. 그가 활동하던 당시의 로마 사회도 입양을 합법화하고 있었기 때문이다.

가족의 구성은 오직 혈연으로만 가능하다는 생각은 혈연을 중요시하는 동양 사회의 유교적인 가치와 편견에 근거한다. 그러나 사실 가족을 구성하는 방법은 혈연만으로 되는 것이 아니다. 예를 들어, 한 남자가 전혀 알지도 못하는 한 여자를 만나 결혼해서 가정을 이루었다고 하자. 여기에 어떤 혈연관계가 작용하는가? 아니다. 혈연과는 아무런 관계가 없다. 이렇듯 애초에 혈연관계가 전혀 없는 두 사람이 만나 가정을 이루는 것이다. 그렇다면 입양 역시 비록 혈연관계가 아니더라도 얼마든지 가정을 구성하는 방법이 될 수 있으며, 나아가 혈연관계로 구성된 가정 이상의 강한 유대감을 형성할 수도 있다.

7. 부모와 자녀의 관계

입양에 대한 편견은 부모와 자녀의 관계에 관해 성경이 말하는 내용을 이해할 때 좀 더 줄어들 수 있다. 세상 사람들은 가족관계를 혈연에 의한 것으로 보고 절대로 끊을 수 없는 운명으로 본다. 하지만 성경은 그렇게 말하지 않는다. 성경은 부모가 자녀를 낳지만 그 자녀는 부모의 것이 아니라고 한다. 부모가 낳은 자녀는 일차적으로 하나님의 소유다. 물론 하나님께서는 부모에게 자녀를 주시고 양육하게 하신다. 부모는 하나님께서 자녀를 맡아 돌보고 양육하도록 위임한 존재다. 더구나 이것도 한시적인 것이지 궁극적인 것이 아니다. 따라서 그리스도인 부모는 하나님께로부터 자녀를 선물로 받아 그분의 말씀대로 잘 양육하고, 성인이 되면 그들을 독립시켜 보내야만 한다. 자녀는 결코 부모의 소유물이 아니다. 과거 유대인들 중에는 자녀를 소유물로 생각하고 자기 마음대로 다룬 사람들이 있었다. 심지어 그들은 자녀를 이방신인 몰렉에게 바치기도 했다. 물론 하나님께서는 이것에 매우 진노하셨다.

"또 네가 나를 위하여 낳은 **네 자녀**를 그들에게 데리고 가서 드려 제물로 삼아 불살랐느니라 네가 네 음행을 작은 일로 여겨서 **나의 자녀들**을 죽여 우상에게 넘겨 불 가운데로 지나가게 하였느냐"(겔 16:20-21)

여기서 하나님께서는 자녀가 부모의 소유임을 인정하시면서도(20절), 엄밀한 의미에서는 그분의 소유라고 선언하신다(21절). 그런데 부모의 소유라는 말에도 반드시 전제가 따른다. 그것은 하나님께서 그들에게 자녀를 맡기셨다는 것이다. 다시 말해 부모는 자녀를 하나님께로부터 선물로 받은 것이다. 그런데 부모가 자녀를 하나님께로부터 선물로 받는 방법에는 두 가지가 있다. 곧 직접 낳는 방법과 입양하는 방법이다. 입양으로 자녀를 받는 방법과 직접 낳아 자녀를 받는 방법에는 아무런 차이가 없다. 어떻든 자녀는 궁극적으로 모두 하나님의 소유기 때문이다. 부모는 단지 하나님께서 맡기신 자녀를 말씀으로 잘 양육하기만 하면 된다. 그리고 성인이 되면 그들을 독립시켜야 한다. 입양한 자녀든 직접 낳은 자녀든 성인이 된 자녀들은 하나님 앞에서 홀로 서서 살아갈 것이다. 그들은 하나님의 자녀기에 하나님께서 돌보실 것이다.

7. 입양은 예수님을 영접하는 것

필자는 넷째를 생후 3개월 되었을 때 입양했다. 넷째를 입양하기 전에 온 가족이 가정예배를 드렸는데, 그 때 본문이 마가복음 9장 30~37절이었다. 그 중에서 36~37절에 이런 말씀이 있다.

"(예수께서) 어린 아이 하나를 데려다가 그들 가운데 세우시고 안으시며 제자들에게 이르시되 누구든지 내 이름으로 이런 어린 아이 하나를 영접하면 곧 나를 영접함이요 누구든지 나를 영접하면 나를 영접함이 아니요 나를 보내신 이를 영접함이니라"

성경을 다 읽은 후 둘째인 예솔이가 질문했다. "'내 이름으로'가 무슨 말이에요?" 필자는 대답했다. "그것은 '예수님을 생각하며', '예수님의 마음으로', '예수님을 위해서', '예수님을 대신하여' 등등의 의미란다." 하지만 이렇게 말하고 나니 필자도 그 뜻이 헷갈렸다. '대체 어떤 일을 예수님의 이름으로 한다는 것이 무슨 뜻일까?' 그런데 그 때 예솔이가 말했다. "아, 그러니까, 우리가 아기를 입양해서 잘 키우는 것은 예수님을 영접하는 것이고, 하나님을 영접하는 것이네요! 동생 입양해 잘 키워야겠어요." 필자는 그 말을 듣는 순간 정신이 번쩍 들었다. 입양이 하나님을 영접하는 것이라고? 듣고 보니 정말 맞는 말이었다. 그냥 길에서 만난 아이 하나를 예수님의 이름으로 잘 대해줘도 그것이 곧 하나님을 잘 대접하는 것이다. 그럴진대 전혀 모르는 낯선 생명 하나를 데려다 가족으로 삼고 매일 정성으로 먹이고, 입히고, 씻기고, 안아 주고, 거기다 말씀으로 양육까지 하는 것은 하나님을 영접하는 것이 아니고 무엇이겠는가? 그렇다. 우리 집에 오는 넷째는 우리 집에 찾아오시는 예수님이요 하나님이었던 것이다.

사실 입양으로든 혈통으로든 가족이 된 모든 자녀는 결국 부모가 예수님의 이름으로 섬겨야 할 바로 그 '어린 아이'인 것이다. 예수님을 섬기는 마음으로 섬겨야 할 고귀한 생명인 것이다.

8. 나가며

개혁신앙인은 생명을 소중히 여긴다. 또한 자녀를 많이 낳는다. 자녀를 하나님께서 주시는 선물로 이해하기 때문이다. 선물은 감사한 것이고 기쁨으로 받는 것이다. 자녀를 낳지 못하는 경우에는 입양이라는 방법이 있다. 이것은 방법만 조금 다를 뿐 하나님께서 자녀를 주시는 원리는 똑같다. 우리나라에는 보호를 필요로 하는 아이들, 곧 가정이 필요한 아이들이 시설에 많다. 하나님께서 우리에게 입양이라는 방법으로 자녀를 선물로 주신다면 얼마든지 기쁘게 받아야 하지 않을까. 모든 그리스도인들이 우리사회가 지닌 편견을 깨고 개혁신앙의 관점에서 입양이라는 하나님의 선물을 받을 수 있는 믿음을 지니기를 간절히 바란다.

※ 참고할 만한 기관 & 팟 케스트
한국입양홍보회(MPAK): www.mpak.org; 카페 http://cafe.naver.com/mpak
입양톡 사랑톡 톡톡(팟빵): http://www.podbbang.com/ch/11713

<토론을 위한 질문>

1) 지금까지 입양에 대해 가졌던 자신의 생각을 말해 보세요.

2) 우리나라 사람들이 지닌 입양에 대한 편견은 무엇이며, 그런 편견은 무엇에 근거할까요?

3) 저자는 로마서 8장 14-17절에 근거해 그리스도인들은 모두 어떤 사람이라고 말하나요? 그렇다면 그리스도인은 입양에 대해 어떤 태도를 지녀야 할까요?

4) 성경에서 말하는 부모와 자녀의 관계는 무엇인가요? 그것은 입양과 혈육에 따라 어떤 차이가 있을까요?

5) 입양에 대해 배운 것을 말해 보세요.

4장
가정예배

어떤 사람은 한국 복음주의 교회의 상황을 '산토끼와 집토끼 이야기'로 비유하기도 한다. 즉, 그 동안 한국교회는 산토끼를 잡기 위해 산으로 들로 열심히 뛰어 다녔는데, 정작 교회 안에 있는 성도들의 자녀인 집토끼가 산토끼로 변해 신앙을 버리고 교회를 떠나고 있었다는 것이다. 다시 말해, 한국 복음주의 교회는 '산토끼 잡으려다 정작 집토끼를 잃어버린 상황'에 처하고 말았다는 것이다. 교회가 점점 영향력을 잃고 수적으로도 감소하는, 이런 걷잡을 수 없는 흐름을 어떻게 막을 수 있을까? 어떤 방법을 써도 백약이 무효한 오늘날 한국교회의 현실에서는 보다 근본적인 기초부터 점검하지 않으면 안 된다. 필자는 그것이 바로 가정에서의 신앙교육, 곧 '가정예배'[1]라고 생각한다.

---

1. '가정예배'는 사실 '가정 경건회'라고 부르는 것이 훨씬 쓰임새도 맞고 정체성에도 맞지만, '가정예배'라는 용어가 통상적으로 사용되고 있기 때문에 이 용어를 그대로 사용하겠다.

1. 교회의 위기 진단과 대안

그 동안 한국 복음주의 교회는 전도를 강조하면서 교회 밖에 있는 사람들의 영혼구원에 열정적이었다. 그 결과 놀라운 교회 성장도 이루었다. 현재 우리나라에는 5만 개가 넘는 개신교회가 있다. 그러나 다른 한편에서 한국 복음주의 교회는 10여 년 전부터 급격한 성도수의 감소라는 큰 위기를 맞고 있다. 그런데도 여전히 연평균 1,200개의 개척교회가 세워지고 있다고 한다. 성도의 수는 계속해서 줄어드는 데도 교회의 수는 늘어나는 기이한 현상이 나타나고 있는 것이다.

그러면 한국 복음주의 교회가 직면한 위기의 원인은 무엇일까? 여러 가지가 있겠지만, 무엇보다 중요한 원인 중 하나는 가정에서 신앙이 다음 세대로 전달되지 못하고 있다는 것이다. 부모가 된 그리스도인들이 그들의 자녀에게 신앙을 전수하지도 않고, 신앙훈련을 시키지도 않기 때문에, 자녀들이 성인이 되어 가정의 울타리를 벗어나면서 교회를 떠나는 경우가 속출하고 있는 것이다. 그 증거로 오늘날 대부분의 교회에서 유치부, 유년부, 초등부, 중등부, 고등부, 대학부로 올라갈수록 교회를 이탈하는 비율이 높아지고 있는 것을 들 수 있다. 그러나 상황이 이러한 데도 교회는 아무런 대책을 내놓지 못하고 있다.

옛 선배 목사들은 교회에 충성하기 위해 가정을 희생해야 한다고까지 말했다. 이런 가르침에 따라 많은 성도들이 가정에서 자녀의 신앙교육에 충실하지 못했다. 성도들은 가정사역보다 교회사역을 더 중요하게 생각했다. 뿐만 아니라 가정에서 자녀들을 양육하는 것보다 교회사역이 훨씬 재미있고 결과도 금방 나타나기 때문에 훨씬 매력이 있어 보이기도 했다. 하지만 가정에서 자녀의 신앙교육에 문제가 생길 경우, 그것을 되돌리기란 하늘에서 별 따기만큼 어려운 일이다. 자녀가 교회에 가지 않겠다고 노골적으로 표현하기 시작할 때면 부모가 할 수 있는 것이 거의 없다. 아무리 회유하고 협박해도 별 효과가 없다. 결국 그런 경우 이제 부모는 아예 자녀의 신앙교육을 포기하고 교회사역에만 매달리게 된다. 하나님의 일을 열심히 하면 하나님께서 자녀의 문제를 해결해 주실 것이라고 굳게 믿으면서 말이다. 여기에 교회의 지도자들까지 나서서 그들에게 교회를 위해 충성하면 하나님께서 그들의 자녀들을 책임져 주실 것이라고 면죄부를 준다. 뿐만 아니라 그들의 기도가 부족하고 교회를 향한 충성이 부족하기 때문에 자녀들의 신앙에 문제가 발생하는 것이라는 죄책감까지 심어준다.

그런데 과연 그럴까? 정말로 하나님의 일을 열심히 하면 하나님께서 자녀들을 책임져 주실까? 그렇지 않다. 하나님의 일은 우리가 열심히 하는 것이 아니라 하나님께서 하실 것이다. 우리는 우리에게 주어진 일을 열심히 하면 된다. 그 중 하나가 가정에서 자녀를 양육하는 일이다. 하나님께서 맡겨 주신 자녀를 부모로서 최선을 다해 양육하고, 그들의 신앙교육에 힘쓰는 것이 우리가 열심히 해야 하는 일인 것이다.

2. 개혁신앙과 신앙교육

그러면 개혁신앙은 부모의 자녀교육에 관해 어떻게 말하는가? 디모데전서에서 바울은 이렇게 말한다. "누구든지 자기 친족 특히 자기 가족을 돌보지 아니하면 믿음을 배반한 자요 불신자보다 더 악한 자니라"(딤전 5:8) 개혁신앙은 이와 같은 성경 말씀에 따라 자녀의 신앙교육은 부모 자신이 책임져야 한다고 강조한다. 한 영혼이 천하보다 귀한 것이다. 따라서 자녀의 신앙교육과 양육을 위해서 모든 것을 아낌없이 투자해야 한다. 히브리서 기자 역시 노아의 믿음에 관해 기술하기를, "믿음으로 노아는 아직 보이지 않는 일에 경고하심을 받아 경외함으로 방주를 준비하여 그 집을 구원하였으니"(히 11:7)라고 했다. 노아가 방주를 열심히 만들었지만, 그 결과는 고작 자신과 가족을 구원한 것이었다. 하지만 그 일이 인류역사에서 가장 귀한 사역으로 평가받고 있다. 여호수아가 이스라엘 백성들에게 신앙의 도전을 주기 위해 했던 말에서도 가정이 신앙적으로 결단하는 것이 중요하다는 것을 보여준다. "오직 나와 내 집은 여호와를 섬기겠노라"(수 24:15) 이렇듯 부모가 가정에서 자녀의 신앙교육을 위하여 시간과 정열을 투자하는 것은 매우 값진 일이다. 가정은 하나님께서 인간에게 주신 보금자리일 뿐만 아니라 가장 좋은 교육의 장이기 때문이다.

그러면 자녀의 신앙교육을 위해서 부모가 해야 할 일은 무엇인가? 또는 자녀의 신앙교육에 가장 효과적인 것은 무엇인가? 전통적으로 개혁신앙을 따르는 사람들은 가정에서 신앙교육을 하는데 대단한 노하우와 전통을 지녔는데, 그 중심에 있는 것이 가정예배다. 필자가 1994년부터 경험한 네덜란드 개혁교회에서도 매일 하루에 세 번 식사 후 가정예배를 드리고 있었다. 가정예배는 교회 역사가 증명하는, 자녀의 신앙교육을 위해 가장 이상적인 방법이며 개혁신앙의 좋은 유산이다. 한국교회가 이런 개혁신앙의 전통을 이어가기를 바란다.

3. 잃어버린 보물, 가정예배

교회의 구역이나 소그룹에서는 모일 때마다 성경을 보며 기도하며 찬송한다. 그런데 매일 만나는 가장 작은 소그룹 단위인 가정에서는 예배를 하지 않는다. 왜 우리는 가정에서 예배를 하지 않을까? 온 가족이 기도와 찬송, 하나님의 말씀으로 하나가 되는 가정예배의 시간을 가지지 않는가? 가정예배는 하늘에서 내려오는 값진 보물과 풍성한 음식을 공급받는 시간이다. 온 가족이 말씀 안에서 신앙으로 하나 됨을 경험하는 기회다. 슬픈 일과 기쁜 일을 서로 나눌 수 있는 대화의 순간이다. 그러나 안타깝게도 오늘날 우리나라의 교회들은 이 귀한 보물을 잃어버렸다.

종교개혁은 로마교회가 성직자들의 독신을 더 복된 것으로 가르치는 것에 반대했다. 그래서 대부분의 종교개혁가들이 결혼했고, 자녀를 낳아 아름다운 가정을 이루었다. 루터의 아내는 수녀원 출신인 수녀였고, 칼빈의 아내는 재세례파에서 개종한 미망인이었다. 이러한 종교개혁가들에 의해서 가정의 중요성이 회복되었다. 종교개혁은 하나님께서 가정을 만드셨음을 재발견했던 것이다. 사실 하나님의 섭리에서 가정은 교회보다 앞선다. 가정은 태초에 하나님께서 창조하신 가장 기초적인 사회단위며, 인류의 역사에서도 가장 오래된 제도이자 기관이다. 또한 가정은 하나님께서 언약 가운데 주신 선물이다. 결혼은 부부간의 언약으로 맺어지지만, 어떤 의미에서 그것은 하나님과의 언약이기도 하다. 자녀도 부부관계를 통해 생겨나지만, 궁극적으로 이 생명은 하나님께로부터 기원한다. 그러므로 가정은 사회적인 계약물이 아니라 하나님의 은혜요 선물인 것이다.

그런데도 정작 교회의 예배나 기도회와 관련된 형식들은 기록에 잘 남아 있지만, 가정예배와 관련된 기록은 거의 없는 실정이다. 있다고 해도 그저 습관이나 구전으로 전해진 것이 대부분이다. 그나마 장로교회에서는 가정예배가 '가정기도회'라는 이름으로 교회 헌법의 '관리 표준'에 속하는 '예배 지침' 제8장의 '기도회' 항목에 다음과 같이 나오지만, 이것을 알고 실천하거나 가르치는 경우는 매우 드물다.

> 가정기도회는 신자의 제1차적인 의무인바 가정마다 행할 것이니 매일 성경을 보며, 기도하며, 찬송함으로 행할 것이다.

여기서 '가정기도회'는 '가정예배'를 말한다. 이 규정에 따르면, 가정예배는 매일 행해야 할 성도의 필수적인 의무다. 그러나 우리나라의 교회들은 어떠한가? 통계에 따르면, 오늘날 개신교 가정의 4%만이 매일 가정예배를 드리고 있다고 한다. 사실 교회에서 목사도 이 점에 대해 강조하지 않고 적극적으로 가르치지 않는 것이 현실이다. 신앙이 좋은 부모들조차 가정에서 자녀들과 함께 가정예배를 드리지 않는 경우가 대부분이다. 가정예배의 중요성을 알고 실천하는 성도들은 오늘날 교회에서 극소수에 불과하다.

4. 가정예배의 역사

구약성경에는 가정예배에 관한 특별한 언급이 없다. 하지만 그렇다고 해서 구약시대에는 가정예배가 없었다고 단정할 수는 없다. 왜냐하면 구약성경 곳곳에 가족 구성원이 개인적으로 하나님께 예배를 드리는 모습이 등장할 뿐 아니라, 가족 전체가 함께 예배를 드리는 모습도 등장하기 때문이다. 예를 들어, 먼저 아벨과 가인이 하나님께 예배를 드리는 모습이 등장한다(창 4장). 셋 또한 아들을 낳은 후 그를 에노스라 부르고 여호와의 이름을 불렀다(창 4:26). 노아는 여호와를 위하여 단을 쌓았고(창 8:20), 아브라함도 마찬가지였다(창 12:7; 26:25). 야곱도 자기 집안 사람들과 자기와 함께 한 모든 사람에게 이방신상을 버리고 회개할 것을 촉구했다(창 35:2). 특히 유월절은 구약에서 가장 주목할 만한 가정예배의 한 형태라고 할 수 있다. 왜냐하면 이 날에 온 가족이 함께 모여 먹고 마시며 하나님의 구원하심을 기념했기 때문이다. 여호수아 또한 이스라엘의 모든 백성들이 다른 신들을 섬기더라도 자기와 자기 가족들은 하나님만 섬기겠다고 선언했다(수 24:15). 다윗 왕도 이스라엘 백성들과 함께 예배를 드린 후 그들을 축복했을 뿐 아니라 자기 가족도 축복했다(삼하 6:18-20).

신약성경에는 좀 더 구체적인 가정예배의 흔적들이 나타난다. 예를 들어, 고넬료는 가족의 구원을 위해 베드로를 초대했고, 온 가족이 그에게서 말씀을 듣고 복음을 받아들이고 세례를 받았다(행 10장). 브리스길라와 아굴라도 가정에서 예배를 드렸다(롬 16:5). 특히 초대교회 성도들은 매일 하루에 세 번, 곧 9시와 12시, 3시에 기도했던 유대인들의 전통을 따라 일정한 시간에 기도했던 것으로 보인다.[2]

종교개혁 시대에는 루터를 중심으로 가정예배를 시작했고, 이러한 경향은 종교개혁이 만개한 독일, 스칸디나비아 지역과 스위스, 프랑스 그리고 네덜란드에까지 영향을 미쳤다. 스코틀랜드에서 가정예배가 활성화된 것은 1647년에 장로교회 총회가 '가정예배 규칙서'를 발간한 데서 찾을 수 있다. 1696년에 스코틀랜드 장로교회 총회가 발간한 장로의 심방 규정을 보면, 장로는 각 가정에서 가정예배를 드리고 있는지 체크하도록 되어 있다. 그만큼 가정예배를 신앙생활의 척도로 삼았다는 증거다. 그래서 당시에는 시골 농부의 가정에서도 가정예배를 드렸을 뿐 아니라, 모두 시편 찬송을 부르며 일을 했을 정도로 경건했다는 이야기가 있다. 그들은 미국으로 건너가서도 이런 전통을 고수하며 유지했다.

그러나 제2차 부흥운동을 거치면서 가정예배는 쇠퇴하기 시작했다. 아이러니하게도 부흥운동의 열매로 시작된 주일학교 운동이 가정예배를 밀어내는 결과를 낳고 말았다. 본래 교회학교(church school)는 길거리에 떠도는 불신 자녀들에게 복음을 전하기 위해 생겨난 것이었다. 그런데

---

2. James W. Alexander, 『가정 예배는 복의 근원입니다』, 임종원 옮김, 미션월드라이브러리, 2003, 18쪽[원서는 Thoughts on Family Worship (Soli Deo Gloria Ministries, 1998)이다].

이 모임이 주일에 열리면서 주일학교(sunday school)로 바뀌었다. 그러자 불신자의 자녀들이 참여하는 주일학교에 신자들의 자녀들도 오게 되었고, 나중에는 불신자보다 신자들의 자녀들이 더 많게 되었다. 결국 교회는 그들을 위한 교육을 실시하게 되었다. 이에 신자 부모들은 그 동안 가정에서 가정예배를 드리면서 자녀의 신앙교육을 하던 것을 멈추고 주일학교에 자녀의 신앙교육을 맡기는 현상이 생겨났다. 더군다나 산업화가 진행되면서 부모들이 공장으로 이동하게 되자, 신자 부모들은 더더욱 자녀들의 신앙교육을 교회의 주일학교에 위임하게 되었다. 결국 복음주의 부흥운동이 가정에서 진행되던 자녀의 신앙교육에는 부정적인 영향을 준 셈이었다. 제임스 W. 알렉산더(James W. Alexander)는 그가 저술한 『가정예배는 복의 근원입니다』라는 책에서 1850년대 이후로 미국사회에서 사라져가는 가정예배를 되살려야 한다고 주장하기도 했다. 하지만 무너져가는 가정예배를 되돌리기는 쉽지 않았다.

가정예배와 관련한 또 다른 전통이 있는데, 그것은 네덜란드 개혁교회에서 꽃피운 개혁신앙 전통이다. 필자가 유학시절에(1994-2001) 경험한 네덜란드 개혁교회의 가정예배는 개인의 신앙과 교회의 신앙을 유지하는 튼튼한 버팀목 역할을 하고 있었다. 하루에 세 번, 곧 아침, 점심, 저녁에 드리는 가정예배는 자녀들에게 신앙을 전수하는 데만 아니라 부모 자신들의 신앙을 굳건하게 유지하는 데도 중요한 역할을 했다. 네덜란드인들 중에는 18~19세기에 미국과 캐나다, 호주, 뉴질랜드, 남아프리카로 이민을 간 사람들이 많다. 그들은 이민을 간 곳에서도 개혁신앙을 유지하며 그 곳 사회에 많은 영향을 미쳤다. 그 중 하나가 가정예배다. 개혁교회의 신자들은 복음주의 교회의 신자들보다 언약신앙을 강하게 붙들고 있다. 또한 이 언약신앙에 따라 부모는 자녀에게 신앙을 전수하기 위하여 노력한다. 자녀들이 하나님의 말씀에 순종하도록 교육하기 위해서 부단히 애쓴다.

그러면 우리나라 개신교회의 상황은 어떠한가? 우리나라 개신교회는 세계에서 유례를 찾아보기 힘들 만큼의 독특한 역사를 겪어왔다. 무엇보다 신앙의 질적인 성숙을 생각하거나 돌아볼 겨를도 없이 교회는 수적으로 엄청나게 성장해갔다. 그러나 어느 순간부터 교회의 성장이 주춤하기 시작하더니 이제는 오히려 성장이 감소하기 시작하는 형국이 되었다. 뿐만 아니라 그 동안 성장주의에 치여 등한시 되었던 성도들의 삶은 세상사람들의 삶과 별반 차이가 없는 지경이 되었다. 아니 어떤 면에서는 오히려 더 나쁘다고 손가락질을 받는 실정이다. 그야말로 심각한 질적 성숙의 결핍에 시달리고 있다. 대체 이러한 형국을 어떻게 극복해갈 수 있을까? 답은 분명해 보이는 것 같다. 곧 자녀들을 신앙으로 교육하는 것에서부터 시작하는 것이다. 왜냐하면 그들이 곧 한국교회의 미래기 때문이다. 그러면 자녀들을 어떻게 신앙으로 교육할 것인가? 그것은 가정에서부터 시작되어야 하는 것이 가장 좋은 방법이다. 따라서 무엇보다도 가정예배가 되살아나야 한다. 가장예배가 되살아날 때, 자녀들은 가장 효과적이고도 튼튼하게 신앙으로 훈련될 것이다. 그리고 이 가정예배를 지지하는 강력한 동력이 다름 아닌 '개혁신앙'이다.

5. 가정예배를 드리는 방법

많은 사람들이 "가정예배를 어떻게 해야 하나요?"라고 묻는다. 그러나 사실 가정예배에 정해진 형식은 없다. 단지 말씀과 기도, 찬양만 있으면 된다. 본래 '예배모범'에 의하면, 가정예배는 예배라기보다는 '기도회'다. 기도회는 형식이 자유롭다. 가정마다 방법과 순서를 독특하게 정할 수 있다. 앞에서 말한 세 가지 요소만 들어가면 된다. 장소도 마찬가지다. 식탁에서든, 거실 소파에서든, 침대에서든 필요나 분위기에 따라 어디서든 드릴 수 있다. 다만 가장이 중심이 되어 가정예배의 형식과 방법을 자유롭게 정한 뒤 그것을 따르는 것이 중요하다. 가정예배는 온 가족이 하나님 앞에서 함께 모여 말씀을 듣고, 삶을 나누고, 찬양과 기도로 고백하는 시간이다.

가정예배는 교회에서 공식적으로 드리는 주일예배처럼 딱딱하고 형식적인 예식이 되어서는 안 된다. 그럴 경우 많은 자녀들이 가정예배를 경험하고는 앞으로 절대로 가정예배를 드리지 않겠다고 다짐하게 되는 경우가 많다. 그들 머릿속에 가정예배가 부정적인 이미지로 각인되는 것이다. 이와 달리 필자가 소개하려는 가정예배는 '대화의 시간'이다. 먼저 그것은 하나님과 대화하는 시간이다. 곧 성경 말씀을 읽으며 하나님의 음성을 듣고, 찬양과 기도로 하나님을 찬양하며 간구하는 시간이다. 나아가 그것은 가족 구성원끼리 대화하는 시간이다. 곧 서로의 생각과 삶, 고민을 나누며, 서로를 위로하고 격려하는 시간이다. 대화의 시간으로서의 가정예배는 공적인 예배에서와 같이 서로 절대로 얘기하면 안 되는 그런 것이 아니다. 가정예배에서는 성경을 읽은 후 자녀들과 그 내용에 대해 얼마든지 자유롭게 얘기할 수 있다. 그 내용이 삶이나 사회와 관계되는 것이면, 삶이나 사회에 관해서도 얘기할 수 있다. 부모든 자녀든 누구든 이야기할 수 있다. 대체로 아버지나 어머니가 일방적으로 인도하고 이야기하는 가정예배는 자녀들에게 기피대상이다. 그보다는 자신들이 적극적으로 참여하게 되는 가정예배를 자녀들은 선호한다. 그래서 필자는 자녀들을 참여케 하는 방법 중 하나로서, 성경을 읽은 후 반드시 그들에게 질문을 한다. 물론 이 질문은 학교에서 치는 시험이나 퀴즈 같은 것이 아니다.

다만 내용을 잘 이해했는지를 확인하는 것일 뿐이다. 내용을 들었다면, 누구나 대답할 수 있다. 그러니까 자녀들은 이런 질문 시간을 오히려 좋아하며 기다린다. 만일 질문이 어렵다면 자녀들은 금방 싫증을 내고 재미없어 할 것이다.

오늘날 대체로 아버지들이 가정예배를 부담스럽게 생각하는 경향이 많다. 바쁜 것도 큰 이유가 되겠지만, 그보다는 가정예배에서 설교를 해야 한다는 부담감이 더 크게 작용하는 것 같다. 그러나 사실 가정예배에서 아버지가 설교할 필요는 없다. 그는 그저 가장으로서 예배를 인도하기만 하면 된다. 오히려 설교는 하지 않는 것이 더 좋다. 성경 자체가 하나님의 말씀이기 때문에 그것을 읽는 것만으로도 충분하다. 성경의 내용이 어려울 때는 내용을 이해하기 위해 다소 설명이 필요할 수도 있겠지만, 그렇더라도 설교는 하지 않는 것이 더 좋다. 만약 부득이 설교를 해야 한다면, 반드시 적어서 하는 것이 좋다. 적어서 하지 않을 경우, 설교가 길어지고 잔소리가 될 수도 있기 때문이다.

6. 나가며

한국 복음주의 교회는 양적인 성장을 이루었지만, 내적으로는 심각한 빈곤 상태에 있다. 그런데도 아직도 이것을 깨닫지 못하고 있는 것 같다. 이는 교회를 평가하는 잣대가 여전히 복음주의 신학이기 때문이다. 그래서 반복되는 실수를 계속해서 되풀이하는 것이다. 이런 상황에서 필자는 오늘날 한국교회가 자신의 문제를 깨닫고 극복해가기 위해서는 개혁신앙이 필요하다고 제안하고자 한다. 개혁신앙이 지닌 중요한 특징은 신앙과 삶이 분리되지 않는 것이다. 이러한 신앙에 따르면, 자녀에게 유아세례를 행하고 그 가운데서 언약의 하나님을 고백한 성도는 하나님의 말씀으로 자녀들을 신앙교육 하겠다고 서약한 것과 다름없다. 그런데 한국교회는 이런 부분에서 매우 취약하다.

오늘날 자녀들의 신앙교육의 장은 크게 가정, 학교, 교회, 사회로 분류할 수 있다. 그 중에서도 가정은 자녀의 신앙교육에서 가장 기본적이면서도 가장 중요한 장이다. 가정에서 어떻게 자녀의 신앙교육을 책임지는가에 따라 자녀의 신앙교육의 성패가 달렸다고 해도 과언이 아니다. 필자는 가정에서 자녀의 신앙을 교육하는 해법으로서 '가정예배'를 제시했다. 이것은 앞에서 개혁신앙의 첫 번째 실천적인 대안으로 제시한 언약의 자녀를 많이 낳는 것과 함께, 개혁신앙의 두 번째 실천적인 대안이 될 수 있다. 이 두 가지가 오늘날 한국교회에서 실천된다면, 한국교회의 놀라운 변화를 기대해도 될 것이다. 물론 지금 그 결과를 당장 볼 수는 없을 것이다. 하지만 한 세대 후에는 반드시 그 열매를 보게 될 것이다.

한국교회는 집토끼가 산토끼 되는 것을 막는데 힘을 쏟아야 한다. 어쩌면 이것이 소극적인 태도로 보일 수도 있지만, 이것은 신앙생활의 기본에 해당되는 중요한 부분이기도 하다. 오늘날 한국교회는 너무나 당연했던 기초가 약해져 있다. 기초가 튼튼해야 교회가 든든히 설 수 있다는 것은 명약관화(明若觀火)한 일이다. 이런 점에서 개혁신앙으로 한국교회의 기초 체력을 튼튼히 다질 필요가 있다.

※ 참고할 책

임경근. 『교리와 함께 하는 365 가정예배』. 세움북스, 2015.
한재술. 『가정예배』. 그책의사람들, 2013.
제임스 알렉산더. 『가정예배는 복의 근원입니다』. 임종원 옮김. 미션월드, 2003.

<토론을 위한 질문>

1) 자녀들의 신앙교육의 주체는 누구인가요? 그리고 그 주체는 자녀들의 신앙교육을 위해 무엇을 해야 하나요?

2) 가정예배를 드리면 어떤 유익이 있을까요?

3) 장로교회에서는 가정예배에 대해 어떻게 말하나요? 이와 관련해 우리의 실천은 어떤지 점검해 보세요.

4) 가정예배에서 꼭 필요한 세 가지 요소는 무엇인가요?

5) 가정예배에 대해 배운 것을 나눠 보세요.

5장
세대통합예배

필자는 어렸을 때 부모님과 함께 어른예배에 참석한 경험이 많다. 물론 주로 주일 저녁예배 시간이었다. 주일 오전에는 소위 어른예배에 참석하고 싶어도 접근하는 것 자체가 어려웠다. 왠지 모르게 아이들은 들어가면 안 되는 분위기였다. 조용하고 엄숙한 분위기가 아이들에게는 적당하지 않다고 생각한 것일까? 주일 오전 10시 30분쯤 유년 주일학교를 마치면 11시 정도에 어른 오전예배가 시작되었는데, 그 동안 필자는 친구들과 교회 마당에서 뛰어놀았다.

초등학교를 졸업하면서 성경과 찬송가를 선물로 받았을 때 얼마나 기뻤는지 모른다. 지금도 그 기억이 생생하다. 부모님께서 들고 다니시는 두꺼운 신구약성경과 찬송가를 들고 어른 예배에 당당하게 참석할 수 있었기 때문이다. 어른 예배가 지루했다거나 설교가 어려웠다는 기억은 크게 없다. 혹시 어려운 단어가 있어도 문맥에서 이해하지 못할 것은 없었다. 설교를 공책에 요약해 적으면서 딱딱한 마루에 앉아 예배를 드렸는데, 그 시간들이 지금도 필자에게 좋은 기억으로 남아 있다.

1. 아이들이 없는 예배

언제부턴가 교회에서 아이들이 어른들과 함께 예배하는 모습을 찾아보기 어렵게 되었다. 아이들이 어른 예배에 들어가려 하면 안내하는 사람들이 막는다. 그러고는 격리된 유아부나 영아부실로 안내한다. 아이들은 절대로 본당에서 하는 어른 예배에 들어갈 수 없다. 예수님께서 제자들에게 "어린 아이들이 내게 오는 것을 용납하고 금하지 말라"(막 10:14)라고 하신 것을 한국교회는 잊은 것일까? 영아부실에서 예배를 드려보면 알지만, 예배를 온전하게 드리는 것이 거의 불가능하다. 아이들은 뛰어다니고 부모들은 그 아이들을 돌보거나 서로 이야기하느라고 도대체 예배에 집중할 수가 없다. 그렇다고 뾰족한 다른 대안이 있는 것도 아니다. 이런 모습이 오늘날 대부분의 교회가 직면한 현실이다.

어른과 함께 예배를 드리지 않는 것은 갓난아이나 혹은 3~5세 정도의 아이들에게만 해당하는 것이 아니다. 유치부, 유년부, 초등부 정도의 아이들도 마찬가지다. 필자도 초등학생일 때 어른 예배에 참석하지 못했다. 하지만 중학생 이후부터는 꼭 어른 예배에 참석했다. 그런데 요즘은 중학생, 심지어 고등학생들도 주일 어른 예배에 참석하지 않는다. 어른 예배 시간에 중고등부 아이들만 따로 다른 장소에 모여 그들만의 예배를 드린다. 그러니 주일 오전예배는 그야말로 세대가 단절된 어른들만 참석하는 '어른의, 어른에 의한, 어른을 위한', 소위 '어른 예배'로 변하고 말았다.

2. 전통과 현재에서 아이들의 위치

공예배에 아이들은 없고 어른들만 있는 것에 대해 하나님께서는 어떻게 생각하실까? 교회는 그동안 어떻게 예배를 드려왔을까? 아이들은 언제부터 어른들과 함께 예배를 드리지 않게 되었을까? 이런 질문에 대해서는 보다 많은 논의가 필요하고 역사적인 검증도 필요하다. 하지만 역사를 살펴보면, 주일학교 제도가 발전하기 전에는 온 가족이 함께 예배를 드렸음을 알 수 있다. 칼빈의 전통을 따르는 장로교회와 개혁교회는 전통적으로 언약신앙 안에서 유아세례를 통해 성도의 자녀를 하나님의 백성으로 인정하고 자녀들을 어릴 때부터 어른들과 함께 예배에 참석시켰다. 그것은 장로교회의 '예배지침'에도 분명하게 명시되어 있다. 고신교회의 '예배지침' 제9장 35조 1항은 이렇게 기록하고 있다.

> 한 가족이 함께 하나님의 집에 모여 예배하는 것이 마땅한 일이나
> ……

이 기록에 따르면, 온 가족이 함께 예배에 참석하는 것이 마땅하다. 그러나 실제로는 대부분의 교회에서 고등학생 이하의 아이들은 오전 예배에 참석시키지 않는다. 그들은 주일학교에서 따로 예배를 드리는데, 대부분 그것만으로도 충분하다고 생각한다. 부모들도 자녀들에게 함께 예배에 참석해야 한다고 가르치거나 요구하지 않는다. 그 이유는 위의 기록에서 이어지는 다음과 같은 기록 때문이다.

> …… 초등 예배 및 청소년 예배를 따로 드리게 되었을 경우 당회의 지도하에 인도하여야 한다.

이런 조치는 주일학교가 시작하고 발전하는 과정에서 나타난 결과다. 즉, 언제부턴가 주일학교가 교회운영에 중요한 기관으로 자리하게 되었고, 그에 따라 영아부, 유치부, 유년부, 초등부 아이들을 위해 별도로 예배

를 드리기 시작한 것이다. 물론 '예배지침'은 주일학교 예배의 조건으로 당회의 지도하에 인도해야 한다는 항목을 붙여놓았다. 이로써 아이들이 따로 예배를 드릴 때 생겨날 수 있는 영적인 문제를 감독하고 지도할 수 있는 최소한의 장치를 마련해 놓은 것이다. 하지만 실제로 얼마나 많은 교회에서 주일학교 예배에 당회원을 파송하고 있을지는 모를 일이다. 아마도 거의 없지 않을까 싶다.

그런데 요즘에는 심지어 중고등부 학생들도 어른들과 함께 예배를 드리지 않는다. 큰 교회들일수록 더더욱 공간과 교육의 효율성을 이유로 중고등부 예배를 따로 드린다. 교회 지도자들도 이런 현실을 인정하면서 이런 예배를 고착화시키는데 일조하고 있다. 참으로 안타까운 일이 아닐 수 없다. 하지만 장로교회의 '예배지침' 제9장 35조 2항은 다음과 같이 분명하게 선언하고 있다.

> 영아부와 유치부, 유년부, 초등부를 제외한 주일학교의 별도 예배는 허용되지 않으며, 중학생 이상은 반드시 일반 공예배에 참석하게 한다.

그러므로 우리는 교회들이 어디에서 길을 잃었는지 점검하고, 교회의 미래를 짊어지고 나갈 다음세대를 신앙으로 양육하기 위해 예배에서 아이들을 배제시키는 것이 정말로 바람직한 것인지 깊이 숙고할 필요가 있다.

3. 분리모델의 문제와 통합모델의 유익

앞으로는 아이들이 어른들과 함께 예배를 드리지 않는 경우를 '분리모델'이라 하고, 함께 예배드리는 것을 '통합모델'이라고 명명하겠다. 최근의 교회들이 취하는 분리모델의 문제점은 무엇일까? 또한 분리모델의 대안으로서 통합모델이 지닌 유익은 무엇일까? 이와 관련해 몇 가지 측면을 다뤄보도록 하겠다.

첫째, 아이들과 어른들이 분리되어 예배를 드리게 되면, 신앙의 내용과 문화가 세대별로 분리되는 현상이 심각하게 나타날 수 있다. 교회 공동체 안에서 신앙의 소통이 불가능해지며 신앙의 전수 또한 구조적으로 어려워진다. 신앙은 지식을 넘어 삶으로 통합되어야 하는데, 신앙교육의 가장 중심부에 위치한 예배를 함께 공유하지 않으면서 통합적인 신앙교육을 바라는 것은 불가능한 일이다. 예배를 분리함으로써 부모들의 신앙문화를 자녀들의 신앙문화에 연결하는 고리가 사라지게 되기 때문이다.

따라서 자녀의 신앙교육을 위해서라도 예배에 어른과 아이들이 함께 드리는 통합모델을 다시 회복해야만 한다. 세대를 통합하는 예배 모델은 경건한 가정을 세우고 건강한 교회를 만드는데 큰 역할을 할 것이다. 아이들은 어른들과 함께 일반 공예배에 참석하면서 부모 세대의 신앙을 자연스럽게 배울 수 있을 것이다. 어른들이 만나고 믿는 하나님을 아이들도 똑같이 배우며 만날 수 있을 것이다. 어른들이 찬송하고 기도하며 예배하는 자세를 보면서 아이들은 많은 것들을 배울 수 있을 것이다. 아이들도 어른들과 똑같이 하나님 나라의 백성이며 회중의 일원이다. 하나님께서는 어른들만의 하나님이 아니시다. 그분은 아이들의 하나님이시기도 하다. 그분은 아이들을 멀리하고 어른들만 가까이 하시는 분이 아니다.

둘째, 분리모델을 선택하는 이유 중 하나는 아이들은 일반적으로 긴 공예배의 시간을 참아낼 수 없다는 선입관에 근거한다. 물론 아이들이 예배 시간에 버릇없이 굴거나 떠들어서 분위기를 흐리거나 인내하지 못하는 부분은 해결해야 할 과제다. 하지만 그런 현실 때문에 본질을 바꾸는 것은 어리석은 일이다. 오히려 본질을 살리기 위해 현실을 바꾸며 변형시켜야 한다. 예배는 하나님의 백성에게 본질이다. 아이들은 언약백성으로 하나님의 자녀이다. 그리고 하나님의 자녀이면 예배에 반드시 참석해야 한다. 하지만 교회는 방향을 잘못 잡았다. 즉, 버릇없는 아이들을 위해 그들만의 예배를 따로 만든 것이다. 이것이 어른들에게는 속 시원한 방법일지도 모르지만, 예배의 본질을 생각해 보면 매우 위험한 조치가 아닐 수 없다. 먼저 아이들을 부모들이 보이지 않는 곳으로 분리시킴으로써 부모의 예배하는 태도를 자녀들에게 가르칠 기회를 상실하게 된다. 교회가 부모 대신 주일학교에서 예배하고 훈련시킨다고는 하지만, 그것이 성공적이라고 믿는 사람이 얼마나 될까? 아이들은 주일학교에서 인내심이 훈련되기는커녕 나쁜 쪽으로 강화되는 경우가 많다. 따라서 오히려 어릴 때부터 아이들에게 예배를 훈련시킴으로써 예배의 본질을 잘 교육하는 것이 필요하다.

셋째, 거룩한 예배에 아이들이 방해가 된다면서 어른들이 짜증을 내거나 화를 내는 경우가 있다. 물론 아이들의 부모는 예배에서 그들을 통제하고 그들에게 예배의 중요성을 일깨우는 교육을 지속해야만 한다. 이것이 부모에게 맡겨진 책무다. 하지만 예배 가운데 아이들이 있기 때문에 발생하는 약간의 소음이나 움직임은 다른 어른들이 너그럽게 봐주어야 할 부분이다. 오히려 어느 정도의 소음과 소란이 있다는 것은 교회에 생명이 있다는 반증이기도 하다. 비록 아이들이 없는 교회가 조용할 수는 있겠지만, 궁극적으로 그 교회에는 미래가 없다. 요즘 교회들에서는 아이들이 없어 아우성이다. 대부분의 교회가 노인들만 남아 있는 고령화 교회가 되었기 때문이다. 이런 점에서 아이들은 교회의 미래라 할 수 있으며, 예배의 통합모델은 현재뿐만 아니라 교회의 미래를 위해서도 꼭 필요하다고 하겠다.

넷째, 아이들만 따로 예배하는 것이 필요하다고 생각하는 또 다른 이유는 담임목사님의 설교가 아이들이 듣기에는 어렵다는 것이다. 어느 정도 일리가 있는 말이다. 일반적으로 아이들에게는 그들에게 맞는 언어로 단순화해서 가르치는 것이 더 효율적이라고 말한다. 특히 단순한 지식전달의 차원에서는 더욱 그렇다고 한다. 연령에 따라 이해의 수준에서도 차이가 난다. 특히 성장 속도가 빠른 아이들에게는 그 특징이 더욱 도드라진다. 그렇다고 담임목사가 모든 연령대의 수준에 맞춰 설교하기도 쉽지 않은 일이다. 그러면 어떡해야 할까? 아이들만 따로 예배하는 것이 대안이 되는 걸까? 사실 부모의 언어가 자녀들에게 어렵다고 해서 자녀들을 가정에서 분리시켜 유아원이나 유치원에서만 살게 해야 한다고 주장하는 사람은 없을 것이다. 마찬가지로 담임목사의 설교가 어렵다고 해서 예배의 분리모델을 따라야 한다고 주장하는 것은 적절하지 못하다.

오히려 분리모델로 잃게 되는 것이 너무 크다. 신앙은 단순한 지식 전달 이상이다. 설교를 잘 이해하는 것도 중요하지만, 설교 이외에 예배에서 배우게 되는 것들이 매우 많다. 온 가족이 함께 주일을 준비하고 함께 예배에 참석하는 과정에서 자녀들은 하나님 안에서 한 공동체를 경험하게 된다. 온 가족이 함께 찬양하고, 기도하고, 설교를 듣고, 헌금하고, 하나님의 복을 받는 과정에서 자녀들은 수많은 영적인 교육과 유익을 누리게 된다. 그러나 분리모델에서는 이런 것들을 배울 수 없다. 물론 분리모델은 아이들 수준에 맞는 설교를 들려줄 수는 있을 것이다. 그러나 보다 중요한 것, 곧 부모가 자녀들에게 하나님에 관해 가르칠 수 있는 기회를 빼앗는다. 반면 통합모델은 부모가 아이들과 함께 같은 설교를 듣고 예배 후 집에서 설교에 대해 함께 얘기할 수 있게 한다. 그때 아이들은 자신의 수준에서 이해한 것을 얘기할 수 있다. 부모는 그런 자녀들의 얘기를 들으면서 그들에게 맞게 신앙을 전수할 수 있다. 뿐만 아니라 통합모델은 자녀들이 부모가 예배하는 모습을 자연스럽게 보고 배울 수 있게 한다. 하지만 분리모델은 부모의 예배하는 모습이 아니라 떠들고 장난치는 친구들의 예배 모습에서 예배에 관해 부정적인 영향을 받을 수 있고, 이로 인해 신앙교육에 역효과를 가져올 수도 있다.

그러므로 비록 담임목사의 설교가 아이들에게 어려울 수도 있지만, 그 결과는 성령님께 맡기고 부모는 자기 책임을 다하는 것이 중요하다. 부모가 자녀와 함께 예배의 자리에 앉아 말씀을 들을 때, 성령님께서 자녀들의 마음속에 적절한 믿음을 일으키실 것이다. 비록 아이들이 설교를 다 이해하지 못한다 하더라도, 그들은 설교를 듣는 어른들의 모습을 보면서 하나님께 예배하는 것을 배우게 될 것이다. 사실 아이들은 예배와 설교에서 어른들이 생각하는 것보다 훨씬 더 많은 것을 배우고 깨닫고 경험한다는 것도 알아야만 한다.

4. 어른들과 아이들이 함께 예배하는 모델

개혁신앙을 따르는 장로교회와 개혁교회는 자녀와 부모가 따로 예배하는 것을 좋아하지 않는다. 그들은 언약신앙을 믿고 실천하기 때문이다. 그들은 언약의 자녀들을 신앙으로 양육하기 위해서는 자녀들과 함께 같은 자리에서 같은 시간에 예배하는 것이 중요하다는 것을 안다. 필자가 경험한 네덜란드 개혁교회에서는 아예 주일학교가 없었다. 아이들은 주일에 그들의 부모와 함께 예배했다. 온 가족이 한 자리에 줄 지어 앉았는데, 그야말로 장관이 아닐 수 없었다. 일곱 명의 자녀가 엄마 아빠를 중심으로 앉아 있는 모습을 보면, "밥을 먹지 않아도 배부르다."라는 말이 실감난다. 한국교회의 성도들은 '주일학교가 없으면 신앙교육을 어떻게 하지?'하고 염려할지 모르지만, 그들은 매일 세 번 가정예배를 함으로써 자녀들에게 성경을 가르친다. 뿐만 아니라 자녀가 중학생이 되면서부터는 주중 하루 저녁시간에 교회의 담임목사로부터 직접 교리문답을 배운다. 이것을 무려 6년 동안이나 계속한다. 이 과정을 마치면 비로소 입교(공적 신앙고백)를 하고 성찬에 참여한다. 그러니 주일에 굳이 주일학교가 따로 운영될 필요가 없다. 다만 온 가족이 함께 예배하며 하나님께 영광을 돌리고 하나님을 즐거워할 뿐이다.

5. 나가며

필자의 교회는 개척초기부터 온 가족이 함께 예배했다. 아이들도 부모와 형제들이 함께 예배하는 것을 좋아한다. 예배 시간에 크게 떠들거나 움직이지도 않는다. 엄마와 아빠가 옆에서 함께 예배하니 오히려 안정감이 있다. 혹시 아이들의 예배 자세가 흐트러지더라도 부모가 바로 교정해 줄 수 있다. 물론 아이들 스스로도 부모의 예배 태도를 보면서 많은 것을 배우게 된다. 교회를 방문하는 사람들은 하나같이 이러한 예배 분위기를 보고서 놀란다. 물론 그 중에는 '우리 아이들은 이렇게 예배할 수 없어'라고 하면서 주일학교에서 따로 예배하는 교회를 찾아가는 사람들도 있다. 하지만 부모들의 염려와 달리 아이들은 이런 분위기에 금방 익숙해지고 배우게 된다.

한국교회가 이런 아름다운 전통을 다시 회복할 수 있기를 바란다. 특별히 세대 간의 단절로 인해 신앙교육의 위기가 점점 커져가는 시대에 예배의 세대 간 통합모델이 하나의 대안이 될 수 있기를 바란다.

<토론을 위한 질문>

1) 저자가 말하는 분리모델과 통합모델은 무엇을 의미하나요?

2) 분리모델의 문제점은 무엇이며, 통합모델의 유익은 무엇일까요?

3) 교회에서 분리모델을 하는 이유는 무엇이며, 그 이유에 있는 맹점들은 무엇인가요?

4) 세대통합예배에 대해 배운 것을 말해 보세요.

6장
교리문답 교육

아이에게 교리문답을 가르칠 필요가 있을까? 포스트모던 시대에 교리라니? 구시대적인 발상이 아닌가? 많은 성도들이 이렇게 회의적으로 질문한다. 또는 '요즘 아이들에게 교리를 가르쳐?'라며 손사래를 치기도 한다. 믿음은 누구의 강요에 의해서가 아니라 스스로 자유롭게 선택하도록 해야 하는 것인데, 아이에게 교리를 먼저 가르칠 경우, 아이가 편견에 사로잡혀 이러한 자율성이 침해될 뿐만 아니라 심지어 성령님의 사역까지도 방해하는 결과를 낳게 될 거라고 염려한다. 그러나 이런 염려가 타당한 것일까? 오히려 이런 염려 때문에 그 동안 한국교회가 교리교육을 등한시 해왔는데, 지금 그 결과가 어떠한가?

포스트모던 시대를 사는 현대인들은 절대적인 진리를 인정하지 않으려 한다. 그러나 그리스도인들은 이런 시대적인 흐름에 맞서 변치 않는 절대적인 진리를 믿을 뿐 아니라 이 진리를 그들의 자녀들에게 전수해야 한다. 하나님께서 천지를 창조하셨다는 것, 인간은 타락하여 죄와 비참 가운데 살고 있다는 것, 하나님께서 예수 그리스도로 말미암아 인간을 죄와 비참 가운데서 구원하셨다는 것, 성령님께서 그 구원을 믿는 모든 자들에게 적용하시며 성취하신다는 것 등과 같은 사실을 변치 않는 진리로 자녀들에게 가르쳐야 한다. 이를 위해서 필요한 것이 교리교육이다. 교리는 절대적인 진리인 성경과 복음의 핵심을 잘 요약한 논리적인 체계이기 때문이다. 그런데도 아이들에게 교리를 가르치지 말아야 하는가?

어떤 사람은 아이가 신앙적인 질문, 곧 하나님과 인간에 대해 질문이 생길 때 비로소 교리를 가르치는 것이 좋지 않겠냐고 말한다. 하지만 진리는 어릴 때부터 가르치는 것이 더 바람직하다. 왜냐하면 '의문(질문)'은 쉽게 '의심'의 단계로 넘어가는데, 대개 이 '의심'은 불신앙에서 시작되는 경우가 많고, 따라서 일단 '의심'이 시작되면, 사탄의 공격이 이미 시작된 거라서 그 때는 늦게 되는 경우가 많기 때문이다. 그래서 질문이 생길 때보다 어릴 적부터 교리를 가르치는 것이, 또는 아이에게 의심이 생기기 전에 미리 답을 가르쳐 주는 것이 교육적으로도 맞다. 한편 진리는 곧 생명과도 같은 것이기 때문에 교리를 교육하는 것은 아이들의 생명과도 관련된다고 볼 수 있다. 즉, 물에 빠졌을 때 헤엄칠 수 있도록 미리 수영을 가르치는 것처럼 교리교육도 그와 같은 의미가 있다는 것이다. 사실 교리로 잘 무장된 아이들은 이단이 교묘한 말로 접근해 올 때 무엇이 틀렸는지 쉽게 분별할 수 있다. 이런 점에서 오늘날과 같은 포스트모던 시대에, 그래서 모든 것이 상대화되고 불확실한 시대에 더더욱 아이들에게 교리를 교육하는 것이 필요하다고 말할 수 있다.

1. 교리와 교리교육의 역사

1) 교리란?

 '교리'(敎理)란 무엇인가? '교리'는 '신앙의 체계, 원리, 이치'를 말한다. 교리를 '요리'(要理)라고 부르기도 한다. '요리'는 '중요한 교리', 혹은 '요긴한 교리'라는 뜻이니 '교리'와 크게 다른 말이 아니다. 물론 성경에는 '교리'라는 단어가 나오지 않는다. 대신 '교훈'이라는 말이 나온다. 하지만 이 '교훈'을 '교리'로 번역할 수도 있다. 그래서 가령, "다른 교훈"(딤전 1:3)은 '다른 교리'로, "바른 교훈"(딤전 1:10)은 '바른 교리'로 볼 수도 있다. 왜냐하면 '교훈'을 뜻하는 라틴어는 '독트리나'(doctrina)인데, 여기서 영어 '독트린'(doctrine)이 나왔고, 이를 우리말로 번역한 것이 '교리'이기 때문이다. 그러므로 교리는 성경과 다른 별개의 어떤 것이 아니다. 오히려 교리는 성경이 말하는 것이요, 성경의 내용을 잘 요약하고 정리한 것이다.

 '하이델베르크 교리문답'(Heidelberg Catechism, 1563년) 혹은 '웨스트민스터 소교리문답'(Westminster Shorter Catechism, 1647)에서 '교리문답'이란 '카테키즘'(catechism, *catechismus*)을 우리말로 의역한 것이다. 대체로 교리가 문답식으로 구성되어 있기 때문에 '카테키즘'을 '교리문답'으로 번역했지만, 사실 '카테키자러'(*catechizare*)라는 라틴어는 '교육하다'(가르치다)라는 뜻이다. 그러니까 '카테키즘'을 제대로 번역하자면, '신앙교육서'라고 하는 것이 의미상 맞는 것이다.

2) 종교개혁가들과 교리

 종교개혁 때부터 개신교회는 교리를 중요하게 여겼다. 똑같은 성경을 가지고도 다른 내용(교리)을 믿었던 로마교회 때문이다. 로마교회(The Roman Catholic Church)는 중세 천년 동안 성경의 진리에서 멀어졌다. 개혁가들은 그들의 어긋나고 잘못된 교리를 바로 잡는 일을 했다. 나아가 진리의 말씀인 성경을 바르게 정리해서 성도들에게 가르쳤다. 이렇게 해서 만들어진 것이 개신교회의 신앙고백서들과 교리문답서들이다. 그것들은 당시 핍박받았던 성도들에게 큰 힘이 되었다.

종교개혁가들은 신앙고백서와 요리문답서를 많이 만들었는데, 가령 루터(M. Luther)는 어린이를 위한 소교리문답서와 어른을 위한 대교리문답서를, 칼빈(J. Calvin)은 교리문답서를, 츠빙글리(Zwingli)는 신앙고백서를 만들었다. 이런 식으로 지금까지 개신교회가 만든 신앙고백서들이나 교리서들이 무려 64개 정도나 된다고 한다.

3) 교리교육의 의미

교리는 신앙에서 '지도'와도 같다. 지도는 넓은 지형을 한눈에 볼 수 있도록 간결한 그림과 기호로 표시한다. 그래서 지도를 보면, 무엇이 어디에 있는지 쉽게 파악할 수 있고, 원하는 곳을 쉽게 찾아갈 수 있다. 요즘에는 비록 종이지도는 사라졌지만, 웹지도나 내비게이션을 활용해 목적지로 가는 길을 쉽게 파악할 수 있다. 내비게이션은 이제 현대인의 필수품이 되었다.

그런데 아무리 지도가 있더라도 직접 현장을 살펴보지 않으면 아무 소용이 없다. 지도만 보고 '다 봤다!'라면서 집으로 돌아가는 어리석은 사람은 없다. 지도는 실재를 대체할 수 없다. 다만 실재를 잘 볼 수 있도록 도와주는 보조도구일 뿐이다. 교리도 마찬가지다. 교리는 성경을 잘 이해하도록 도와주는 '보조도구'로서 지도의 역할을 할 뿐이지, 성경 자체는 아니다. 그러므로 교리를 배운 사람이라도 반드시 성경을 직접 읽어야만 한다.

또한 아무리 정확한 지도라도 오류가 있을 수 있는 것처럼, 교리 역시 대부분이 정확할지라도 틀린 부분이 있을 수도 있다. 따라서 만약 교리에 성경과 일치하지 않는 부분이 있다면, 먼저 그것을 겸손하게 인정할 수 있어야 한다. 그런 다음 현명한 사람이라면 조심스럽게 그것을 조사하고 검사한 후 결론을 내리고 절차에 따라 수정할 수 있을 것이다. 교리는 실재 자체가 아니고 보조도구이기 때문이다. 오직 성경만이 최종 권위를 가질 뿐이다.

한편 사도들이 활동했던 초대교회 때부터 교리문답 형태의 교리교육이 있었던 것으로 알려져 있다. 특히 '질문하고 답하는 형식'의 문답은 오랫동안 사랑 받아온 교육방법이다. 그것이 소위 교리문답교육(catechism)이다. 초대교회는 불신자에게 세례를 주기 전에 그들의 신앙교육을 위해 교리를 가르쳤는데, 이것이 후에는 성도들의 자녀들에게 성경의 교리를 가르치기 위한 목적으로 사용되었다.

2. 한국교회의 현실

앞에서도 말했듯이 한국교회의 큰 특징은 '복음주의'(福音主義)이다. 복음주의는 그 특징상 교리를 홀대하는 경향이 있는데, 그 이유를 다음과 같이 세 가지로 정리할 수 있다.

첫째, 오직 성경(sola scriptura)을 믿지만 전체 성경(tota scriptura)에는 소홀하다는 것이다. 복음주의 교회는 성경을 하나님의 말씀으로 믿는다. 하지만 성경을 전체적으로 알지 못하기 때문에 이단의 공격에 매우 취약하다. "우리 교회는 성경만 믿고 가르친다."라는 말이 귀하게 들리기도 하지만, 다른 한편에선 걱정이 되기도 한다. 왜냐하면 성도들에게 교리를 가르치지 않을 경우, 결국 성경에 관해서 목사 개인의 생각이나 신념에 의존할 수밖에 없게 되기 때문이다. 그런데도 많은 교회들이 오직 성경만 주장하면서 교리를 제쳐두고 가르치지 않는다. 그런 사이에 교리는 이단들의 전유물이 되고 말았다. 그러나 거짓 교리는 배척해야 하지만, 바른 교리는 배워야 한다.

둘째, 개인의 신앙과 경험을 강조하기 때문에 객관적인 교리는 쓸모없다고 생각하는 것이다. 많은 성도들이 교리는 잘 몰라도 개인이 은혜만 받으면 그만이라고 생각한다. 그들은 교회가 바른 진리를 파수하고 전파하는 데는 별 관심이 없다. 단지 개인의 신앙만이 중요할 뿐이다. 이런 신앙의 개인화에서는 교리가 자리할 곳이 없다.

셋째, 전도와 선교를 강조하고 우선하다보니 교리에 대한 이해가 뒤로 밀리고 축소되는 것이다. 한국교회는 열심히 전도해 세계 최고의 교회성장을 이루었다. 그러다보니 교회성장에만 관심을 쏟고 바른 교리를 가르치는 데는 관심을 두지 않았다. 교회의 성도들을 전도대원으로 교육해서 파송하기에 급급했다. 그들을 참된 제자로 만들기 위해 교리를 교육하는 데는 소홀했다.

3. 교리교육의 유익

하나님께서는 우리에게 성경을 주셨다. 성경은 믿음으로 구원에 이르는 지혜가 있게 한다(딤후 3:15). 우리는 성경을 통해 하나님께서 누구신지, 그분께서 우리를 위해 무엇을 하셨는지, 우리가 어떻게 구원을 받을 수 있는지, 우리가 어떤 삶을 살아야 하는지에 대해 알 수 있다. 성도는 성경을 읽고 연구하고 묵상함으로써 구원을 얻을 뿐만 아니라 성장한다.

그런데 왜 성경 외에 교리를 배워야 하는가? 성경에 뭔가 부족한 것이라도 있단 말인가? 종교개혁자들이 주장했던 '오직 성경'(Sola Scriptura)이라는 구호는 어디에 갔는가?

예수님께서는 "내가 너희에게 분부한 **모든 것**을 가르쳐 지키게 하라"(마 28:20)라고 명령하셨다. 우리는 '오직 성경'을 가르쳐야 하는 동시에, '모든 성경'(Tota Scriptura)을 가르쳐야 한다. 그런데 방대한 성경을 모두, 그리고 전체적으로 잘 가르치기 위한 최고의 방법은 교리를 가르치는 것이다. 교리가 주는 유익을 다음과 같이 정리할 수 있다.

첫째, 방대한 성경을 짧게 가르치고 배울 수 있다. 처음 신앙생활을 하는 사람에게는 단기간에 성경의 핵심을 가르쳐 줄 필요가 있다. 또한 어린 언약의 자녀들에게도 성경을 요약해서 가르쳐야 한다. 이를 위해 신앙고백서와 어린이를 위한 소교리문답은 매우 유용하다.

둘째, 이해하기 어려운 성경을 쉽게 배울 수 있다. 성경에는 이해하기 쉽지 않은 부분도 있고, 서로 상충되어 보이는 내용들도 있다. 교리는 이러한 내용들을 이해하기 쉽고 일관성 있게 정리한 것이기 때문에 누구나 쉽게 이해할 수 있다. 이로써 성도는 자신이 믿는 바인 도리(道理)에 대해 다른 사람들에게도 말할 수 있게 된다.

셋째, 신앙을 논리적인 순서에 따라 이해할 수 있다. 하나님께서는 우리에게 논리적으로 생각할 수 있는 능력을 주셨다. 따라서 신앙을 논리적이고 체계적으로 이해하는 것은 신앙의 성장에 크게 도움이 된다. 이를 위한 좋은 방법이 교리문답을 공부하는 것이다.

넷째, 이단 교리에 변론하고 기독교 진리의 탁월성을 증거할 수 있다. 교회 안에는 시작될 때부터 다른 신앙 또는 이단을 쫓는 사람들이 있었다. 그런 이단들의 주장에 반박하고 변론하기 위해서는 성경의 진리를 정확하게 진술할 수 있어야 한다. 바울도 에베소교회 장로들에게 교회를 흩으려는 사나운 이리를 조심하라고 권면했는데, 이런 권면은 오늘날에도 여전히 유효하다(행 20:29-30). 교회는 지금껏 사도신경, 니케아신경, 콘스탄티노플 신경, 아타나시우스 신경, 하이델베르크 교리문답, 벨직 신앙고백, 도르트 신경, 웨스트민스터 신앙고백, 대·소교리문답 등을 만들어 왔다. 이것들은 성경의 내용을 탁월하게 요약하고 진술하는 교리들이다. 따라서 교회는 이것들을 소중하게 여기고 가르쳐야 한다.

다섯째, 교회의 하나 됨을 지키기 위해서도 좋다. 예수 그리스도의 교회는 보편적이다. 시대와 장소를 넘어 예수 그리스도의 자녀들은 하나님의 말씀으로 하나를 이룬다. 성경에 대해 다른 해석, 곧 다른 믿음을 가지는 이단들이 많은 시대에 교회가 하나의 보편(one catholic) 교회의 입장에서 같은 신앙을 고백하는 것은 매우 의미 있는 일이다. 이를 위해서는 시대와 장소를 뛰어 넘는 신앙고백이나 교리문답 형태의 교리가 필요하다.

4. 교리교육의 방법

어떻게 아이들에게 교리를 가르칠 것인가? 외국교회들이 시행하는 교리교육의 예를 살펴보면 좋겠지만, 사실 그들과 우리는 역사와 환경과 여건 등에서 많이 다르다. 그렇기 때문에 여기서는 우리나라에서 아이들에게 교리를 교육해 본 필자의 경험을 중심으로 소개해 보고자 한다.

첫째, 연령대를 너무 염려하지 말라는 것이다. 필자가 섬기는 다우리교회는 매주 하루 저녁에 모여 고등학교 1학년 학생들에게 교리를 가르친다. 여기에는 부모들과 청년들도 참석할 수 있다. 물론 교육은 아이들의 수준에 맞추어 진행한다. 학생들의 연령대를 나눌 수 있다면 그렇게 해도 상관없다. 연령대가 같으면 공감대가 같기 때문에 적용도 쉬워진다는 장점이 있기 때문이다. 하지만 그럴 경우, 다양한 연령대가 지닌 고민들을 경험할 수 없다는 단점도 있다. 따라서 신앙교육은 연령대를 너무 세밀하게 나누지 않아도 크게 상관없다. 예수님께서도 어린 아이를 본받아야 한다고 말씀하시지 않았는가! 적어도 신앙은 나이로 단계를 나누기 어렵다.

둘째, 교리를 암송하라는 것이다. 교리교육의 꽃은 암송이다. 암송하지 않고 이해만 하면 자신의 것으로 만들기가 어렵다. 성경암송은 들어보았지만 교리암송은 처음 듣는 얘기일 수도 있다. 그러나 다시 말하지만, 교리는 성경의 요약이요 핵심이다. 따라서 교리를 암송하는 것은 복음을 이해하는 지름길이 된다. 서양교회들은 전통적으로 어릴 때부터 교리를 매주 주일 교회 앞에서 암송하도록 했다. 비록 암송이 힘들고 노력을 필요로 하는 것이지만 좋은 교육 방법임에는 틀림없다. 교육을 시작하기 전에 먼저 교리문답을 암송하도록 하자.

셋째, 단순하고 명료하고 쉽게 설명하라는 것이다. 복음은 복잡하지 않다. 교리 역시 단순하고 명료하다. 다만 인간이 복잡할 뿐이다. 불신앙으로 가득 찬 인간이 진리를 복잡하게 만들 뿐이다. 이는 현실을 들고 복음에 접근하기 때문이다. 그러나 하나님의 진리와 복음은 분명하고 명료하고 단순하기 때문에, 그 가르침 역시 명료하고 쉬워야 한다. 무식한 자나 어린 아이도 이해할 수 있는 언어로 가르쳐야 한다. 그런 교사가 훌륭한 교사다.

넷째, 가정예배를 통해 교리를 가르치라는 것이다. 교회에서만 교리를 배우는 것이 아니라, 가정에서도 부모와 자녀들이 함께 교리를 배울 수 있다. 필자가 쓴 『교리와 함께 하는 365가정예배』(세움북스, 2015)를 사용하면 유익할 것이다.

다섯째, 아이들에게 적실성 있게 가르치라는 것이다. 교리는 대체로 아이들이 관심을 갖고 흥미 있어 하는 주제들을 다루지 않는다. 삼위일체, 그리스도의 신성과 인성, 구원, 칭의, 성화, 재림 같은 것들은 아이들의 흥미꺼리가 아니다. 그렇기 때문에 이런 것들을 다룰 때는 최대한 아이들의 수준에 맞는 고민과 문제제기를 할 필요가 있다. 배운 내용을 자신의 것으로 만들 수 있도록 새로운 질문을 던지고 생각하도록 해야 한다. 이것이 가르치는 자의 지혜며 책임이다. 예를 들면, 질문을 하고 바로 답을 읽으면 재미가 없다. 그보다는 질문을 하고 여러 가지 가능한 답을 생각하도록 시간적인 여유를 가지는 것이 좋다. 질문이나 의심이 생기는 것에 염려할 필요가 없다. 그런 것을 통해서 더 구체적인 질문을 던질 수도 있으며, 나아가 모두가 참여하는 역동적인 공부가 될 수도 있기 때문이다.

5. 나가며

네덜란드 개혁교회는 1618~19년에 열린 도르트(Dordt) 회의에서 세 가지 교리(벨기에 신앙고백, 도르트신경, 하이델베르크 교리문답)를 정식으로 받아들였다. 그 중 하이델베르크 교리문답은 목사가 매주일 설교하도록 법으로 확정되기까지 했다. 네덜란드 개혁교회는 지금도 이 교리들을 아끼고 사랑하면서 매주일 설교할 뿐만 아니라 주중에 자녀들에게 담임목사가 직접 가르치기까지 한다. 그렇기 때문에 자녀들은 입교할 때쯤 되면 모든 교리를 외울 수 있게 된다. 그들은 적어도 기본적으로 6년 동안 교리교육을 받는다. 이렇게 교육을 받은 아이들은 교회를 떠나지 않을 뿐만 아니라 능동적으로 복음을 전하게 된다.

오늘날 한국교회가 여전히 복음을 영향력 있게 증거할 수 있기 위해서는 무엇보다 하나님의 말씀을 잘 보존해야 하지만, 그 못지않게 교회의 다음세대인 자녀들에게 말씀을 잘 전수하는 데 힘을 쏟아야만 한다. 이를 위해서 교리를 가르치는 것은 필수적이다. 교리가 성경을 잘 요약하기 때문이다.

※ 참고할 책

임경근. 『교리와 함께 하는 365 가정예배』. 세움북스, 2015.
황희상. 『지금 시작하는 교리교육』. 지평서원, 2013.
황희상. 『특강 소요리문답(상하)』. 흑곰북스, 2011, 2012.
이성호. 『특강 하이델베르크 요리문답(상하)』. 흑곰북스, 2013.

<토론을 위한 질문>

1) 오늘날 여전히 교리문답 교육이 필요한 이유는 무엇인가요?

2) 교리란 무엇인가요? 성경에서는 '교리' 대신 어떤 단어를 사용하고 있나요?

3) 저자는 '교리'를 무엇에 비유하나요? 이 비유를 통해서 교리를 설명해 보세요.

4) 교리문답 교육의 유익은 무엇인가요?

5) 교리문답 교육에 대해 배운 것이 무엇인지 나눠 보세요.

7장
멀티미디어

복음주의는 특성상 세상에 대한 관심이 적다. '성(聖)과 속(俗)' 또는 '세상과 교회'를 분리하는 이원론적 사고가 작동하기 때문이다. 이런 사고는 주일에만 관심을 집중하고 남은 주중의 삶에는 별로 관심을 두지 않는다. 전도와 선교에는 열정적이지만, 다른 삶의 영역에는 시큰둥하다. 결국 삶의 양태로서 작동하는 문화에도 관심이 적을 수밖에 없다. 복음주의의 영향 아래 있는 성도들의 일반적인 삶의 모습은, 첫째, 세상을 피하고 등을 지거나, 둘째, 적당하게 세상과 타협하는 것이다. 그도 아니면, 셋째, 기도로 세상을 초월하려 한다. 이에 반해 개혁신앙은 성도의 삶에 적극적인 관심을 둔다. 가정과 직장, 그리고 학교에서 성도들이 어떻게 성경적으로 살 것인가를 고민하고 애쓰도록 독려한다. 그들이 살아가는 터전인 문화를 변혁시켜 가도록 도전한다.

오늘날 현대인들에게 멀티미디어의 영향력은 가히 폭발적이다. 텔레비전의 등장과 인터넷의 발전, 게임기기의 개발, 그리고 그 정점에 있는 스마트폰의 영향은 거의 절대적이다. 현대인에게서 우상은 이제 'IT'

(Intelligence Technology)라고 해도 과언이 아니다. 그렇다면 성도는 이 같은 인간의 이기인 멀티미디어를 어떻게 사용해야 할까? 이것들이 우상이 되지 않도록 하려면 어떻게 해야 할까?

1. 문화가 있기나 한가?

요즈음 어린이 문화는 무엇일까? 아니 그런 문화가 있기는 한 걸까? 어린이 문화에 대해 고민하는 사람들이 있지만, 다들 어린이 문화에 대해 물음표만 던질 뿐 답을 찾기가 어렵다. 얼마 전까지만 해도 어른과 대비되는 어린이만이 누릴 수 있는 문화가 있었다. 예를 들면, 집 밖에서 하는 놀이로 딱지치기, 말 타기, 구슬치기, 고무줄놀이, 땅따먹기, 자치기, 공차기, 썰매타기, 연 감기 등 수많은 놀이들이 있었고, 집안이나 뜰에서 하는 놀이로 단추 돌리기, 공기놀이, 윷놀이, 눈싸움, 고누, 꼬리잡기 등이 있었다. 그러나 아쉽게도 이런 놀이들은 이제는 박물관에서나 찾아볼 수 있는 놀이들이 되었다.[1]

오늘날 어린이들은 많은 시간을 학교나 학원에서 보내고 있다. 정확히 말하면, '어린이'가 아니라 '학생'이다. 어른들이 처음 보는 아이를 만날 때 하는 첫 질문은 "너 몇 학년이니?"이다. 어린이의 정체성을 일단 '학생'으로 두는 것이다. 그도 그럴 것이 대부분의 아이들이 많은 시간을 학교에서 보낸다. 더군다나 학교를 마치면 또 다시 학원으로 총총걸음을 옮긴다. 더 이상 어린이들의 문화는 '놀이문화'가 아니다. '공부문화'다. 어린이들은 공부를 '위한', 공부에 '의한', 공부'의' 존재들이 되었다. 물론

---

[1] 오진희 글, 신영식 그림, 『짱뚱이의 우리는 이렇게 놀았어요 2』, 파랑새어린이, 2013을 참고하라.

어린이는 지식을 배워야 한다. 하지만 그것에만 전념하다 보면 어린 시절에만 누릴 수 있는 것들을 놓쳐버릴 수 있다. 어린 시절 이후에는 맘껏 뛰놀 수 있는 시간과 공간이 없고, 자연과 친숙해지거나 부모와 함께 할 수 있는 여유가 절대적으로 부족해지기 때문이다. 그런데 요즘 어린이들은 벌써부터 이런 삶과 환경으로 내몰린다. 그들은 더 이상 어린이다운 삶을 살지 못하고 있다.

필자가 살고 있는 아파트 단지에는 어린이를 위한 놀이터가 있다. 그런데 이상하게도 이 놀이터에서 어린이들을 찾아보기가 힘들다. 낮에는 학교에 가고 방과 후엔 학원에 간다고 놀이터에서 놀 시간이 없기 때문이다. 더군다나 사회가 도시화 되면서 어린이들의 놀이문화도 몇 가지로 제한될 수밖에 없게 되었다. 아파트 환경에서 자라는 어린이들에게 옛날 어린이들이 즐기던 놀이, 곧 들로 산으로 시냇가로 나가서 놀던 놀이를 기대할 수는 없는 노릇이다. 물론 놀이문화라는 것이 시대를 거치면서 변화하기 마련이지만, 오늘날처럼 공간과 시간이 부족해서 급기야 방 안으로 놀이가 제한되는 것은 안타까운 일이 아닐 수 없다.

2. 주력 문화, 멀티미디어

현대인들은 누구나 컴퓨터, 텔레비전, 게임기, 스마트폰 등과 같은 멀티미디어 매체들을 소유하고 있다. 따라서 현대인들에게 멀티미디어의 영향은 가히 절대적이다. 이런 영향이 적었던 시절에는 집안 식구들이 한 이불 밑에 발을 넣고 둘러 앉아 도란도란 얘기를 나눌 수 있었다. 하지만 지금은 온 가족이 텔레비전을 향하여 앉아 마치 예배라도 드리는 것처럼 집중한다. 옆에 있는 가족의 얼굴을 쳐다보질 않는다. 어떤 집은 아침에 일어나자마자 TV를 켠다. 그렇게 켜진 TV는 자기 전까지 꺼지지 않는다.

특히 TV 홈쇼핑의 매력은 대단하다. 홈쇼핑이 내놓는 값싼 물건을 사지 않으면 마치 손해를 보는 것 같은 느낌이 든다. 그래서 전화기를 드는 순간 바로 결제가 이루어진다. 저녁이 되어 가족들이 모여도 자녀들은 아무 말 없이 자기 방으로 들어가 스마트폰이나 컴퓨터에 몰두해 인터넷 서핑(surfing)이나 게임을 한다. 물론 어른들이라고 해서 예외는 아니다.

이렇듯 가정 깊숙이 개인의 생활 구석구석까지 점령한 멀티미디어의 영향은 거의 절대적이다. 아니 멀티미디어는 이미 당연히 받아들여야 하는 일상의 문화요 생활필수품이 되었다. 부정할 수도 피할 수도 없는 대단한 존재가 된 것이다.

3. 멀티미디어의 특징

멀티미디어 문화의 가장 큰 특징은 상호소통이 아니라 일방통행이라는 점이다. 인간의 내부에서 출발한 것이 아니라 기계라는 타자에게서 시작된 것을 일방적으로 보거나 모방하기 때문이다. 심지어 그 내용에서도 자극적이고, 폭력적이고, 선정적이며, 비도덕적인 것들이 많다. 기독교 세계관으로 검증되거나 선택된 것이 아니다. 오히려 비기독교적인 것들로 가득하다. 어떤 사람들은 가치중립적인 내용은 문제가 없다고 말하지만, 사실 텔레비전 프로그램에서 가치중립이란 것은 없다고 보는 것이 맞다. 프로그램 제작자가 프로그램을 만들 때는 그것의 목적과 가치를 분명하게 전달하기 위해 혼신의 힘을 기울인다. 그 과정에서 비성경적인 내용이 아무런 여과 없이 전달된다. 그리스도인들 역시 이런 내용들은 아무런 여과 없이 그대로 받아들인다. 특히나 무엇이든지 쉽게 빨아들이는 스펀지와 같은 아이들은 그 프로그램이 지닌 가치나 철학을 당연한 것으로 받아들이게 된다. 그래서 논쟁을 하다가 누가 '텔레비전에서 보았다'라고 하면, 그것을 거의 진리로 받아들이는 분위기다. 이런 것만 보더라도 현대인들에게 미치는 멀티미디어의 영향력을 짐작할 수 있다.

4. 또 하나의 가족, TV?

필자의 자녀들도 한 때 텔레비전 보는 것을 정말 좋아했다. "생방송 톡톡 보니 하니"라는 프로그램을 시간 가는 줄 모르고 봤다. 깜찍하고 예쁜 사회자가 아이들의 마음과 시선을 사로잡는데, EBS 교육방송이라서 믿을 만하다고 생각하고 보도록 했다. 세 명의 아이들이 옹기종기 TV 앞에 보여 앉아 프로그램에 빠져 들었다. 그 동안 아내는 부엌에서 아이들의 저녁식사를 준비했다. 아이들은 아빠가 집에 들어와도 TV 보느라 정신이 없어 힐끗 쳐다보고 고개만 끄덕일 뿐 제대로 인사할 줄도 모른다. 식사하자고 TV를 끄라고 해도 아이들은 듣는 둥 마는 둥이다. 결국 큰 소리가 나서야 겨우 TV를 끄지만, 아이들의 얼굴에는 아쉬움이 역력하다.

1970년대에 필자의 고향에 흑백 TV가 처음 들어왔다. 산간지방이기 때문에 마을에는 TV가 몇 대밖에 없었다. 비교적 큰 가게에 한 대가 있었고, 파출소장의 집에 한 대가 있었다. 당시 유행했던 프로가 "타잔"이었다. 타잔은 토요일에 방송되는데, 그것이 얼마나 보고 싶었는지 모른다. 파출소장의 아들이 후배였기 때문에 그 덕에 눈치를 보면서도 몇 번 따라가서 보았던 기억이 난다. 그 후배 옆에는 항상 아이들이 따랐다. 그 후배는 항상 보스였다. 아이들은 그가 시키면 무엇이든지 다 했다. 그래야 타잔을 볼 수 있었기 때문이다.

그 후에 칼라 TV가 나오더니 크기도 점점 커졌다. 하루는 아버지가 TV를 사 오셨다. 얼마나 기뻤는지 모른다. 이제 친구 집에서 TV를 보지 않아도 되었다. 초저녁부터 밤늦게까지 수많은 프로그램을 즐겼고, 주말에는 명화극장을 빼먹지 않고 보았다. 부모님이 피곤해 주무셔도 난 스르르 감기는 눈을 부릅뜨고 끝까지 보았다. "연속극", "전우", "수사반장", "전설의 고향", "옥녀" 등은 아직도 기억에 남는 프로그램 제목들이다. TV는 한국 근대화의 상징이다. 현대인에게 TV는 생활의 일부다. TV 없는 삶은 상상할 수 없다. TV를 통해 뉴스, 드라마, 스포츠, 공부, 쇼핑을 할 수 있다. 이렇듯 TV는 분명 문명의 이기(利器)다. TV와 같은 대중매체가 주는 유익은 많은 정보를 각 개인과 집단에 제공한다는 것(homo sapiens)과 인간에게 오락을 제공한다는 것(homo ludens)이다. 가정에서 아이 낳는 숫자는 줄어가지만, TV 숫자는 점점 늘어간다. TV는 단순한 가구가 아니다. 이미 가족의 중요한 일원이 되었다. 가구의 배치는 물론 가족이 함께 보내는 시간도 모두 TV를 중심으로 돌아간다. 어쩌면 TV가 가족의 주인인지도 모른다.

5. TV의 감추어진 얼굴, '바보상자'

그러면 이러한 TV의 정체는 도대체 무엇이며, 이것이 우리에게 미치는 영향은 무엇인가? 학자들은 TV나 게임(컴퓨터 게임) 그 자체가 주는 폐해가 있다고 경고한다. 인간을 비롯해 동물들은 새로운 자극이 주어지면, 본능적으로 그 쪽을 바라보거나 몸을 튼다고 한다. 자극이 오는 방향에 따라 다가올 위험을 감지하고 예방하기 위함이다. 일종의 생존반응인 것이다. 이를 심리학에서는 '정향반응'(Orienting response)이라고도 한다. 그런데 TV 프로그램이나 컴퓨터 게임은 생존을 위해 비상시에 써야 할 '정향반응'을 끊임없이 쓰도록 강요한다. '정향반응'은 자극이 있을 때 본능적으로 가동되는데, TV는 1분에 다섯 번씩이나 이를 가동하도록 자극한다고 한다. 전형적인 '정향반응'에 따른 생체 변화는 뇌혈관이 팽창

하고, 심장박동이 느려지고, 주요 근육 혈관이 수축되는 것이다. 어떤 미국의 과학잡지에서 TV 중독이 심리학적으로 미치는 영향에 관해 연구했는데, 사람들은 TV를 끄자 금방 긴장 상태로 바뀌고 어느 한 곳에 집중하지 못하고 산만해졌다고 한다. 그래서 TV를 끄고 나면 편안함이 사라질 것 같은 불안감에 '감히' TV를 끄지 못한다는 것이었다. 이렇듯 TV는 이제 단순히 '바보상자'를 넘어 생존 본능까지 착취하는 '흡혈 상자'라는 별명이 붙을 지경에 이르렀다. 그런데도 멀티미디어를 아무 생각 없이 접할 수 있겠는가? 그것은 위험한 일이다.

TV뿐 아니라 컴퓨터도 마찬가지다. 컴퓨터도 현대 과학문명이 우리에게 제공한 이기(利器)다. 물론 잘 사용한다면 유익한 측면이 매우 많다. 그래서 요즘에는 어린 아이부터 노인에게 이르기까지 모두가 컴퓨터 교육을 받고 있다. 컴퓨터를 통해 사람들은 메일을 주고받으며, 메신저로 서로 대화한다. 인터넷으로 물건도 사고판다. 온라인으로 서로 만나기도 하고, 수많은 정보들을 교환한다. 오늘날은 가히 컴퓨터 없이 살 수 없는 세상이다.

문제는 컴퓨터를 하지 못할 경우, 현대인들은 불안해한다는 것이다. 인간이 컴퓨터를 통제하는 것이 아니라, 컴퓨터가 인간을 지배하기 시작한 것이다. 하루 동안 컴퓨터 앞에 앉아 있는 시간이 엄청나다. 컴퓨터로 이것저것 하다보면 한 두 시간은 눈 깜짝할 사이에 지나가 버린다. 컴퓨터 앞에 오래 앉아 있으면 있을수록 사람과의 인격적인 관계가 소원해지고, 정서적인 장애를 갖게 될 위험이 많아진다. 그런데 요즈음 아이들도 방과 후에나 방학 기간에 컴퓨터 앞에서 보내는 시간이 매우 많아졌다. 특히 아이들은 컴퓨터를 통해 게임을 많이 한다. 그에 따른 부모들의 염려가 이만저만이 아니다.

6. TV를 끄고 대화를 시작하라!

필자의 가정 얘기로 돌아가 보자. 아이들이 TV를 끄고 식탁에 앉았는데, 반응이 신경질적이었다. 아이들의 신경이 아주 예민해진 것이다. 그땐 잘 몰랐지만 지금 생각해 보니 '정향반응'에 너무 깊이 빠졌기 때문인 것으로 보인다. 평소에는 그렇지 않던 아이들이 TV를 보고 난 후에 유독 그런 반응을 보이는 것을 보고, 필자는 무언가 문제가 있다고 결론을 내렸다. 그 후 TV를 아예 보지 않기로 아이들과 함께 결정했다. 그렇게 재미있는 어린이 프로그램을 보지 않게 되자, 처음에는 아이들이 힘들어 했다. 금단현상이 나타난 것이다. 그러나 며칠이 지나면서 아이들은 적응하기 시작했다. 아이들은 점차 책을 읽든지 함께 놀이를 하기 시작했다. 지금은 아이들이 엄마가 식사를 준비하는 동안 감자 껍질을 벗기든지 콩나물을 다듬거나 방 청소를 한다. 아이들이 짜증을 부리는 일은 없어졌을 뿐만 아니라 정서적으로도 안정되고 삶도 훨씬 풍성해졌다. 아이들은 엄마를 돕게 되니 보람이 있고, 엄마도 아이들이 함께 도와주니 좋았다. 지금은 TV를 보지 않아도 얼마든지 삶이 즐겁고 기쁘다.

컴퓨터와 관련한 에피소드도 있다. 큰 아이가 초등학교 2학년 때 방과 후 학교에서 하는 컴퓨터 강좌를 들었다. 컴퓨터 수업 시간에 잘 들으면 CD를 선물하는데 큰 아이도 선물을 하나 받아 왔다. 그것은 게임 CD였다. 그것을 컴퓨터에 설치하고 게임을 시작했는데, 밥 먹을 때가 되었는데도 제 방에서 나오지 않는 것이었다. 그 뒤 방과 후 컴퓨터 특별강좌 시간에 친구들에게 게임을 배워 오더니 집에서 종종 컴퓨터 게임을 하곤 했다. 이것을 발견한 아내가 아이를 불러 놓고 못하도록 혼을 내었다. 필자는 아이가 좀 안쓰러워 보였다. 못하도록 하는 것도 중요하지만, 무엇을 해야 하는지도 가르쳐 주어야겠다고 생각했다. 곰곰이 생각한 후에 우리

집의 인터넷 카페 게시판에다 아이들의 공간을 만들어 주었다. 그랬더니 놀라운 일이 일어났다. 아이들이 얼마나 좋아하는지 그 게시판에 자신들의 글을 하루도 빠짐없이 적는 것이었다. 솔직담백하게 적은 글들을 카페 방문객들도 좋아하고 답글로 평가해주고 칭찬해 주니, 아이들도 덩달아 신이 났다. 그 후로는 아이들이 컴퓨터 게임을 하겠다고 한 적이 없다. 그것이 아니어도 얼마든지 재미있는 일들이 많았기 때문이다. 좋은 책을 읽고, 보드게임을 하고, 동생과 함께 레고 놀이(블록 놀이)를 하는 데도 시간이 부족했다.

7. 멀티미디어의 규제와 훈련의 의미

자녀들의 문화가 되어 버린 멀티미디어를 그냥 현실로 받아들여야 할까? 멀티미디어가 주는 유익은 많다. 문명의 이기를 회피할 필요도 없다. 얼마든지 유용하게 사용할 수 있다. 문제는 이것을 잘못 사용하는데 있다. 자녀들은 아직 어리기 때문에 멀티미디어가 주는 폐해로부터 결코 자유로울 수 없다. 자녀들의 가치관이나 신앙이 아직 훈련되거나 성숙하지 못한 상황에서 멀티미디어를 너무 많이 접하게 되면, 잘못된 세상의 가치관으로 오염될 가능성이 많다. 흡수력이 빠른 어린 자녀들의 경우에는 멀티미디어의 영향력이 거의 절대적이다. 자녀들은 하나님께서 주신 저마다의 독특한 특징들이 있다. 그런데 멀티미디어는 이런 자녀들의 독특성을 획일적으로 만들어 버리고 만다. 감수성이 예민한 시기에 획일적이고 모방적인 인간을 만들어내는 멀티미디어로부터 좀 멀리 떨어지도록 하는 것이 자녀들을 위해 유익하다.

문명의 이기(利器)도 잘못 사용하면 독이 될 수 있다. 어린 자녀들에게 콜라를 주지 않는 이유는 건강에 좋지 않다는 것과 중독성 때문이다.

담배와 술을 못 먹게 하는 이유도 마찬가지다. 어른들조차 멀티미디어에 한번 중독되고 나면 스스로 통제할 수 없고 거기에서 벗어나기 힘든데, 어린 자녀들의 경우에는 오죽하겠는가. 방학을 맞으면 자녀들이 할 일이 없어 멀티미디어에 중독되는 확률이 높아진다고 염려하는 사람들이 많다. 우리 자녀들은 어떤 상태에 있는가? 혹시 그들에게 중독의 요소는 없는가? 자녀들의 중독의 정도를 간단하게 측정해 볼 수 있는 방법은 그들이 TV를 보지 않거나, 게임을 하지 않거나, 컴퓨터를 하지 않으면 불안해 하는지 살피는 것이다. TV와 컴퓨터, 특히 컴퓨터나 스마트폰 게임은 자녀들의 정신 발달과 신체 발달에 많은 해를 끼칠 뿐 아니라, 정서적 불안 및 가족관계의 단절까지 초래할 수 있다.

그렇다면 멀티미디어의 내용은 어떠한가? 비록 자녀들이 보는 프로그램은 기본적으로 통제된다 하더라도, 근본적으로 그 내용들이 기독교 세계관에 의해 검증된 것들이 아니다. 오히려 많은 프로그램들이 정령숭배 사상이나 포스트모더니즘의 세계관으로 만들어진 것들이다. 하나님 없는 삶을 아름답게 꾸민 허구들이다. 컴퓨터나 스마트폰 게임도 그 내용이 파괴적이고, 잔인하고, 단순하고, 감각적인 것들이 대부분이다. 자녀들은 단순히 재미로 게임을 할지 모르지만, 이것은 심각한 문제가 아닐 수 없다. 물론 인간은 '호모 루덴스'(homo ludens)이다. 오락을 좋아하는 존재들이란 말이다. 하지만 오락이라도 그 내용과 방법을 구별해야만 한다. 부모들이 관심을 가지고 내용과 방법을 잘 살펴 선정해 주어야 한다. 그래야만 아이들이 밝고 깨끗하게 자랄 수 있다. 만약 부모가 멀티미디어를 통제하기가 힘들거나 자녀들 스스로 절제할 수 없다면, 아예 멀티미디어를 차단하는 것도 고려할 필요가 있다.

성도들의 가정에서부터 멀티미디어 문화를 멀리하는 훈련을 해 보는 것이 어떨까? 멀티미디어가 무조건 나쁘다고 말하려는 것이 아니다. 다만 멀티미디어로부터 멀어짐으로써 그것에 의해 끌려가지 않고 오히려 그것을 객관적으로 평가하고 이끌어 가도록 훈련하고자 함이다. 반드시 훈련이 필요하다. 자녀들이 성장기에 보고 배우고 체험해야 할 중요하고 좋은 것들이 많이 있다. 예를 들어, 독서나 운동, 친구관계, 놀이, 가족과의 대화 등과 같은 것들이다. 그런데 이런 것들이 멀티미디어 때문에 단절될 수 있다. 물론 그렇다고 해서 무조건 멀티미디어를 제한하는 것도 쉬운 일은 아니다. 제한이 가능한 가정도 있지만 그렇지 않은 가정도 있다. 따라서 단계적으로 제한해가는 지혜가 필요하다. 특히 TV를 보지 않거나 게임을 하지 않을 때 무엇을 할 수 있는지를 자녀들과 대화하면서 찾아가야 한다. 무조건 하지 말라고만 하면서 적절한 대안을 주지 않으면 자녀들은 순간적으로 당황하고 상처를 받을 수 있다. 하지만 적절한 대안을 제시하면 그 효과는 기대 이상일 것이다. 자녀들은 전혀 다른 세상을 경험하게 될 것이다.

8. 가정에서 부모님과 함께 하는 문화

요즘 가정은 자녀들 중심으로 돌아가는 것이 아니라 부모 중심으로 돌아간다. 자녀에게 시간이나 재정을 많이 투자하는 것 같지만, 실제로는 그렇지 않다. 무엇보다 부모가 자녀들과 함께하는 시간이 상대적으로 적다. 부모와 자녀가 함께 보드 게임을 하거나, 온 가족이 한 자리에 앉아 가족회의를 하거나, 함께 가정예배를 드리거나, 가족이 함께 산책을 하거나, 함께 등산을 하는 것과 같은 가족이 함께 하는 프로그램이나 활동은 거의 없거나 있다 해도 매우 적다. 특히 아버지가 자녀들과 함께하는 시간은 절대적으로 부족하다. 자녀들은 아침 일찍 출근하고 늦게 퇴근하는 아버지의 얼굴을 보기가 힘들다. 이런 현실에서 아버지는 가족을 위해 돈을 벌어다주는 기계로 인식될 뿐이다. 물론 자녀들은 아버지가 가정을 위해 힘써 일하시는 것을 이해한다. 선택할 수 없는 상황이기 때문에 묵묵히 받아들인다. 하지만 그들은 여전히 아버지를 필요로 한다. 자녀가 어리면 어릴수록 아버지가 더 필요하다. 아버지와 함께 보낸 시간은 자녀에게 평생 영향을 미친다.

요즈음에는 주 5일 근무제와 5일 수업이 정착되었다. 이는 가정에서 어린이 문화가 회복될 수 있는 절호의 기회다. 자녀들은 부모와 함께 할 때 가장 행복해 한다. 지금까지 또래 집단에 내주었던 자녀들을, 멀티미디어에 내주었던 자녀들을 다시 가정으로 찾아와야 한다. 부모와 형제자매가 함께하는 시간이 많으면 많을수록 어린이 문화는 더 안정적이고 풍성해질 것이다. 이것은 부모가 주도권을 쥐고 개혁해야 할 과제다. 그렇다고 부모 중심으로 가정의 프로그램을 짜라는 것이 아니다. 자녀 중심으로 프로그램을 구성해야 한다. 아버지가 자녀에게 책을 읽어주는 시간은 자녀에게 세상에서 가장 행복한 시간이다. 온 가족이 둘러 앉아 가족회의를 하거나 맛있는 음식을 먹으며 이야기를 나누는 것이 가정의 문화가 되게 하고, 자녀들이 이 공간과 시간을 행복으로 느낄 수 있도록 해야 한다. 부모와 자녀들이 함께 성경을 읽고 신앙에 관한 이야기를 나눌 때 진정한 신앙의 문화가 형성된다. 온 가족이 함께 보드게임을 하거나 함께 산책을 하는 데서 가정의 문화가 꽃피게 된다. 여기에 희망이 있다. 만약 가정에서 이런 문화가 훈련되거나 정착되지 않으면, 자녀들은 어쩔 수 없이 밖으로 나가 세상 문화에 휩쓸리고 말 것이다.

9. 나가며

　개혁신앙인은 세상의 문화를 무조건 따르지 않고 말씀에 비추어 헤아려본다. 그런데 오늘날 세상의 어린이 문화는 멀티미디어에 점령당한 매우 수동적이고, 자극적이며, 획일적인 문화이다. 이런 문화가 가져다주는 폐해는 누구나 다 알고 있다. 이제는 그에 대한 대안을 제시해야 할 때다. 필자는 이를 위해서 무엇보다 멀티미디어에서 멀어지는 것이 필요하다고 생각한다. 또한 보다 적극적인 대안으로는 가정이 나서서 어린이 문화를 창조해야 한다고 본다. 이를 위해서 부모가 가정을 위해 헌신할 수 있어야 한다. 아버지가 가장의 역할을 제대로 하지 못하면, 자녀들도 제자리를 찾지 못하게 된다. 가정이 이와 같은 개혁에 열심을 보이지 않는다면, 진정한 어린이 문화를 만들 수 없을 것이다. 어린이 문화는 가정에서부터 시작해야 한다. 개혁신앙인은 이런 문화에 적극적으로 개입해 개혁해가는 그리스도인들이다.

참고할 책

권장희, 『우리 아이 게임 절제력』. 마더북스, 2010.

<토론을 위한 질문>

1) 멀티미디어의 접근 방식은 어떤 성격이 있나요? 멀티미디어의 내용들은 어떤 특징이 있나요?

2) 멀티미디어 문화가 자녀들에게 주는 폐해는 무엇인가요?

3) 올바른 어린이 문화를 만들기 위해서는 무엇을 하는 것이 좋을까요?

4) 멀티미디어에 대해 배운 것을 나눠 보세요.

8장
사교육

우리나라의 사교육 문제는 사회를 멍들게 할 뿐 아니라 교회의 신앙까지 좀 먹고 있다. 사교육 때문에 부모들의 신앙은 물론이고 자녀들의 신앙까지 위협받고 있다. 가정은 경제적으로 파탄에 이르고 있다. 자녀들은 주일에도 학원에 간다고 예배에 참석하지 않는 경우가 다반사다. 특히 수험생들에게 주일성수를 이야기하면 현실을 모르는 무책임한 광신자라는 비난을 받기 쉽다. 여기에 사교육은 제도권의 영역을 벗어나 있기에 마땅히 해결책도 없어 보이는 실정이다. 그래서 여기서는 이러한 사교육의 문제와 영향에 관해 짚어보고, 이에 대한 개혁신앙의 해법과 대안을 찾아보기로 하겠다.

1. 사교육, 뭐가 문제인가?[1]

지금 한국사회에서 가장 큰 관심사 가운데 하나는 '교육'이다. 동시에

---

1. 임경근, 『기독교 학교 이야기』, SFC, 2009, 28-42쪽 참조.

가장 큰 문젯거리 가운데 하나도 '교육'이다. 어제 오늘의 일이 아니다. 입시 위주의 교육[2], 지나친 경쟁주의, 획일적인 교육, 인성 교육의 부재, 과도한 사교육비 지출 등은 대부분의 사람들에게 익숙한 단어들이다. 지금 우리사회에서 교육의 문제는 단순히 교육의 테두리 안에만 머물지 않는다. 과도한 사교육비 지출은 가정 경제에 막중한 짐을 부과한다. 뿐만 아니라 그것으로 사회 계층과 빈부의 대물림이 야기되고, 이는 곧 사회의 구조적인 문제를 고착화시키는 도구가 된다. '강남 8학군'이라는 교육의 명당자리는 집값 상승을 부채질하여 부동산 문제의 주범으로 지목되기도 한다. 과도한 입시 경쟁과 사교육 때문에 학생들은 문화생활을 누리지 못함은 물론, 정서적으로 불안한 상태에서 일탈을 저지르는 경우가 많아지고 있다. 학생들은 학원에서 선행학습을 하기 때문에 학교는 학습의 공간이 아니라 부족한 잠을 보충하는 '여관'으로 전락하고 있다. 이러한 상황에서 공교육은 위기를 맞은 지 오래다. 미래를 짊어져야 할 학생들이 미래를 향한 꿈을 잃은 채 이른 아침부터 저녁 늦게까지 학교와 학원을 전전하고 있다. 지금 우리사회의 교육, 특히 사교육에서 최대의 희생자는 다름 아닌 학생들이다.

사람들은 왜 사교육에 그토록 많은 재정과 시간을 투자하는 걸까? 많은 조사에서도 나타난 것처럼, 사람들은 경쟁사회에서 불안하기 때문에 사교육을 한다. 실제로 사교육을 원하는 사람은 많지 않다. 그런데도 모두가 사교육을 한다. 공교육은 누구에게나 주어지기 때문에, 아이러니하게도 누구도 만족해하지 않는다. 자본주의 시장에서 살아남기 위해서는 다른 사람과 같으면 안 되기 때문이다. 나만 홀로 좋은 성적을 거두기 위

---

2. 김덕영, 『입시 공화국의 종말』, 인물과사상사, 2007.

해서는 사교육을 택할 수밖에 없다. 이러한 현상은 일부 사람이나 지역에만 편중되지 않는다. 거의 모든 사람들이 이러한 현상에 이끌려 간다. 여기에 문제의 심각성이 더해진다. 전문가들은 이구동성으로 사교육이 망국병이라고 진단한다. 김덕영도 『입시 공화국의 종말』이라는 책에서 대한민국을 망하게 하는 요인으로 입시위주의 교육에서 비롯된 사교육을 이야기한다.

2. 사교육, 정부가 해결할 수 있는 문제인가?

　대한민국의 정치 역사는 교육 열풍과 관련된 사교육과의 전쟁이었다고 해도 과언이 아니다. 대한민국이 출범한 이후 명문 중학교에 들어가기 위해 파행적인 사교육 열풍이 불었었다. 정부는 이를 잠재우기 위하여 1969년에 '중학교입학무시험제'를 전격적으로 도입하여 초등학교 교육을 정상으로 돌아오게 했다. 하지만 고등학교 입학시험은 그대로 남아있어서 중학교는 여전히 치열한 경쟁의 도가니였다. 물론 사교육 열풍도 식지 않았다. 결국 박정희 정부는 1974년에 '고교평준화 정책'을 실시했다. 이것으로 중학교 교육은 어느 정도 정상화되었다. 1980년에는 전두환 정부에서 '본고사'를 폐지했다. 이로써 대학입시에 내신 성적을 반영케 함으로써 고등학교 교육도 어느 정도 정상화될 수 있었다. 그러나 1992년에 이르러 노태우 정부는 '고교입시'와 '본고사 부활'이라는 정책을 추진했다. 그리고 특수목적고(일명 특목고)를 확대했다. 외고까지 특목고로 만들었다. 본고사는 시행 후 3년 만에 폐지되었지만, 외고는 계속해서 살아남았다. 그런데 이 외고가 오늘날 입시위주 교육의 핵심 문제 중 하나로서, 교육정책이라는 몸통을 흔드는 꼬리 역할을 하고 있다. 즉, 교육정책사의 시계를 고교 평준화 이전 시대로 되돌리는 역할을 하고 있는 것이다. 이로부터 시작해 고교서열화, 고교입시의 사실상 부활, 평준화 균열, 중학교의 입시 학원화, 초등학생의 선행학습, 사교육 창궐이 도미노처럼 이어졌다. 문민정부가 2001년에 세운 '자립형 사립고'도 평준화 정책을 보완하기 위한 대책이었지만, 결국 입시 학원화라는 결과를 낳고 말았다. 이후에도 교육과 관련해 수많은 정책들이 시도되었지만, 사교육의 문제는 해결의 기미가 조금도 보이지 않는다. 그야말로 백약이 무효인 불패의 제도다. 국민들 대다수가 명문대의 인기학과에 진학하는 것이야말로 기대수익이 가장 높은 합리적인 투자라고 믿는 상황에서는 그 어떤 제도도 사교육이라는 망국병을 치료할 수는 없을 것이다.

3. 사교육, 효과가 있는가?

1) 교육학적 영향

많은 부모들은 자신의 자녀가 머리는 좋은데 노력을 하지 않거나 방법을 몰라서 공부를 잘 하지 못한다고 생각한다. 좋은 과외 선생님을 모시거나 학원에 보내면 성적이 곧 좋아질 것이라고 믿는다. 그러나 '좋은 교사운동'에서 오래 활동했던 정병오 선생님은 고개를 좌우로 흔든다. 사교육을 통해 성적이 오르는 경우는 10%에 불과하기 때문이다. 성적이 잘 안 나오는 이유는 대부분의 경우 문제풀이식의 공부에 재능이 부족해서다. 재능과 흥미가 없는 자녀에게 공부에만 집중하도록 강요하는 것은 경제적인 낭비일 뿐만 아니라 그로 말미암아 자녀가 입게 되는 피해도 크기 때문에 도무지 권할 것이 못된다.

혹시 사교육을 통해 성적이 좋아졌다고 하더라도 그것이 곧 교육학적인 효과가 좋은 것이라고 보기는 어렵다. 오히려 서울교대 컴퓨터교육과

김갑수 교수는 "사교육을 많이 한 학생일수록 스스로 문제를 해결하는 능력이 부족하다."라고 말하면서, "특히 강남 출신 학생들 중 지방이나 강북 출신보다 창의력이 떨어지고 새로운 문제가 주어졌을 때 해결하지 못하는 학생이 많다."라고 지적한다. 사교육의 교육학적인 영향이 부정적이라고 지적하는 것이다.

학습에 흥미를 느끼는 것은 교과의 성취도뿐만 아니라 미래에 무엇을 할 것인가를 결정하는 데도 많은 영향을 미친다. 자기 주도적 학습은 흥미에서 출발하는데, 이것이 없으면 창의성이 발휘되기 쉽지 않다. 그런데 우리나라 학생들은 자기 주도적 학습에서 약한 모습을 보인다. 이는 많은 경우 사교육 중독에서 비롯된 것으로 보이는데, 실로 심각한 문제가 아닐 수 없다. 사교육은 단기간의 성적향상을 위해 문제풀이 위주로 교육한다. 여기서는 창의적인 교육이 불가능하다. 아니 자녀들의 창의성을 계발하기는커녕 오히려 창의성을 억누른다. 자녀들이 사교육에 의존하는 것은 일종의 '중독'이다. 일단 사교육에 의존하게 되면, 자기 주도적 학습능력이 현저히 떨어지게 되며, 결국 혼자서는 공부를 하지 못하게 된다. 그래서 계속해서 사교육을 찾는 '사교육 중독' 현상이 나타나게 된다. 우리나라의 대학 도서관 같은 곳에서 책과 씨름하며 스스로 탐구하는 학생들이 적은 이유도 이 같은 자기 주도적 학습능력이 많이 떨어지기 때문이다.

정리하자면, 사교육은 교육학적으로도 시간과 재정, 에너지를 투자한 만큼의 긍정적인 효과를 내기보다는 오히려 부정적인 영향을 끼치는 교육방법이라고 할 수 있다.

2) 공동체적 영향

우리나라의 아이들은 무한경쟁에 내몰리고 있다. 학교는 유기적인 공동체가 아니라 경쟁에서 살아남기 위한 살벌한 전쟁터처럼 변했다. 적자생존, 약육강식 등의 정글의 원리가 생생하게 살아 있는 곳이다.[3] 선생님들은 아이들의 점수를 올리기 위해 문제풀이를 반복해야 한다. 그들에게 인성과 도덕 교육은 사치다. 이에 반해 핀란드는 2000년과 2003년도 '학업성취도 국제비교'(PISA)에서 모두 1위를 차지했는데, 당시 핀란드의 교장협의회장을 맡고 있던 피터 존슨은 "경쟁은 교육에 해롭다."라고 단언하면서 이렇게 말했다.

> 학교는 학생들이 경쟁하는 곳이 아니다. 학생들은 협동하는 과정에서 더 많이 배운다. 경쟁에 대한 부담은 사고력을 약화시킨다. 깊은 생각을 할 여유가 사라지기 때문이다. 공부는 즐거운 일이다. 심한 스트레스를 받으면 공부를 고통으로 여긴다. 물론 이웃 국가들이 경쟁을 강화하는 교육제도를 도입하고 있다는 사실을 알고 있다. 경쟁이 가진 순기능이 있다는 점을 부정하지는 않는다. 하지만 적어도 핀란드에서는 학생들을 고통으로 몰아넣는 경쟁은 잘못이라는 인식이 지배적이다. 또 아직까지는 경쟁을 배제하고 협력을 강조하는 방식이 충분히 성공적이었다.[4]

또한 핀란드의 미래상임위원장이었던 미우라 티우라는 유엔미래포럼의 한국 대표였던 박영숙과의 대담에서 "경쟁 없이 어떻게 경쟁력을 키우는가?"라는 질문에 이렇게 대답했다.

---

3. 입시 사교육 바로세우기 기독교 운동 목회자 간담회, 「교사가 본 입시와 사교육 문제」, 『자료집』, 2008, 17-23쪽.
4. 국정브리핑특별기획팀, 46쪽.

미래사회는 영재보다 창의성이 뛰어난 아이들에게 경쟁력이 있다. 창의성은 공부 잘하는, 즉 시험을 잘 치는 아이들에게서는 절대로 나오지 않는다. 달달 외우는 경쟁은 하지 않아도 좋다. 어릴 때 너무 공부를 많이 시키면 오히려 창의성이 떨어진다. 이 경우 정작 공부해야 할 대학시절에는 동기유발이 전혀 되지 않는다. 창의성이 뛰어나야 장기전에서 이길 수 있다. 따라서 핀란드에서는 초등학생의 경우 오후 1시까지, 중·고교생은 오후 3시까지 반드시 학교를 파하고 귀가시킨다. 학생들은 방과 후 집에서 축구와 골프 등 스포츠와 취미활동을 즐긴다.[5]

사교육은 경쟁에서 이기려는 욕구에서 출발한 것이기 때문에 학교라는 공동체성을 해친다. 그러나 학교에서 만나는 친구를 경쟁 상대가 아니라, 함께 협력하며 인격적인 관계를 맺어가야 할 존재로 인식하는 데서 비로소 인생 학습이 시작되는 것이다. 교육이란 단순히 지적인 측면으로만 제한되지 않는다. 그보다 교육은 관계를 배우는 것이다. 좋은 관계를 위해서는 권위에 순종하고, 서로에게 경청하고, 인격을 존중하는 태도가 필요하다. 예를 들어, 만일 학업 성적이 좋은 친구라면, 그는 지적 능력이 떨어지는 다른 친구를 도우며 협력을 훈련해야 한다. 이런 것을 학습하는 것이 교육 공동체가 지향해야 할 모습이다. 학교라는 작은 공동체에서 인류 공동체의 삶을 훈련하고 배우는 것이다.

학교에서 인격적인 관계를 훈련하는 것은 비단 학생들 사이에서만 이루어지는 것이 아니다. 그것은 선생님과 학생과의 관계에서도 이루어져

---

5. 국정브리핑특별기획팀, 46-47쪽.

야 한다. 공부를 잘하는 학생에게 빵이나 아이스크림을 사주는 학원 분위기에 익숙한 학생들은 학교 선생님에게도 무엇을 사달라거나 대가를 요구하게 된다. 심지어 학생들은 선생님들을 단순히 돈을 벌기 위해 고용된 사람 정도로만 생각하는 경우도 있다. 이렇게 경쟁에 살아남기 위해 사교육에 몰두하는 우리나라의 교육현실에서는 참된 선생님과 제자의 관계를 기대하기가 어렵다.

3) 사회적·경제적인 영향

우리나라 직장인은 자녀를 위한 과도한 사교육비 지출 때문에 골머리를 앓고 있다. 사교육의 문제는 가정 경제의 파탄으로 이어지고 부부 갈등의 원인이 된다. 사교육을 위해 가정의 재정과 시간, 정열을 쏟아 붓게 되면서 부부관계는 등한시하게 되고, 결국 가정이 파탄 나는 경우들이 생겨난다.

우리나라의 사교육비 지출은 가구 소득 대비 46.4%에 달하며, 가구 소비 지출 항목들 중에서 자녀교육이 차지하는 비율이 56%에 이른다. 이런 통계는 교육비가 우리나라 사람들의 가계에 미치는 영향이 얼마나 큰지를 보여준다. 소득이 높으면 높을수록 자녀교육에 투자하는 금액이 증가한다. 반대로 가난할수록 교육비는 적어진다. 이러한 현상으로 가난과 부가 대물림되고 있다는 분석까지 나오는 상황이다. 과거에는 교육이 계층 이동의 통로 역할을 한 적이 있지만, 이제는 계층 세습의 도구로 사용되고 있다. 즉 '부모의 고학력 → 부모의 고소득 → 높은 교육비 지출 → 자녀의 고학력 → 자녀의 고소득'으로 이어지는 것이다.[6] 결국 이런 식으

---

6. 국정브리핑특별기획팀, 131쪽.

로 빈익빈 부익부의 사회 구조가 고착되어 건강하지 못한 사회를 만들게 된다. 사교육의 문제는 모든 다른 문제처럼 한 개인의 문제를 넘어 전 사회적인 문제가 되고 있다.

4) 신체적·정서적인 영향

요즈음 초등학생과 중학생, 고등학생들의 일과를 살펴보면 믿기 힘들 만큼 많은 시간을 공부에 투입하고 있다. 우리나라를 방문한 외국인에게 신기한 것들이 많이 있겠지만, 그 중에서도 특별히 밤늦게 학교나 학원에서 지친 몸을 끌고 집으로 향하는 학생들의 풍경이 가장 생경할 것이다. 학창 시절은 신체적으로 변화와 성장이 일어나는 시기며, 정서적으로 민감한 때다. 이 시기를 어떻게 보내는 지가 평생의 삶에 영향을 주게 된다. 그런데도 대부분의 학생들이 필요한 운동과 쉼, 여가 활동을 누리지 못한 채 입시 준비로 혹사당하고 있다.

중학생의 경우, 순수 수업 시간만 계산할 때, 평균적으로 학교에서 6시간 공부를 하고 학원에서 3시간 정도 공부한다. 이 외에 숙제나 개인적인 예·복습 시간을 합하면 학습 시간은 하루 10시간, 주당 50시간을 훌쩍 넘어간다. 이 정도의 공부양은 세계 최고 수준이다. 어른들이 하루 8시간 주당 40시간을 노동량으로 제한하고 있는데, 아이들은 50-80시간을 공부에 시달리고 있다. 중노동이 아닐 수 없다. 부모는 자녀의 정서적·신체적인 성장은 전혀 고려하지 않은 채 오직 자녀의 성공이라는 허상에만 집착한다. 그러나 이렇게 과도한 사교육과 공부에 눌려 정서적으로 불안한 자녀는 급기야 자살이라는 극단적인 방법을 택하게 된다. 우리나라 청소년의 높은 자살률은 왜곡된 교육으로 인해 고통당하며 신음하는 수많은 우리 자녀들의 아픔을 적나라하게 보여주는 예다.

4. 사교육은 신앙에 치명적이다

　교회에서 중·고등부를 맡아 지도하는 후배 전도사들이 이구동성으로 하는 얘기가 있다. 그것은 교회의 중직자들의 자녀들이 주일예배에 나오지 않고 학교나 학원에 간다는 것이다. 성도라고 해서 대학입시라는 수레바퀴에서 벗어날 수 있는 것은 아니다. 자녀들이나 부모나 주일에 공부를 쉰다거나 예배에 참석하기 위해 시간을 낼 경우, 당장이라도 경쟁에 뒤쳐질 것처럼 불안해한다. 그래서 어떤 성도의 가정은 고3인 경우에는 아예 한 해 동안 교회를 쉬게 하기도 한다. 입시에 전념하기 위해서 신앙을 포기하는 셈이다. 대학은 이번 기회를 놓치면 영원히 잃어버리게 되지만, 신앙은 언제든지 되찾을 수 있다고 생각한다. 그러나 과연 그럴까?

　직장사역연구소의 소장인 방선기 목사는 사교육의 문제를 불신앙의 문제로 본다. 사교육을 하게 되는 이유는 다음과 같이 세 가지로 정리할 수 있다. 첫째, 사교육은 '세속적인 염려'에서 비롯된다(마 6:31-33). 예수님께서는 염려하는 사람들을 보고 믿음이 적은 자라고 책망하셨고, 염려하는 것은 이방인들이나 하는 것이라고 말씀하셨다. 그런데 지금의 사교육이 그런 염려 때문에 더욱더 확산되고 있다. 어쩌면 사교육은 '부모의 안심료'에 지나지 않는다. 다시 말해, 사교육을 시키지 않으면 왠지 불안하기 때문에 계속해서 사교육을 시키는 것이다. 둘째, 사교육은 '인간의 욕심'에서 비롯된다(마 20:20-23). 예수님의 제자들인 야고보와 요한의 어머니는 자기의 두 아들이 예수님의 나라에서 각각 좌편과 우편에 앉기를 원했는데, 이는 자식의 출세를 바라는 전형적인 어머니의 모습이 아닐 수 없다. 셋째, 사교육은 '주변의 압력'에서 비롯된다(롬 12:2). 많은 부모들이 옆집에서 사교육을 하기 때문에 '묻지마'식의 사교육을 하고 있다. 이와 같은 세속적인 염려와 인간적인 욕심과 주변의 압력에서 비롯되는 사교육은 자녀들의 신앙을 해칠 뿐이다.

5. 사교육 문제의 해법

오늘날 사교육 앞에서 철저히 무력한 교회와 성도들에게 개혁신앙적인 관점과 해결책을 제시하는 것이 절실하다. 그렇다면 개혁신앙인은 사교육에 대해 어떤 실천이 가능할까?

첫째, 개혁신앙인은 교육을 신앙적인 관점에서 바라봄으로써 세속에 물들지 않고 시대를 거슬러 올라가는 굳건한 믿음과 담대한 용기를 지니게 된다. 부모가 변하지 않으면, 거대한 사교육의 물줄기를 돌릴 수 있는 방법은 없다.

둘째, 기독교 (대안)학교들에서는 사교육을 하지 못하도록 한다. 예를 들어, 개혁신앙에 입각해 세워진 분당에 있는 샘물기독학교(유·초등)에서는 사교육을 원천적으로 금한다. 물론 예체능을 위한 사교육은 허용되지만, 그것도 과하게 하지 못하도록 제한한다. 학교에 입학하기 위해서는 선행학습을 위한 국·영·수 과외를 하지 않겠다고 서명해야 한다. 샘물학교는 사교육으로 점수를 높이는 것보다 신앙교육, 가족과 함께하기, 책 읽기, 성품 훈련을 더 중요하게 생각하고 이런 것들을 장려한다.

셋째, '사교육걱정없는세상'이라는 시민운동 단체가 형성되어 사교육이라는 거대한 골리앗과 계속해서 싸우고 있다. 이 운동의 최종 목표는 사교육이 우리나라 사회에서 더 이상 문제가 되지 않아 이 단체가 필요하지 않게 되는 것이다.

넷째, '입시 사교육 바로 세우기 기독교 운동'이 사교육에 대한 대안을 마련하고 있는데, 이는 2008년 6월 24일부터 '기독교학교교육연구소'와 '좋은교사운동', '기독교윤리실천운동'이 함께 시작한 운동이다. 여기서는 '주일날 학원 안가기' 운동이나 '수능기도회, 이렇게 바꾸자' 운동 등을 펼치고 있다.

6. 나가며

위에 열거한 구체적인 실천들은 매우 귀한 것들이다. 사교육의 문제를 해결하기 위해 많은 운동들이 생겨나야 한다. 그러나 문제의 핵심은 가정의 부모 혹은 학생 자신에게 있다. 아무리 많은 운동들이 있어도 개인이 움직이지 않으면 아무런 의미가 없다. 특히 그리스도인 부모들은 개혁신앙에 입각해 세상을 변혁하겠다는 결단과 삶을 실천해야 한다. 개혁신앙의 가장 큰 특징 중 하나는 신앙과 삶의 일치다. 우리가 믿는 바대로 살아가는 것이다. 성경대로 사는 삶은 자신을 죽이는 아픔과 희생이 뒤따른다. 세속적인 일상의 물결에서 벗어나 거꾸로 헤엄치는 것이기 때문이다. 그럼에도 불구하고 개혁신앙인은 세속을 피해 도피하거나 은둔하지 않는다. 세속과 신앙을 타협시켜 수용하지도 않는다. 세속을 지배하려 하지도 않는다. 그렇다고 이원론적으로 두 가지를 대립시키지도 않는다. 그보다 개혁신앙인은 세상의 문제를 대면하여 부단히 고민하며 변혁하기 위해 몸부림친다. 결코 쉬운 일이 아니지만, 그 길을 걸어가는 자들이 개혁신앙인이다. 그렇게 살면 나중에 좋은 결과가 있기 때문이 아니다. 단지 그 삶 자체가 복이라는 것을 알기 때문에 꾸준히 기쁘게 걸어간다. 그 길은 분명 넓지 않은 길이다. 좁은 길이다. 이 좁은 길을 걸어가는 개혁신앙인의 꿋꿋함이 사교육으로 고통 받는 이 시대에 더욱 절실하다.

<토론을 위한 질문>

1) 사교육이 가져오는 폐해에는 어떤 것들이 있나요?

2) 저자는 그리스도인이 사교육에 매달리게 되는 원인을 무엇이라고 말하나요?

3) 사교육의 문제를 해결하기 위해서 그리스도인은 어떤 자세로 살아가야 할까요?

4) 사교육에 대해 배운 것을 말해 보세요.

9장
경쟁

필자는 복음주의 교회에서 자랐다. 노래대회와 퀴즈대회 같은 각종 경진대회에서 상을 받기도 했다. 이런 분위기였기 때문에 학교나 사회에서 겪는 경쟁도 자연스럽게 느껴졌으며, 나아가 그 경쟁에서 이겨야 하나님께 영광이 된다는 생각을 하게 되었다. 물론 이런 경쟁이 성경적인지에 관해서는 한 번도 생각해보지 않았다.

그러면 성경은 경쟁에 대해 뭐라고 말할까? 또 개혁신앙은 뭐라고 대답할까? 결론부터 말하자면, 개혁신앙은 경쟁을 통한 동기부여를 좋아하지 않는다. 하나님께서 주시는 마음과 재능을 통해 자연스럽게 공부하고 일하도록 할 뿐이다. 개혁신앙으로 세워진 기독교 학교도 순위를 매기는 경쟁을 조장하지 않는다. 그런데 과연 선의의 경쟁이란 것이 존재할 수 있을까? 우리 주변에 만연한 경쟁이 가져다주는 폐해와 비성경적인 요소를 찾아보고, 이에 관해 바른 대안을 제시해보도록 하자.

1. 경쟁을 배우며 자라다

고등학교 시절 중앙 복도 교무실 앞에는 매달 전교생의 모의고사 성적이 게시되었다. 누가 성적이 좋은지, 누가 일등을 했는지, 누가 꼴찌를 했는지, 누가 자기보다 잘하는지 한 눈에 알 수 있었다. 이번에는 누가 전체 일등을 했는지도 관심의 대상이다. 일등을 독차지하던 친구가 성적이 떨어지고 다른 아이가 그 자리를 차지하게 되는 이변이 일어나면, 온 학교가 난리였다. 그래도 가장 관심이 가는 것은 자기 이름이 어디에 있느냐 하는 것이었다. 그렇게 적어도 학교에서는 성적이 자신의 정체성이었다. 학교는 자신이 몇 등을 했느냐에 따라 자신을 평가했다. 교사도 그렇고 친구들도 별반 다르지 않았다. 친구끼리 뭐 성적을 따지겠는가 하지만, 그렇지 않았다. 최근에 필자의 고등학교 친구들을 만났는데, 놀라운 것은 그 친구가 '자기가 공부를 더 잘 했었는데……'라며 과거를 기억해냈다는 것이다. 체육 시간에 달리기를 하면 필자는 늘 3등이나 4등을 했다. 학교 가을운동회에서 1등에서 3등은 상과 함께 상품도 받았지만, 4등에서 6등은 그렇지 못했다. 필자는 적어도 3등 안에 들기 위해 안간힘을 쓰며 달렸지만 무리였다. 필자는 이렇게 경쟁을 배웠고, 그것은 지금까지도 필자의 삶 깊숙이 자리하고 있다. 동일한 조건에서 이뤄지는 선의의 경쟁은 합법적이고, 여기서 지는 사람은 스스로 책임을 져야 한다고 배웠다. 지금도 학교에서는 온갖 시험과 평가, 고사가 학생들의 경쟁심을 자극한다. 학교만이 아니다. 회사와 다른 사회의 영역에서도 마찬가지다. 그곳에서는 생존경쟁, 곧 적자생존의 법칙, 약육강식의 삶이 지배하고 있다.

이런 상황에서 필자는 경쟁 자체에 물음을 던져보고자 한다. 과연 성경은 경쟁을 인정하는가? 과연 선의의 경쟁이라는 것이 가능할까? 성경적 세계관으로 경쟁에 대해 한번 꼼꼼히 따져보자.

2. 경쟁의 의도

학교에서 시험을 보고 성적을 발표하는 이유는 경쟁을 시켜 더 나은 성적을 얻게 하려는 의도다. 체육대회나 경시대회를 여는 까닭도 경쟁심을 이용해 더 나은 성과를 얻고자 함이다. 급진적인 교육학자인 라이머(E. Reimer)는 자신의 책 『학교는 죽었다』에서 현대교육은 인간을 학교라는 그물에 몰아넣어 경쟁이라는 공정한 게임으로 유린하고 있다고 비판한다. 그의 비판처럼, 오늘날 학교와 사회는 바다 속에 쳐 놓은 그물과 같을 뿐 아니라, 잘하는 학생들에게 상을 줌으로써 모든 학생들이 그렇게 행동하고 따라하도록 경쟁심을 자극하는 곳이다. 자본주의를 등에 업은 기업은 그런 경쟁이라는 방식으로 사람들에게서 원하는 단물만 쪽쪽 빨아 먹는다. 그 외의 인간은 실패자요 낙오자로 낙인찍힌다. 참으로 비참한 현실이 아닌가? 경쟁사회에서 승리하는 사람들은 소수다. 나머지 경쟁에서 진 사람들은 인생의 실패자가 되어 처참한 삶을 살아간다. 불법적인 경쟁만이 문제가 아니다. 자본주의 국가에서는 합법적으로 이루어지는 경쟁에도 심각한 문제가 있다.

일반적으로 사람들은 '선의의 경쟁은 가능하며 좋은 것이다'라고, '좋은 뜻으로 경쟁하는 것이 나쁠 것은 없다'라고 생각한다. 그렇다면 성경은 선의의 경쟁에 대해 어떻게 말할까?

3. 성경은 경쟁을 지지하는가?

성경에는 경쟁을 허용하는 것 같아 보이는 구절이 세군데 있다. 구약에 하나, 신약에 둘이다. 먼저 예레미야서에 보면, "만일 네가 보행자와 함께 달려도 피곤하면 어찌 능히 말과 **경주**하겠느냐 네가 평안한 땅에서는 무사하려니와 요단 강 물이 넘칠 때에는 어찌하겠느냐"(렘 12:5)라는 구절에서 '경쟁'에 관해 언급한다. 히브리서에서도 "이러므로 우리에게 구름 같이 둘러싼 허다한 증인들이 있으니 모든 무거운 것과 얽매이기 쉬운 죄를 벗어 버리고 인내로써 우리 앞에 당한 **경주를 하며**"(히 12:1)라는 구절이 나오고, 고린도전서에서도 "운동장에서 **달음질하는 자**들이 다 달릴지라도 오직 **상을 받는 사람**은 한 사람인 줄을 너희가 알지 못하느냐 너희도 상을 받도록 이와 같이 **달음질하라** 이기기를 다투는 자마다 모든 일에 절제하나니 그들은 썩을 승리자의 관을 얻고자 하되 우리는 썩지 아니할 것을 얻고자 하노라"(고전 9:24~25)라는 구절이 나온다.

그러나 이 구절들에서 말하는 '경쟁'과 '경주'는 인간 상호간에서 일어나는 선의의 경쟁과 아무런 관계가 없다. 성경에 나오는 경쟁은 세상적인 것과의 싸움을 말하는 것이지, 믿는 형제와의 경쟁을 말하는 것이 아니다. 썩을 면류관을 얻기 위해서는 넓은 길로 달려가는 사람들과 경쟁해야 할 것이다. 그러나 생명의 면류관을 얻기 위해서는 좁은 길로 달려가야만 한다. 이러한 신앙생활을 존 번연은 『천로역정』에서 '크리스천'이라는 인물로 자세히 묘사하고 있다. 수많은 사람들이 썩을 면류관을 위해 경쟁하며 살아가지만, 그리스도인은 그렇지 않다. 위의 세 군데 성경구절에서 말하는 경쟁은 결코 믿는 성도나 동료와 경쟁하라는 것이 아니다.

4. 올림픽, 합법적인 경쟁

세상에는 선의의 경쟁이 존재하는 것 같다. 대표적인 경우가 올림픽 경기다. 올림픽은 건전한 의미의 경쟁을 유도한다. 승리자에게는 월계관을 씌워준다. 바울이 고린도전서 9장에서 언급하는 '운동장에서 달음질하는 자들'은 당시 그리스-로마에서 유행하던 달리기 경기를 염두에 둔 것임에 틀림없다. 주전 776년에 시작된 올림픽은 로마의 테오도시우스

(Theodosius) 황제가 주후 393년에 폐지했다. 올림픽이 기독교 신앙을 파괴한다고 믿었기 때문이다. 그 후 1,500년 동안 사라졌던 올림픽 경기는 프랑스의 역사학자 쿠베르탱(Pierre de Coubertin)의 노력으로 1896년에 아테네에서 제1차 근대올림픽으로 다시 시작되었다. 매 4년마다 치러지는 올림픽은 오늘날 온 지구촌의 축제로 자리 잡았다. 올림픽이 열릴 때면, 그리스 아테네에서 흰 옷을 입은 여 사제들이 올림퍼스(Olympus) 산에서 태양광으로 채화한 성화가 온 세계의 거리를 누비며 건전한 의미의 경쟁을 찬양한다. 그 절정이 개막식에서 축제의식으로 치러진다. 올림픽 기간 동안 금메달을 딴 사람은 영웅으로 추앙받는다. 그는 온 세계가 주목하며 우러러보는 신적인 존재가 된다. 누구나 이런 자리에 올라가고픈 꿈을 꾸게 한다. '경쟁'과 '경주', '경기'는 신성한 것이며, 이것을 통해 최고가 되는 것을 꿈꾼다. 1,600년 전 로마의 테오도시우스 황제가 그리스도인들의 신앙생활에 도움이 되지 않는다고 중단시켰던 올림픽이 지금은 모든 사람들이 추앙하는 행사가 된 것이다. 그리스도인도 이 점에서 불신자들과 다를 바가 없다. 그리스도인도 올림픽을 아무런 거부감 없이 받아들인다. 그러나 이렇게 추앙받는 '경주' 또는 '경쟁'은 성경적으로 정말 아무런 문제가 없는 것일까?

5. 경쟁, 과연 의미가 있고 득이 되는가?

경쟁이란 사전적으로 '같은 목적에 대하여 이기거나 앞서려고 서로 다투거나 겨루다'라는 의미다. 학교는 경쟁을 많이 유도한다. 각 과목마다 시험을 쳐서 좋은 점수를 내는 학생들에게 상을 준다. 궁극적으로는 좋은 점수를 받는 학생들이 좋은 대학에 가고, 좋은 평판을 얻고, 좋은 직장에 들어가 입신양명(立身揚名)한다는 것 때문에 경쟁에서 이기려고 한다. 얼핏 보기에는 경쟁이 인간의 삶을 윤택하게 하고 인간의 능력을 극대화하는 데 효과가 있어 보인다. 운동도 경기를 통해 더 나은 단계로 도약하게 된다. 경쟁이 없다면, 흥미가 없고 동력도 잃어버릴 것이다. 경기의 재미와 흥미를 위해서는 경쟁이 필수적이다. 그래서 직업 운동가들에게는 경쟁이 곧 삶이다. 그들의 수입도 경쟁을 통해 결정된다.

그런데 그들이 과연 운동을 즐길 수 있을까? 운동을 직업으로 하려는 사람들은 운동 자체를 즐기거나 몸의 건강을 위하지 않는다. 그들은 다른 사람과의 경쟁에서 이겨야만 돈을 번다. 다른 사람보다 더 나은 결과를 내지 않으면 실패자가 된다. 경쟁에서 낙오자가 되면 프로 운동가가 되지 못한다. 즐기는 운동이 아니다. 다른 사람들보다 더 나은 자리에 올라서기 위해 치열하게 경쟁해야 한다. 기록경기 선수들은 자기보다 기록이 좋은 사람을 앞서기 위해 더 많이 노력해야 한다. 사람들은 이런 것을 선의의 경쟁이라고 한다. 김연아는 아사다 마오와 같은 좋은 라이벌이 있었기 때문에 경쟁에서 이기기 위해 더 열심히 노력했을 것이다. 이렇듯 경쟁자가 있을 때 훨씬 좋은 결과를 낳기도 한다. 그렇기 때문에 선의의 경쟁이 존재하는 것 같기도 하다. 그러나 이러한 피 말리는 경쟁에서 승리하기 위해서는 초인간적인 노력과 땀을 흘리며 고되고 반복되는 훈련을 해야만 한다. 사람들은 그것을 칭송하고 대단하다고 말하면서 그에게 영광의 찬사를 보낸다. 미끄러운 얼음판 위에서 보통 사람은 꿈도 꾸지 못하는 곡예를 하면서 백조처럼 우아한 춤을 추는 것을 보고 즐긴다. 하지만 생각해보자. 이것이 과연 아름답고 좋은 것일까? 사람이 걷기도 힘든 얼음판 위에서 그렇게 어려운 난이도의 춤을 추는 것이 하나님의 창조 목적이라고 말할 수 있을까?

자본주의 경쟁사회도 마찬가지다. 자본주의 경제원리는 여러 회사가 함께 경쟁을 해야 가격도 낮아지고 품질도 좋아진다는 것이다. 또한 경쟁을 해야만 사회를 업그레이드하고 잘 사는 나라가 될 수 있다고 말한다. 경쟁을 최소화하는 공산주의는 경제발전에서 뒤쳐질 수밖에 없다.

그런데 이런 선의의 경쟁이 과연 득만 있는 것일까? 그렇지는 않다. 경쟁을 통해 앞서거니 뒤서거니 한다 해도, 결국에는 학생들의 능력 안에서 서로 위치만 바뀔 뿐이지 그만큼 에너지를 쏟으며 시간을 소비하고 스트레스를 받으며 고생하는 데 비해 유의미한 결과는 별로 없다. 장기적인 안목에서 득실을 따져 보면 오히려 손해가 되는 경우가 많다. 개인의 능력이 꼴찌인 학생을 일등인 학생과 경쟁시키면, 꼴찌인 학생은 아예 포기해 버린다. 경쟁은 비슷한 실력의 학생에게나 어느 정도 효과가 있는 것이다. 물론 그런 경우에라도 경쟁 때문에 희생해야 하는 것들을 생각하면 정말 효과가 있는 것이라고 말하기도 어렵다. 개인의 능력에는 저마다의 한계가 있는 것이고, 시간과 체력에도 한계가 있는 것이다.

지금 우리나라 교육의 문제가 경쟁이 과열되어 빚어진 것이 아닌가? 우리나라 학생들 모두가 열심히 경쟁하고 있지만, 모두가 똑같이 열심히 뛰고 있기 때문에 상대적으로 모두가 제자리에 있는 것과 다름이 없다. 이것은 마치 『이상한 나라 엘리스』의 후속편인 『거울 속으로』라는 책에 나오는 '거울나라 효과'와도 같다. 거울나라는 거꾸로 된 이상한 나라이다. 그 나라에서는 열심히 뛰어야만 겨우 제자리에 머물 수 있다. 잠시만 쉬어도 뒤로 쳐지고 만다. 우리나라 학생들이 꼭 이와 같다. 다른 말로 '구성의 효과'라는 것이 있다. 이는 운동장에서 관람을 할 때, 앞사람이 경기를 더 잘 보려고 일어나면 뒤에 앉은 사람들이 계속해서 일어나야 하고 결국 모두가 일어서서 경기를 봐야 하는 것을 두고 하는 말이다. 아마도 우리나라 학생들의 공부 경쟁이 꼭 이와 같은 상황이라고 말할 수 있을 것이다.

우리나라의 학생들은 과도한 경쟁 구도에서 모두가 피곤해하며 스트레스를 받는다. 그러나 다시 한 번 묻지만, 개인적인 차원에서든지 국가적인 차원에서든지 경쟁에서 이긴다는 것이 무슨 의미가 있단 말인가? 경쟁은 사회가 그것을 인정해 줄 때 의미가 있게 된다. 다른 사람들과의 경쟁에서 이긴 사람들에게 명문 대학과 좋은 직장이 주어진다는 평판 때문에 경쟁이 의미가 있을 뿐이다. 그러나 다른 사람보다 비교우위를 선점함으로써 더 많은 혜택을 누리는 것은 성경이 말하는 정의 또는 하나님의 정의와 다르다. 그럴 경우 경쟁에서 실패한 자들은 어떻게 된다는 말인가? 경쟁에서 실패한 수많은 사람들은 열등감과 패배감에 시달리며, 자존감의 결핍으로 평생 불행하게 살아갈 수밖에 없다. 경쟁의 유익만 생각하고 그 실은 생각하지 않는 사고가 가져다주는 폐해는 실로 엄청나다.

6. 경쟁, 자본주의 생존 양식

많은 사람들은 어차피 인생은 경쟁이 아니냐고 체념하기도 한다. 자본주의 사회가 이런 경쟁의 원리, 약육강식의 원리에 근거하고 있기 때문에, 경쟁을 자연스러운 것으로 받아들인다. 공정한 조건에서 경쟁하는 것은 합법적이고 아무런 문제가 없다고 생각한다. 개인과 학교, 사회, 국가가 모두 경쟁 체제에서 살아가고 있다. 그리스도인들이라고 해서 이보다 더 나은 대안을 제시하지도 않는다. 오히려 더욱 경쟁에 이기기 위해서, 그럼으로써 하나님께 영광을 돌린다는 명분 아래 학교와 사회에서 열심을 내며 분투한다. 경쟁의 세계에서 우뚝 선 그리스도인 스포츠맨과 기업인, 그리고 대통령을 앞세워 그들을 영웅처럼 선전하며 본받아야 할 신앙인으로 선전하기도 한다. 물론 신앙적으로 훌륭하고 성경적으로 산 사람이 그렇게 경쟁에서 승리할 수 있다면 감사할 일이다. 그러나 대부분의 경우는 신앙에서 희생을 감수하면서 경쟁을 할 수밖에 없다. 그러나 그런 과정은 그렇게 중요한 것이 아니다. 오직 결과만이 중요할 뿐이다. 경쟁에 이기기 위해서는 어떤 수단과 방법이라도 동원할 수 있다. 그런 식으로 '하나님의 영광'을 위한다는 나름의 선한 목적 아래 약육강식의 세계에서 제일 윗자리에 앉고자 하는 욕망에 빠져들게 된다.

7. 불신앙과의 경주에서 반드시 승리하라

앞에서도 말했지만, 고린도교회에 보낸 첫 번째 편지에서 바울은 모든 그리스도인들이 '운동장에서 달리기 경주를 하는 자에게 주어지는 상'을 받기를 원했다. 일면 이 구절이 경쟁을 지지하는 것처럼 보일 수도 있다. 그러나 결코 그렇지 않다. 바울이 말하는 '경주'는 믿지 않는 불신자들과 하는 경쟁이다. 이 땅에서 그리스도인의 삶은 좁은 길을 걸어가는, 보잘 것 없어 보이는 삶일 수 있다. 그에 비해 세상 사람들은 넓은 길을 걸어가는, 성공으로 각광을 받는 삶일 수 있다. 이런 점에서 그리스도인의 삶은 불신자의 삶에 비해 경쟁력이 없어 보일 수도 있다. 세상 사람은 넓은 길을 달려가지만, 그리스도인은 좁은 길을 달려간다. 재미없고 외로운 길이다. 불신자와 경쟁할 수 있는 조건은 매우 불리하다. 한마디로 경쟁력이 없는 인생길이다. 그러나 결국 세상 사람들은 썩을 면류관을 얻을 것이고, 그리스도인들은 생명의 면류관을 얻을 것이다. 이와 같은 불신자와의 경쟁에서는 반드시 이겨야 한다. 믿음으로 승리해야 한다.

바울은 자신의 동역자들인 예수님의 제자들과 자신을 비교하지 않았다. 베드로는 복음을 전하면서 생활비를 받았지만, 바울은 자비량으로 복음을 전했다. 예수님의 열두 제자는 결혼하고 복음을 전했지만, 바울은 결혼도 하지 않고 복음을 전했다. 하지만 바울은 이런 것으로 비교하지도 않았고 경쟁하지도 않았다. 복음을 전할 때도 경쟁하지 않으려고 복음이 전해지지 않는 곳에서 사역했다. 바울의 위대함은 다른 사도들과 경쟁해서 이기거나 비교했을 때 우위에 있는 것으로 빛나지 않는다. 오히려 바울은 스스로 자랑할 것이 없다고 고백한다. 바울이 자비량으로 선교하고 결혼도 하지 않고 복음을 전한 것은 '부득불'(고전 9:16), 어쩔 수 없이 그런 것이라고 고백한다. 즉, 자신이 대단해서 그렇게 한 것이 아니라, 하나님께서 그런 특별한 은혜를 주셨고(바울의 독특한 회심), 그런 소명과 직분(고전 9:17)을 주셨기 때문이라는 것이다. 또한 다른 사람과 경쟁해서 이기기 위해 그토록 유난스럽게 복음을 전한 것이 아니라, 오히려 자신이 복음을 전파한 후에 버림을 받지는 않을까 하는 두려움 때문에 전한 것이라고 고백한다. 이와 같이 바울은 철저하게 하나님 앞에서 생각했지, 다른 사람과의 비교나 경쟁의 관점에서 생각하지 않았다. 그렇다. 하나님께서는 다른 동료와의 경쟁에서 승리하는 사람에게 상을 주시는 분이 아니라, 하나님께서 각자 부르신 부름에 충실할 때 상을 주시는 분이다.

8. 자신과의 경쟁

성경은 선의의 경쟁조차도 추천하지 않는다. 바울이 인정하고 또 자신이 그렇게 살았던 경쟁은 다른 사람과의 경쟁이 아니라 자신과의 경쟁이었다. 바울은 이렇게 고백한다. "그러므로 나는 달음질하기를 향방 없는 것 같이 아니하고 싸우기를 허공을 치는 것 같이 아니하며 내가 내 몸을 쳐 복종하게 함은 ……"(고전 9:26-27) 바울은 다른 사람과의 비교우위를 점령하기 위해 경주하지 않았다. 그는 다만 자신과의 경쟁을 했을 뿐이다. 뿐만 아니라 그는 복음을 전하면서 다른 사람에 비해 자신에게 자랑할 것이 없다고 고백한다. 사실 선의의 경쟁에서 보자면, 바울은 충분히 칭찬받고 칭송받을 만하다. 지금도 바울은 많은 그리스도인들에게 존경 받는 인물임에 틀림없다. 그러나 바울 자신은 그렇게 생각하지 않았다. 바울은 단지 복음을 전하는 일이 자신을 위한 것이었을 뿐이라고 고백한다. 즉, 자신은 복음을 전하기 위하여 부름을 받았고, 그 일이 아니면 살아있을 이유가 없다는 것이다. 만약 자신이 전해야 할 복음을 전하지 않으면 하나님께로부터 화를 당하게 될 것이기 때문에 어쩔 수 없이 복음을 전한다는 것이다. 자신이 자신의 몸을 쳐서 주님의 말씀에 복종하도록 노력하는 것도 자신이 구원을 받기 위함이지, 다른 고상해 보이는 목적이 있어서 그런 것이 아니라고 못 박는다. 물론 바울이 자신과의 경쟁에 힘쓰는 이유는 상을 받기 위함이었다. 하지만 그 상은 복음을 위해서 자신의 자유를 쓰지 않고 자신의 권리를 주장하지 않는 것이었다. 세상 사람들이 보기에는 상이 아니라 벌이라고 볼 수도 있는 것이었다.

9. 선의의 경쟁 원리는 어디에서 기원하는가?

선의의 경쟁이라는 원리는 어디에서 기원한 것일까? 경쟁은 세속적인 가치관에서 쉽게 찾아볼 수 있다. 또한 타락한 인간과 피조세계에 남아 있는 죄악의 모습과도 관련이 있다. 근대 철학자인 존 로크는 인간에 관해 소위 '백지설'(Tabula Rasa)을 주장했다. 즉, 모든 인간은 아무것도 쓰여 있지 않은 판과 같다는 것이다. 한 마디로 흰 종이와 같다는 말이다. 이것은 그야말로 인간에 관한 '낙관론적인 진화론'이 아닐 수 없다. 인간은 태어나면서부터 선한 존재다. 다만 악한 사회에서 인간이 그 위에 어떤 그림을 그리느냐가 중요할 뿐이다. 이런 사고에서는 모든 인간이 똑같은 조건에서 경쟁하게 된다. 따라서 경쟁에서 지는 자는 그 자신에게 책임이 주어진다. 이는 다윈이 말한 적자생존의 진화론적인 관점과도 잘 어울린다. 결국 모든 인간은 같은 권리와 능력을 갖고 태어나기 때문에, 모든 삶의 결과에 대한 책임이 자신에게 있다는 것이다. 스스로 노력해서 경쟁에 이기고 좋은 결과를 얻는 것도 자신의 책임이며, 노력하지 못해서 경쟁에 지고 나쁜 결과를 얻는 것도 자신의 책임이다. 여기에다 자본주의는 남보다 앞서고 더 가지려고 하는 인간의 욕망까지 대입시킨다. 경쟁을 경제 원리에 적용한 것이다. 이에 반해 공산주의는 인간의 욕망을 무시하고 경쟁을 유도하지 않았고, 결국 자본주의와의 경쟁에서 패하게 되었다. 이러한 것들이 오늘날 모두가 자연스럽게 받아들이는 선의의 경쟁 원리의 바탕에 깔려 있는 생각들이다. 그리스-로마의 인문주의에 깊이 뿌리내린 이러한 생각들은 이미 그리스도인들 가운데도 깊숙이 들어와 있다.

10. 인간은 서로 경쟁할 필요가 없다

그러나 성경은 인간을 진화론적으로 보지 않는다. 하나님께서는 인간을 각각 다르게 창조하셨다. 하나님의 형상으로 만드셨고, 독특한(Unique) 존재로 창조하셨다. 그래서 각자에게 다른 기대와 목표를 가지고 계신다. 물론 기본적으로 하나님께서는 모든 사람이 하나님을 사랑하고 사람을 사랑하기를 바라신다. 웨스트민스터 대·소교리문답은 이를 하나님을 영화롭게 하고 그를 영원토록 즐거워하는 것이라고 표현한다(웨스트민스터 대·소교리문답 제1문답). 하나님께서는 모든 인간이 이런 목적에 이르기를 원하신다. 마지막 심판 때에 사람들은 누구나 이것을 기준으로 평가될 것이다. 하지만 그 때에도 하나님께서는 다른 사람들과 비교하면서 평가하시지 않을 것이다. 즉, 누가 더 많이 사랑했고, 누가 더 많이 선을 행했는지를 두고 평가하시지 않을 것이다. 그보다는 하나님께서 각 사람에게 정해두신 각자의 기준들이 있다. 그것이 재능이요 은사다. 누구에게는 1달란트, 누구에게는 2달란트, 누구에게는 5달란트를 주었기 때문에, 그것에 맞게 평가하실 것이다. 인간은 누구나 죄인으로서 자신 속에 있는 악한 자아와만 경쟁할 수 있을 뿐이다. 그 경쟁에서 이겨 하나님께서 정하신 각자의 기준에 도달하기만 하면 된다.

11. 상대평가도 아니고 절대평가도 아니다

하나님께서는 각 사람에게 주신 재능의 분량을 기준으로 해서 그에 합당한 열매를 평가하신다(마 25:14-30). 물론 그 평가는 다른 사람들과 비교하는 방법이 아니다. 하나님께서 각 그리스도인들에게 주신 고유의 재능과 은혜만이 기준이다. 옆의 친구가 90점을 받았는데, 난 92점을 받았으니 잘했다는 것은 상대적인 평가이다. 이러한 상대평가의 기준은 하나님이 아니라 상대방이다. 그러나 하나님께서는 각 사람에게 주신 은혜의 분량, 곧 하나님께서 직접 그에게만 주신 재능과 은사의 분량에 따라서만 평가하실 것이다. 다시 말해, 하나님께서 주신 재능을 얼마나 잘 계발하고 활용했느냐가 평가의 기준이 될 것이다.

이런 점에서 하나님의 평가는 절대평가라고 보기도 힘들다. 왜냐하면 절대평가는 모든 사람에게 동일한 기준을 적용해서 평가하는 것인데, 하나님께서는 독특한 창조물인 각 사람의 재능의 분량에 따라 평가의 기준을 다르게 하시기 때문이다. 예를 들어, 은수는 피아노를 잘 친다. 그래서 열심히 피아노를 쳐서 피아니스트가 되었다. 하지만 한국 최고의 피아니스트는 되지 못했다. 그러면 그는 실패한 피아니스트인가? 그리스도인은 자신이 받은 재능의 영역에서 최고가 되어야 하는가? 그렇지는 않다. 하나님께서는 어떤 영역에서나 자신의 재능을 즐기고 그것으로 하나님께 영광을 돌리는 사람을 기뻐하신다. 세상에서 최고가 되지 않아도 좋다. 다른 사람과의 경쟁에서 밀려도 아무 상관이 없다. 그렇기 때문에 기독교적인 평가는 상대평가도 아니고 절대평가도 아니다.

12. 나가며

그렇다면 개혁신앙인이 나아가야 할 방향은 어디일까? 성도의 가정이 자녀들을 양육하면서 가져야 할 태도는 무엇일까? 자녀들은 하나님께로부터 그들만의 독특한 재능을 부여받는다. 따라서 그 재능을 계발할 때 다른 사람과 비교하며 경쟁할 필요가 없다. 부모와 선생님이 해야 할 일은 자녀가 자신의 은사와 소명이 무엇인지 발견하도록 돕는 것이다. 그렇게 해서 자신의 정체성을 확립하도록 하는 것이다. 그런 과정에서 생존경쟁의 사회에서 비교우위와 비교열위에서 오는 교만과 열등감을 극복하도록 도와야 한다. 형과 동생을 비교하지 말아야 한다. 반에서 자신의 자녀와 다른 자녀의 점수를 비교하지 말아야 한다. 그보다 하나님 앞에서 우리의 정체성을 발견하고 감사하면 한결 마음이 가벼워질 것이다. 자신을 쳐서 복종시키고 주님의 부르심을 이루기 위해 절제하면, 하나님께서 영광을 받으실 것이고 우리에게도 기쁨과 복이 될 것이다.

<토론을 위한 질문>

1) 당신은 '경쟁'에 대해 어떻게 생각하셨나요? 저자는 '경쟁'에 대해 어떻게 말하나요?

2) 바울 사도가 했던 경쟁은 어떤 경쟁인가요?

3) 경쟁이 만연한 사회에서 그리스도인은 누구의 기준에 맞추어 살아야 하나요? 그리고 그 기준의 내용은 무엇인가요?

4) 이 기준대로 살아가기 위해 어떤 자세를 가져야 할까요?

5) 경쟁에 대해 배운 것을 나눠 보세요.

10장
수월성

 우리 사회와 학교는 십만 명을 먹여 살리는 한 명의 인재를 양성하기 위해 온 힘을 쏟고 있다. 그러면 나머지 99.999%의 사람들은 패배자란 말인가? 복음주의 교회들은 이런 수월성 교육에 대해 아무런 이의(異議)가 없다. 오히려 부추기는 입장이다. 그렇다면 개혁신앙은 뭐라고 대답할까? 개혁신앙은 최고만을 향해 달려가는 수월성을 지지하지 않는다.

1. 우리나라의 상황

 모든 부모는 자식이 학교에서 공부를 잘 하기를 바란다. 물론 자녀도 학교에서 최고가 되고 싶어 한다. 국가, 학교, 가정, 심지어 교회에서까지 학업 능력이 탁월하기를 바란다. 하지만 모든 학생이 탁월하여 최고가 될 수 있을까? 교육의 목표가 '뛰어난 지성'을 추구하는 것이지만, 정작 그 목적에 도달하는 학생들은 소수에 불과하다. 그런데도 계속해서 높은 학업성취도를 교육의 최우선 목표로 삼는다.
 수월성(excellent)의 문제는 공립학교에서만이 아니라 사회 전반에서

뜨거운 감자다. 어떤 사람들은 지난 몇 십 년의 평준화 교육(일명 '뺑뺑이')이 수월성 교육에서 실패했다고 난리다. 우리나라의 공교육의 수준은 학업 성취도의 측면에서 상당히 수준이 높다. 세계에서도 수준급에 속한다. OECD 가입국들의 '학업성취도국제비교'(PISA) 조사에 의하면, 한국은 1-2위권에 있다. 그런데도 만족하지 않는다. 우리끼리의 경쟁에서 비교우위에 서야 하기 때문이다. 비교우위에 서기 위해 학생들은 외고, 민사고, 과학고, 국제고로 몰린다. 그래야만 좋은 대학에 들어갈 수 있기 때문이다. 좋은 교육을 하기 때문에 명문학교가 아니다. 성적이 높은 학생들이 들어오기 때문에 명문학교가 될 뿐이다. 이것이 세상에서 추구하는 수월성의 현주소다.

그런데 이렇게 배운 학생들이 대학교와 대학원에 가서도 계속해서 좋은 점수와 실력을 발휘할 수 있을까? 문제풀이식 공부에만 익숙하고, 원리를 학습하는 데는 취약한 우리나라 교육의 시스템은, 원리를 적용해야만 하는 대학과 직업 현장에서는 실력을 발휘하지 못한다. 더군다나 학업의 흥미도는 학업의 성취도가 올라갈수록 반비례하는 형편이다. 미국의 아이비리그 대학교들에 들어간 우리나라 학생들의 중도 탈락률이 무려 40%에 이른다는 통계가 그것을 잘 보여준다.

2. 수월성에 대한 성경적 적용의 오해

그리스도인이 수월성을 추구하는 것이 옳은가? 기독교 교육은 탁월한 성적을 결과로 내어야만 하는가? 신앙이 좋으면 성적도 좋을 수밖에 없는가? 그리스도인이 사회에서 머리가 못 되고 꼬리가 되는 것은 실패한 삶이며 죄인가? 공부를 못하는 그리스도인은 하나님께 영광이 되지 못하는가? 성경이 말하는 수월성이란 과연 무엇인가?

목사가 성도의 가정을 방문해 자녀가 잘 되기를 바라는 마음에서 기도하는 내용이 있다. "하나님, 아무개가 학교에서 머리가 될지언정 꼬리가 되지 말게 해주시고 ……" 이는 신명기에 나오는 구절을 인용한 것이다. "여호와께서 너를 머리가 되고 꼬리가 되지 않게 하시며 위에만 있고 아래에 있지 않게 하시리니 ……"(신 28:13a) 이 구절은 그리스도인이 잘 되고 최고가 되고 사회에서 높은 자리에 앉게 될 것을 약속하는 것처럼 보인다. 그래서 그렇게 기도해도 될 것처럼 보인다. 하지만 가만히 보면, 여기서 '머리 됨'은 약속이지 명령이 아니다. 약속은 명령에 순종할 때 주어지는 상이다. 우리가 기도해야 할 것은 약속이 아니라 명령이다. 명령에 순종할 수 있도록 기도해야 하는데, 무턱대고 상만 달라고 기도하는 것은 본질이 왜곡된 것이다. 약속은 조건이 성립될 때 하나님께서 주시는 것이다. 그 조건이 무엇인가? 바로 이어서 나온다. "…… 오직 너는 내가 오늘 네게 명령하는 네 하나님 여호와의 명령을 듣고 지켜 행하며 내가 오늘 너희에게 명령하는 그 말씀을 떠나 좌로나 우로나 치우치지 아니하고 다른 신을 따라 섬기지 아니하면 이와 같으리라"(신 29:13b-14)

하나님의 말씀에 순종할 때, 하나님께서 주시는 선물이 '머리'나 '위의 자리'다. 이것이 기도제목이 될 수는 없다. 다시 말하지만, 우리가 기도해야 할 것은 하나님의 명령에 순종하는 것이다. 그렇지 않고 명령에 순종한 결과로 주어지는 '머리 됨'을 구하는 것은 어불성설이다. 만약 하나님의 명령에 불순종한다면, 머리는커녕 꼬리가 될 것이다. 그에게는 '모든 저주'가 임하게 될 것이다. "네가 들어와도 저주를 받고 나가도 저주를 받으리라"(신 28:19)라고 했다. '머리'가 되게 해달라고 기도한다면 '저주' 받지 않게 해달라고도 기도해야 하는데, 그런 기도는 하지 않는다.

누군가는 "그게 그거 아닌가!"라고 항변할 수도 있다. '머리'가 되고자 하는 것은 곧 '말씀에 순종하겠다'라는 말이지 않은가? 여기에 많은 사람들이 속고 있지만, 실제로 성경이 우리에게 명령하는 것은 순종일 뿐이다. 순종의 결과는 오직 하나님께서 주시는 선물일 뿐이다. 선물은 주는 자의 마음과 뜻에 달려 있다. 구하면 무조건 주는 것이 선물이 아니다. 순종에 대한 상은 당연한 것이 아니라 은혜다. 종은 주인의 명령에 순종했다고 보상을 요구할 수 없다. 오히려 마땅히 해야 할 바를 했을 뿐이라고 말하는 것이 종의 자세다. 여기에 그리스도인의 삶의 중요한 원리가 있다. 그것은 하나님을 경외하는 자세다. 다니엘의 세 친구를 기억해 보자. "왕이여 우리가 섬기는 하나님이 계시다면 우리를 맹렬히 타는 풀무불 가운데에서 능히 건져내시겠고 왕의 손에서도 건져내시리이다 그렇게 하지 아니하실지라도 왕이여 우리가 왕의 신들을 섬기지도 아니하고 왕이 세우신 금 신상에게 절하지도 아니할 줄을 아옵소서"(단 3:17-18) 순종에 대한 결과는 하나님의 영역이다. 그것이 우리의 목표나 기도제목이 될 수는 없다. 그리스도인의 목표는 하나님의 말씀에 순종하는 것이다. 그러므로 '머리', 곧 '수월성' 자체가 그리스도인의 삶의 목표가 되어서는 안 된다.

3. 기독교 교육의 차별성

그렇다면 기독교 교육은 수월성을 추구할 수 없단 말인가? 아니면 기독교적 수월성이 따로 있는가? 있다면 그것은 무엇인가? 성경이 수월성에 관해 말하는 바를 총체적으로 살펴보자. 수월성의 문제는 기독교 교육의 정체성에 커다란 영향을 미치기도 한다. 그 전에 먼저 대답해보자. 기독교 교육의 목표는 무엇이어야 하는가? 그것은 예수님의 마지막 지상명령(마 28:19-20)에서 찾을 수 있다. 곧, '예수님의 제자를 삼는 것'이다. 기독교 교육은 예수님의 제자를 만들기 위해서, 가서 복음을 전하고, 삼위 하나님의 이름으로 세례를 주고, 예수님께서 명하신 모든 것을 가르쳐 지키게 하는 방법을 사용해야 한다.

만일 기독교 교육의 존재 이유가 교육의 질과 수월성, 또는 좋은 대학의 진학이라는 차원에서 이야기가 된다면, 그것은 본말이 전도된 것이다. 월드 매거진(World Magazine)의 편집장인 조엘 벨즈(Joel Belz)는 미국의 기독교 학교들이 학업성취도 표준화검사인 SAT와 ACT에서 공립학교보다 앞선다는 것을 발견했다. 그렇지만 기독교 학교가 예수님의 제자를 만드는 일에서 공립학교와 비교할 때 더 나으냐고 묻는다면 그렇다고 말할 수 없다고 고백했다.[1] 기독교 학교가 일반 학교보다 성적이 좋다고 해서 예수님의 제자도 교육에서도 우수하다고 볼 수는 없다는 것이다. 이는 현재 미국 기독교 학교의 정체성에 대해 근본적으로 비판한 것이다. 즉, 기독교 교육의 정체성을 잃어버리고 있다는 것이다. 귀담아 들어야 할 대목이 아닐 수 없다.

제자도의 관점에서는 수월성과 탁월성의 개념이 일반적인 견해와 다를 수밖에 없다. 예수님의 제자도를 이루는 데서 탁월성은 높은 수준의 학업성취나 능력이 아니다. 만약 기독교 교육이 이런 것을 목표로 한다면, 기독교 교육의 본질을 잃어버린 것이나 다름없다. 그럴 경우 굳이 기독교 학교나 기독교 홈스쿨링이 존재할 이유가 없다. 차라리 그럴 바에 문을 닫는 것이 낫다.

---

1. Joel Belz, *World Magazine*, editorial, 19 June 1993.

4. 기독교 교육의 수월성

기독교 교육은 수월성을 추구하지 않는가? 물론 기독교 교육도 수월성을 추구한다. 하지만 그 의미가 다르다. 기독교 교육이 추구하는 수월성의 의미는 달란트 비유(마 25장)에서 찾을 수 있다. 당시에 달란트는 화폐 단위로 사용되었는데, 그 액수가 너무 커서 일상에서는 잘 사용되지 않았다. 가령, 금 1달란트는 당시 시골 노동자가 240년을 하루도 쓰지 않고 모아야만 하는 돈이었다. 그런데 이 단어가 영어로 옮겨와 '재능' 또는 '은사'를 뜻하는 '탤런트'(Talent)로 사용된 것이다. 따라서 마태복음 25장의 달란트 비유에서도 '달란트'를 단순히 돈의 액수로 보기보다는 '재능'이나 '은사'로 보는 것이 바람직하다. 그런데 이 '재능'이나 '은사'는 자기 스스로 만든 것이 아니라 하나님께로부터 받는 선물이다. 또한 그것은 사람에 따라 종류와 분량이 다르다. "우리에게 주신 은혜대로 받은 은사가 각각 다르니"(롬 12:6) 이것이 '재능'이나 '은사'에 담긴 핵심 개념이다.

마태복음 25장의 달란트 비유에는 각각 5달란트, 2달란트, 1달란트를 받은 종들이 나온다. 같은 종류의 달란트를 받았다고 해도 그 분량에서 차이가 있다. 5달란트를 가진 사람이 5달란트를 남기면 '탁월하다'(Excellent)라는 칭찬을 받을 수 있다. 2달란트를 받은 사람 역시 2달란트를 남기면 '탁월하다'(Excellent)라고 칭찬을 받는다. 1달란트를 받은 사람도 그가 만일 1달란트를 남겼다면, '탁월하다'(Excellent)라는 칭찬을 받았을 것이다. 그에게 2달란트나 혹은 5달란트를 남기도록 요구하지 않는다. 여기에 성경적인 수월성의 개념이 있다.

이에 반해 세속적인 수월성 개념에서는 1달란트를 가진 자가 1달란트를 남기면 탁월한 것이 아니다. 1달란트를 가졌든, 2달란트를 가졌든, 5달란트를 가졌든 모두가 5달란트라는 최고의 결과를 내야만 한다. 수월성의 목표에는 차별이 없다. 그런 수월성을 향해 부단히 노력해야만 한다. 그러나 기독교적인 수월성에서는, 사람마다 다른 재능이 있고, 같은 재능이 있더라도 그 정도에서 차이가 있음을 인정한다. 그래서 사람마다 수월성의 목표나 결과의 평가기준을 다르게 제시한다. 그렇기 때문에 설령 신체적으로나 정신적으로 장애를 가진 사람이라 하더라도 얼마든지 '탁월하다'(Excellent)라는 평가를 받을 수 있는 것이다. 모든 사람이 사회가 정한 일정 기준과 목표에 도달할 수는 없다. 비록 모두가 같이 출발했다 하더라도(공정성과 평등성), 각각 받은 재능의 종류와 분량에 따라 교육의 속도도 다르고 그 질도 다를 수밖에 없다. 이것을 인정하는 것이 기독교적인 수월성의 개념이다.

그렇기 때문에 기독교적인 수월성은 상대적으로 비교우위를 추구하는 것(상대평가)도 아니고, 사회가 제시하는 절대 기준을 추구하는 것(절대평가)도 아니다. 그보다 기독교적 수월성은 사람이 하나님의 형상으로 창조되었다는 것에 근거해, 그에게서 하나님께서 주신 재능과 은사를 발견하는 데 일차적인 목표를 둔다. 그런 다음 그 재능과 은사를 최대한 펼칠 수 있도록 돕고 지원하는 것이다.

많은 부모들이 자기 자녀를 다른 집의 자녀와 비교한다. 수학 점수가 낮다든가 영어 실력이 부족하다든가 평가를 받을 때는 쉽게 마음이 흔들린다. 그러나 기독교 교육은 수월성이라는 우상에 속지 말아야 한다. 세상이 말하는 수월성과 성경이 말하는 수월성은 질적으로 다르다.

5. 수월성의 예

전통적으로 개신교는 하나님께서 주신 재능을 따라 교육을 받고, 직업에 관한 소명의식을 가지고, 그 분야에서 실력 있는 자로 영향을 끼쳐야 한다고 권장해왔다. 이런 점에서 기독교 교육이 학문과 기술의 우수성만을 추구하고 있다면, 정말 중요한 것을 잃고 있는 셈이다. 하나님의 형상으로 창조된 인간은 재능이나 능력에서 매우 다양하다. 그래서 다양한 직업이 생기는 것이고, 거기서 다양한 수준의 결과를 낳는 것이다. 하나님을 경외하는 그리스도인 역시 유력한 재능이나 능력을 발휘하는 박사와 과학자, 사업가, 정치가, 의사, 법조계나 예체능계 인물 등으로 활동할 수 있어야겠지만, 동시에 평범하고 눈에 띄지 않는 재능이나 능력을 발휘하는 다른 직업들에서도 활동할 수 있어야 한다. 비록 세상은 어떤 재능이나 능력을 다른 것들보다 더 높이 대우하지만, 하나님께서는 모든 재능이나 능력을 동일하게 대우하시기 때문이다. 네덜란드에는 아래의 가사와 같은 어린이 노래가 있다.

> 나는 망치질을 좋아하지 / 누군가는 집을 지어야 해 / 어떤 사람은 대통령도 되고 / 장관도 되고 싶지만 / 누군가 목수 일을 해야 하지 않을까 / 나는 어릴 때부터 망치질을 좋아 했어 / 쉬워 보이지만 아무나 할 수 있는 일이 아냐 / 이것 정말 어려운 일이야 / 난 목수가 될 거야 / 난 목수가 될 거야.

오늘날 많은 그리스도인들이 일반적인 세상 사람들과 같이 탁월한 재능과 눈에 띄고 화려한 결과만을 바란다. 어떻게 해서든 그 분야에서 최고가 되려고 한다. 물론 최고가 되는 것이 나쁜 것은 아니지만, 그렇다고 해서 최고 그 자체가 목적이 되어서는 안 된다. 최고를 목표로 하는 것이 기독교 교육의 목적이 되어서도 안 된다. 세상 사람들은 최고가 되어야만 살아남을 수 있다고 생각해서 수단과 방법을 가리지 않고 최고가 되기 위해 애쓴다. 그러나 우리는 하나님의 통치를 믿는 사람들이다. 하나님께서 우리의 삶에 관여하시며 이끄신다는 것을 믿는 사람들이다. 그렇기에 세상 사람들과 같이 최고를 목표로 두는 것이 아니라 하나님의 뜻이 이루어지는 것을 목표로 두어야 한다.

6. 하나님 나라에서의 수월성

하나님 나라에서는 다양한 성도들이 다양한 재능과 은사를 소유했음을 인정한다. 같은 재능이 있다 하더라도 그 능력에서 차이가 난다는 것도 인정한다. 그렇기 때문에 기독교 교육은 학생들이 자신의 재능을 발견하고 그 재능을 능력껏 펼칠 수 있도록 교육해야 한다. 많은 경우 학생들은 모든 것이 자신의 노력 여하에 달렸다고 믿고 싶어 한다. 그러나 그것은 속임이고 환상이다. 인간은 그렇게 단순하지 않다. 인간은 기계가 아니다. 학생들 중에는 복잡한 법률책을 암기하는 것이 즐거운 사람이 있는가 하면, 법률책의 첫장을 넘기는 것도 부담스러워 하는 사람이 있다. 그에게는 밖에서 공차고 노는 것이 훨씬 즐거운 일이다. 물론 법률책을 암기하는 것이 즐거운 학생들이라도 누구는 다른 사람들보다 훨씬 손쉽게 암기할 수 있다. 피아노를 치는 것을 즐거워하는 사람들도 마찬가지다. 많은 사람들이 피아노를 친다고 해서 모두가 최고가 될 수 있는 것은 아니다.

하나님 나라는 하나님의 통치 아래 그분의 백성들이 행복한 삶을 누리는 곳이다. 이런 나라가 추구하는 수월성은 세상 나라의 것과 같을 수 없다. **하나님 나라에서의 수월성은 다른 사람과의 경쟁과 비교에서 우위에 선다는 개념이 아니다. 그보다 하나님 앞에서 각자가 자신의 재능과 능력에 충실하는 것이다.** 하나님 나라에서는 모든 사람들에게 독특한

(unique) 가치가 있다. 그 독특한 가치들이 제대로 발휘되는 것이 수월성이다. 좀 느리게 배우는 학생들도 있다. 그러나 느리더라도 기다려만 준다면 얼마든지 그의 수월성이 나타날 수 있다. 학업에서 높은 성취도를 보이는 학생만 인정해주고, 다른 유형의 재능에서 성취도를 보이는 학생은 인정해 주지 않는다면, 가르치는 자도 배우는 자도 행복하지 않을 것이다. 하나님 나라는 다른 사람들과의 비교 평가에서 인정받는 곳이 아니라 하나님 앞에서 인정받는 곳이다.

7. 두 마리 토끼?

이러한 수월성의 측면에서 오늘날 기독교 교육이 많은 비난을 받고 있다. 세상 사람들 중에도 세속적인 물질주의와 성공주의를 비난하는 사람들이 있다. 그들은 전인교육 혹은 인성교육을 위해 세속적인 수월성 교육을 기꺼이 포기한다. 그런데 오히려 그리스도인들이 세속적인 학문의 수월성과 세상적인 성공을 추구하고 있다니, 정말로 부끄러운 일이 아닐 수 없다. 비록 겉으로는 멋진 구호를 외치지만, 실제로는 '엘리트 교육' 혹은 '명문 대학을 위한 교육'을 목표로 하는 경우가 많다.

그런데 과연 신앙과 학문이라는 두 마리 토끼를 다 잡을 수 있을까? 어떤 사람들은 이 목표는 절대로 잡지 못할 두 마리 토끼가 아니라 잡을 수 있고 실현 가능한 한 마리 토끼라고 우긴다. 그러나 대개 신앙도 좋고 학문적으로도 탁월한 성과를 바라는 사람들은 교육을 통해서 사회적인 신분 상승을 이루고 경제적인 부를 축적하겠다는 욕망을 가진 사람들이다. 신앙이라는 이름으로 자신의 욕망을 포장하는 것이다.

이런 점에서 어쩌면 신앙과 학문이라는 두 마리 토끼를 모두 잡을 수 있다는 것은 이론적으로는 가능하지만, 실제적으로는 거의 불가능한 일이라고 말할 수 있지 않을까? 특히 오늘날과 같이 세상적인 수월성을 향해 모두가 매진하고 있는 상황에서는 더더욱 그렇지 않을까 싶다. 세상적인 수월성을 강조하게 되면, 그만큼 성경적인 수월성은 물론 제자도와 신앙의 측면이 간과되기 쉽기 때문이다. 그래서 알버트 그린(Albert Green) 박사는 이런 점을 염려하면서 이렇게 말했다. "아이들은 자신이 가진 재능에 따라 하나님의 창조세계를 탐색하도록 도움을 받을 필요가 있다. 학문 영역에 재능이 있는 학생은 그들의 재능을 가능한 최대로 발휘할 수 있도록 도전 받을 필요가 있다. 그러나 학교가 가장 관심을 두는 것이 학문이라는 인상만큼은 피해야 한다."[2]

물론 미국과 네덜란드, 호주, 캐나다 등에 있는 기독교 학교들은 높은 학업 성취도를 보여주고 있다. 하지만 이는 그 학교들이 세상적인 수월성을 추구했기 때문이 아니다. 그들은 하나님 나라의 일꾼을 양성하기 위해서 기독교적인 수월성을 강조했을 뿐이다. 미국의 기독교 홈스쿨러들이 높은 학업 성취도를 보여주는 것도 수월성의 추구보다는 안정된 가정의 부모들 때문이다. 부모들의 헌신과 안정된 분위기가 자녀들을 신앙적으로 정서적으로 안정시켜주고, 그것이 결국 그들의 학업에 긍정적인 영향을 미치는 것이다. 그러므로 학문적으로 높은 학업 성취도는 하나님 나라와 그 의를 구하는 결과로 나타나는 것이지, 그것 자체를 목표로 추구해서는 안 된다.

8. 노력하면 된다?

사람들은 대부분 자신의 뇌를 잘 계발하기만 하면 좋은 성적을 낼 수

---

2. 알버트 그린, 『기독교세계관으로 가르치기』, CUP, 2004, 58쪽.

있다고 믿는다. 그래서 자녀들에게도 노력하기만 하면 된다고 동기를 부여한다. 그런데 과연 이런 생각이 성경적일까? 같은 교육 환경과 내용, 방법을 사용하면 같은 결과를 낼 것이라는 생각은, 사람을 기계나 동물로 보는 행동주의 심리학의 영향에서 비롯된 것이다. 그러나 성경은 누구나 노력하기만 하면 될 것이라고 말하지 않는다. 그보다는 각 사람의 재능이 모두 다르다고 말한다. 그들은 저마다 받은 달란트가 다르다. 그러므로 비록 같은 환경과 내용, 방법을 사용해서 교육하더라도 사람들은 저마다 다른 결과를 내게 된다. 다른 결과를 낸다고 해서, 또는 열등한 결과를 낸다고 해서 열등한 인간이 되는 것이 아니다. 70점의 성적을 내는 학생이더라도 100점의 성적을 내는 학생 못지않게 예수님의 제자에 가까울 수 있다.

9. 나가며

성경은 다른 사람과 비교해서 우위에 서도록 부추기지 않는다. 개혁신앙은 우리가 뭔가 할 수 있다고 말하지도 않는다. 하나님의 절대적인 도우심만이 우리를 우리 되게 할 뿐이라고 가르친다. 이에 반해 세상 사람들은 탁월한 성과를 내면, 자신의 능력과 노력 때문이라고 생각한다. 그래서 그 성과에 스스로 만족하고, 주변의 사람도 그를 칭찬하고 우러러본다. 하지만 거기에는 하나님께서 영광을 받으실 수 있는 자리가 없다. 그러므로 우리는 이 같은 세상적인 수월성의 유혹에 넘어가지 말자. 그보다 하나님의 말씀에 순종하고 그분의 뜻이 이루어지는 것이야말로 우리의 수월성의 목표가 되게 하자. 물론 그렇다고 그리스도인은 노력하지 않고 게을러도 된다는 말이 아니다. 오히려 그리스도인은 누구 못지않게 열심히 일하고 공부해야 한다. 다만 그것이 세상적인 수월성을 목표로 하는 것이 아니라 하나님의 말씀과 뜻의 성취를 목표로 하는 것이 되어야 한다는 것이다. 예를 들면, 주일에 공부하지 않고 쉬는 것이나, 가난하고 약한 사람들을 위해 기꺼이 시간을 내어 돕는 것 등이 그런 것이다.

<토론을 위한 질문>

1) "여호와께서 너를 머리가 되고 …… 아래에 있지 않게 하시리니" (신 28:13a)라는 말씀을 많은 사람들은 어떻게 오해하고 있나요?

2) 마태복음 28장의 '지상 명령'과 마태복음 25장의 '달란트 비유'를 볼 때, 하나님 나라의 수월성은 무엇인가요?

3) 하나님 나라의 수월성의 출발은 어디에서부터인가요?

4) 수월성에 대해 배운 것을 나눠 보세요.

11장
기독교 학교

한국교회는 희망이 있을까? 미래의 주역이 될 다음세대가 한국의 개신교회를 이끌어 갈 수 있을까? 안타깝게도 한국교회의 미래는 그리 밝아 보이지 않는다. 무엇보다 출산율 저하로 미래의 주역인 아이들의 수가 줄고, 다음세대를 위한 교육도 성공적이지 못해 보인다. 복음주의적인 한국교회는 이런 문제들을 알고 있지만, 마땅한 대책을 찾지 못하고 있다. 교회와 성도들은 속수무책 당하고만 있다. 근본적인 해법이 필요하다. 몇몇 교회들이 '미션 스쿨'을 통해 해법을 시도해 왔지만, 오늘날에는 오히려 역효과를 일으키는 상황이다. 그보다는 개혁신앙적인 접근이 필요한 때다. 앞서간 개혁신앙을 따르는 교회와 성도들은 언약의 자녀들을 성경적인 세계관으로 교육하는 '기독교 학교'를 설립하여 운영했다. 이런 기독교 학교가 한국에도 절실히 필요하다.

1. 한국교회의 위기

한국의 개신교회는 세계 교회의 역사에서 유래 없는 성장을 거듭했다. 그러나 2005년의 인구조사에 따르면, 10년 간 기독교인의 수는 오히려 감소했다. 비록 2015년의 인구조사에서는 이후 10년간 소폭 증가한 것으로 집계되었지만, 여기에는 여러 가지 허수들이 있다는 것이 많은 사람들의 견해다. 또한 2017년 학원복음화협의회 조사에 따르면, 대학생 중 기독교인의 비율이 15%인데, 그 중 교회에 나가는 학생이 71.7%이고 나머지 28.3%는 소위 가나안 대학생이란다. 과거와 비교할 때 교회 출석하는 대학생은 점점 줄어들고, 반면 교회를 떠나는 대학생은 점점 늘어가고 있다. 무엇보다도 요즈음 주일학교의 실태를 보면 한국교회의 위기가 매우 심각함을 알 수 있다. 주일학교 유초등부(6년)에서 올라간 중고등부(6년)의 숫자가 반 밖에 되지 않고, 다시 대학부에 올라간 숫자도 반 밖에 되지 않는다. 즉, '초등부'(200명) → '중고등부'(100명) → '대학부'(50명)의 현상이 일반적이라는 것이다. 대체 이런 상황의 원인이 어디에 있는 걸까?

2. 서구교회의 위기

미국교회에서는 **청소년의 65%가 성인이 되면서 교회를 떠난다**고 한다. 미국에 살고 있는 한국인 이민 2세들의 상황은 더 심각하다. **한국인 이민 2세 자녀들**이 대학을 졸업하고 직장을 갖고 부모로부터 경제적으로 독립하는 순간 **교회를 떠나는 숫자가 무려 90%**나 된다는 연구 결과가 있다.[1] 미국에서 한국인 이민 교회는 1세대 부모님의 교회이지 더 이상 2

---

1. Peter Cha, "Towards a Vision for Second Generation Korean American Ministry", pp. 21-24. 1994년 *Katalyst*에 발표된 글이다. Karen J. Chai(Harvard, Sociology), "Competing for the Second Generation: English-language Ministy at a Korean Protestant Church" in R. Stephen Warner & Judith G. Wittner(ed.), *Gathering in Diaspora: Religious*

세대들의 교회가 아니다. 부모님의 신앙이 자녀들에게 전수되지 못한 것이다.

이런 현상은 먼저 유럽교회에서 시작되었다. 필자는 네덜란드에서 유학을 할 때, 독일을 비롯해 영국, 스웨덴, 노르웨이, 덴마크 등의 유럽교회들이 쇠퇴하는 것을 지켜보았다. 고딕식의 웅장한 교회당에는 노인들만 20-30명이 모여 예배를 드릴 뿐, 대개는 관광객들로 붐비고 있었다. 어떤 교회당은 유지가 힘들어 카페나 술집, 또는 이슬람 사원으로 변하기도 했다. 지금 **유럽에서는 기독교가 쇠퇴하고 이슬람이 약진**하고 있다고 한다. 이렇듯 몰락해 가는 서구교회는 속수무책으로 당하고 있을 수밖에 없다. 원인을 모르니까 대책도 세우지 못하고 있는 상황이다.

3. 한국교회의 현실

한국교회도 이대로 가면 유럽교회의 전철을 밟게 될 날이 멀지 않다. 아직은 한국교회가 수적으로 많고 경제적으로 여유가 있으며 신앙적인 열심도 있지만, 30년 후면 상황이 반전될 지도 모른다. 다음세대에는 교회가 텅텅 비게 될 지도 모른다. 요즈음 젊은 세대들은 신앙에 관심이 없다. 옛날 어려운 시절에 부모들이 하나님을 찾았던 것처럼 그렇게 간절하지 않다. 뿐만 아니라 부모의 말씀을 경청하지도 않고 그냥 잔소리로 흘려버린다. 중학생만 되어도 부모와 대화하지 않는다. 부모가 자녀에게 신앙적인 대화를 하거나 충고하는 것은 불가능해 보인다.

필자가 어느 대학에서 강의를 할 때 학생들에게 물었다. "어릴 때부터 교회에 나간 학생들 가운데 부모님께로부터 복음을 들어 본 사람이 있나

Communities and the New Immigration(Philadephia 19989), p. 300에서 재인용.

요?" 이 질문에 고작 10%정도만이 부모에게서 복음을 들어 본 경험이 있다고 대답했을 뿐, 나머지 90%는 아니라고 대답했다. 충격이었지만, 이것이 현실이다. 그리스도인 부모가 자녀에게 "텔레비전 끄고 교회 가야지." "헌금은 챙겼니?" "선교 헌금은?" 이런 얘기는 하지만, 정작 복음 자체를 가르치지는 않는다. 부모가 주일학교 교사로서 다른 아이들에게 예수님을 전할지 몰라도, 자기 자녀들에게는 복음을 가르치거나 전하지 않는다.

우리나라가 여러 면에서 복지국가에 근접하고 있지만, 교회는 오히려 영적으로 심각한 빈곤과 위기에 직면했다. 일제 강점기의 암울한 현실과 동족상잔의 비극, 이후 계속된 빈곤의 악순환 가운데서 이를 악물고 하나님께 기도하며 경제를 부흥시켰던 기성세대는 마치 광야생활을 경험했던 이스라엘 백성들처럼 하나님을 경험한 자들이었다. 하지만 다음세대인 그들의 자녀들은 그런 하나님을 알지 못한다. 바로 여기에 문제의 핵심이 있다. 성경은 이에 대해서 무엇이라고 말할까?

4. 위기의 원인

가나안 땅에 들어갔던 이스라엘 백성의 다음세대는 하나님을 알지 못했고, 하나님께서 그들을 위해 행하신 일도 알지 못했다. 그들의 부모세대는 하나님을 알고 믿었지만, 그들의 자녀들은 그렇지 못했다. 어떻게 그런 일이 일어났을까?

신명기 6장을 읽어보면, 하나님께서는 하나님만을 사랑하고 자녀들에게 말씀을 부지런히 가르치라고 명령하셨다. 동시에 가나안 땅에서 잘 살게 되어 배부를 때에 조심하라고 경고하셨다(신 6:10-15). 그런데 이스라엘 백성은 이 경고를 무시했다. 그들은 가나안 땅이 제공하는 풍요와 세속주의에 힘없이 무너지고 말았다. 물질적인 풍요 속에서 영적으로 가난하게 된 대가는 매우 컸다. 350년간 영적으로 빈곤했던 사사시대가 이를 증명해준다. "그 세대 사람도 다 열조에게로 돌아갔고 그 후에 일어난 다른 세대는 여호와를 알지 못하며 여호와께서 이스라엘을 위하여 행하신 일도 알지 못하였더라"(삿 2:10) 그런데 최근에 우리나라 사회가 경제적으로 부요해지면서 과거 가나안 땅에 들어간 이스라엘 백성과 비슷한 상황을 맞고 있는 건지도 모른다.

5. 사사시대의 예

이스라엘 백성이 맞게 된 위기의 원인은 무엇일까? 결론부터 말하자면, 그것은 '세속화'와 '자녀교육의 부재' 때문이다. 신명기 6장 4-9절에서 그 실마리를 찾을 수 있다. 하나님께서는 이스라엘 백성에게 하나님만을 사랑하라(4-6절)고 하셨다. 이어 자녀들에게 하나님에 대해 부지런히 가르치라(6-9절)고 명령하셨다. 하지만 가나안에 들어간 이스라엘 백성은 세속문명에 동화되었고, 세속적인 성공에 빠져버렸다. 재물의 신인 맘몬(Mammon)과 풍요의 신인 바알(Baal)을 섬겼다. 하나님만 섬기지 않고 세속 신을 겸하여 섬겼다. 이런 세속적 혼합주의는 자녀에게 그대로 전달되었다. 자녀에게 하나님에 관해 부지런히 가르치는 대신 세속적인 성공을 가르쳤던 것이다.

사사시대의 문제의 원인이 신앙교육의 부재 때문이라는 것은 엘리 제사장의 가정을 보면 잘 알 수 있다. 엘리 제사장의 두 아들은 '행실이 나쁘고 하나님을 알지 못했고'(삼상 2:12), '예배를 비웃고 하나님을 모욕했고'(삼상 2:17), 성적인 죄를 지었다(삼상 2:22). 엘리 제사장도 오늘날의 부모들과 크게 다르지 않았다. 그는 하나님보다 자녀를 더 중요하게 생각했다(삼상 2:29). 자녀가 잘못된 길로 걸어가고 있어도 목숨 걸고 말리지 않고 신앙으로 인도하지 않았다. 가장 모범이 되어야 할 제사장의 자녀들이 불신앙에 빠졌을 진대, 일반 백성들의 자녀들이 어떠했을 지는 불을 보듯 뻔한 일이다. 그들은 세상에 빠져 세속적인 삶을 즐기며 하나님을 떠난 생활을 하고 있었다. 자녀들의 출세를 위해서라면 목숨이라도 바칠 수 있었지만, 하나님 나라를 위해서는 인색했다. 이렇듯 세속화와 그로 인한 자녀의 신앙교육 부재가 사사시대 교회의 근본 문제였다.

6. 신앙훈련에 전념해야 한다

한국교회도 이런 사사시대의 위험에 처해 있다고 진단한다면 너무 과한 것일까? 결코 그렇지 않다. 한국교회는 사사시대와 같이 다음세대에서 급격히 하락할 위기에 처해 있다. 왜 이런 지경에 이르게 되었을까? 너무 일반화하는 위험을 무릅쓰고 말해보자면, 그것은 개인의 영혼구원에만 몰두했던 복음주의적 신앙을 따르던 교회들이 아무런 저항 없이 저출산이라는 세속주의를 따라갔다는 점과, 자녀들을 성경적인 신앙으로 바르게 양육하고 훈련시키는 것을 소홀히 했다는 점 때문이라고 말할 수 있다.

따라서 이제는 교회들이 하나님의 주권과 그분의 말씀인 성경을 강조하는 개혁신앙에 근거해서 당면한 문제들에 대한 해법을 찾아야 할 때다. 그 중에 한 가지가 자녀들의 신앙교육의 문제인데, 이를 해결하기 위해서는 네 가지 영역에서 접근할 필요가 있다. 첫째는 '환경'이고, 둘째는 '교회', 셋째는 '가정', 넷째는 '학교'다. 이상의 네 가지 영역에서 개혁신앙은 상당히 좋은 모델을 제시한다.

1) 환경: 보호와 훈련

자녀들이 살고 있는 한국사회의 환경은 열악하기 그지없다. 입시위주의 교육, 지나친 경쟁, 획일적인 교육, 지식전달 위주의 교육, 성공주의, 물량주의, 자본주의에 기초한 양육강식의 환경, 과도한 사교육비의 지출, 문화적·경제적 사대주의에 따른 영어에 대한 맹신, 기러기 아빠, 자살, 가정파탄 등 이루 말할 수 없는 문제들로 가득하다. 이 모든 환경들 속에서 우리 자녀들은 고통하며 신음한다. 하나님이 없는 세속적인 삶의 특징은 열심히 '수고'하더라도 결국 '헛수고'라는 것(시 127:1-3)이다. 혹시나 우리의 자녀들도 아침 일찍 일어나 밤늦게까지 공부하는 '수고'에 시달리고 있지만, 정작 그것이 하나님이 없는 '헛수고'가 되지 않을까 염려된다.

앞에서 열거한 구조적인 문제 외에도 컴퓨터나 휴대폰, PC방, 학교폭력, 왕따 등의 환경들 역시 그리스도인 자녀들의 영혼을 피폐케 하는 주범들이다. 그런데도 오늘날 교회와 성도들은 이런 것들의 위험성에 둔감하다. 그렇기 때문에 자녀들을 신앙으로 보호하는 데도 소홀한 자세를 보인다. 그러나 다음세대를 신앙으로 교육하기 위해서는 세속적인 유혹들로부터 그들을 보호해주는 한편, 그런 유혹과 환경들을 이겨낼 수 있도록 지속적으로 교육하고 훈련해야 한다.

2) 교회: 주일학교

현재 한국 개신교회들은 다음세대를 위한 교육으로 거의 주일학교 교육에 전념하고 있는 실정이다. 그렇기 때문에 상대적으로 주일학교 교육이 그만큼 중요하다고 하겠다. 일주일에 한 시간의 신앙교육이라도 가능한 잘 구성해서 자녀들을 양육해야 한다. 그것이 그들의 영적인 수준을 결정할 수 있을 것이다. 그러나 사실 신앙교육이 일주일에 한 시간으로 충분하다고 생각하는 사람은 아무도 없을 것이다. 오늘날 자녀들은 수많은 음란물과 폭력물에 쉽게 노출되어 있다. 뿐만 아니라 스마트폰과 컴퓨터, 또래 친구들과의 놀이가 교회보다 훨씬 강력한 재밋거리를 제공한다. 더군다나 학교에서는 한 주간 내내 무신론적 진화론을 따르는 교육을 받는다. 학교 공부를 잘 하면 잘 할수록 어쩌면 무신론적 진화론자가 될 가능성이 많게 되는 것이다. 이런 상황에서 일주일에 한 시간만 하는 주일학교 교육만으로는 자녀들의 신앙교육을 충분히 감당할 수 없다.

3) 가정: 가정예배

자녀들의 신앙교육은 일차적으로 부모들이 담당해야 한다. 성경은 부모들에게 자녀를 신앙으로 교육할 것을 명령했다. 그러나 오늘날 부모들은 자녀에게 국어, 영어, 수학은 공부하라고 하지만, 정작 성경을 공부하라고 말하지는 않는다. 그러면서 성경이나 신앙의 교육을 모두 교회에 일임하고 있다. 그런데 여기에 함정이 있다. 앞에서도 얘기했지만, 일주일에 한 시간의 교육만으로는 신앙교육이 제대로 이루어질 수 없다. 이런 점에서 기본적으로 가정에서 먼저 부모가 자녀에게 성경을 가르치고 신앙생활을 훈련할 수 있어야 한다. 그리고 이를 위해 가장 좋은 방법은 단연코 '가정예배'다. 필자는 네덜란드 유학시절에 배운 가정예배를 지금도 매일 꾸준히 하고 있다. 가정예배만큼 자녀의 신앙교육을 위해 좋은 것은 없다고 생각한다.

4) 학교: 기독교 학교

미션스쿨이 아니라 기독교 학교다

'기독교 학교'하면 당장 떠오르는 것이 '미션스쿨'(Mission School)이다. 그러나 현재 미션스쿨은 고교평준화 이후 그 역할이 반감되었고, 기독교 유명 대학들(연세대학교와 이화대학교)도 그 역할을 포기한 지 오래되었다. 그나마 중·고등학생을 위한 미션스쿨이 몸부림을 치고 있지만, 한계에 이르렀다는 게 대체적인 평가다. 왜냐하면 현재 미션스쿨에서 성경과목을 가르치려면, 다른 대체과목(불교, 유교, 이슬람, 철학 등)도 개설해야 하는 상황이기 때문이다. 1963년에 미국의 연방법원은 공립학교에서 성경을 가르치고 기도하는 것을 금지하는 법을 만들기까지 했다. 그러자 여기에 위기를 느낀 수많은 교회와 그리스도인들이 '기독교 학교'(Christian School)를 세우기 시작했다. 그런데 현재 우리나라의 상황이 당시 미국의 상황과 비슷하다. 우리나라의 선교 초기에 미션스쿨이 복음 전파에 중대한 역할을 했다면, 이제는 기독교 학교가 그 역할을 대체해야 할 시점에 이르렀다.

기독교 학교란?

'기독교 학교'는 불신 학생들을 받아 그들에게 복음을 전하기 위한 목적으로 세워진 학교가 아니다. 그보다는 믿는 부모들의 자녀들을 교육하기 위해 세워진 학교다. 다시 말해, 부모에게 맡겨진 언약의 자녀들을 신앙으로 교육하기 위해 세워진 학교가 기독교 학교다. 오늘날 일반학교에서는 거의 획일적으로 무신론적 진화론에 입각한 교육을 하고 있다. 따라서 이런 교육 아래 언약의 자녀들을 방치하면서 그들의 신앙이 온전하게 자라기를 기대하는 것은 너무 무책임한 일이다. 이런 점에서 '기독교 학교'는 교회의 생존을 위해서도 꼭 필요하다.

일반적으로 많은 그리스도인들이 공립학교에서 배우는 지식을 중립적인 것이라고 생각한다. 그러나 중립적인 지식이란 애초에 없다. 기본적으로 그 안에는 세계관이 자리한다. 특히 오늘날처럼 성경적인 세계관에 저항하는 세속적인 세계관이 지배하는 경우, 그 지식은 세속적인 세계관에 입각한 지식일 수밖에 없다. 따라서 자녀들을 성경적인 세계관으로 교육하고 훈련하지 않으면, 언제든 세속적인 세계관이 그들을 다스리게 될 것이다. 이런 점을 고려할 때도 기독교 학교는 선택이 아니라 필수다.

기독교 학교의 역사

기독교 학교는 언제부터 시작되었을까? 우리나라에 복음을 전해준 미국교회(장로교, 침례교, 감리교 등)는 당시까지만 해도 기독교 학교를 알지 못했다. 그러다가 1960년대 중반에 이르러 학교교육의 세속화에 직면하면서 기독교 학교의 필요성을 느끼기 시작했다. 물론 이전에도 '기독교 학교'는 있었다. 다만 소수의 개신교회(개혁교회, 루터교회, 메노나이트 등)만이 '기독교 학교'를 세우고 유지하고 있었을 뿐이다. 그 중에서도 개혁교회(Reformed Churches) 성도들이 만든 기독교 학교들이 단연 독보적인 위치를 차지하고 있었다. 예를 들어, 미국 아이오와(Iowa)주 펠라(Pella)에는 100년의 전통을 자랑하는 기독교 학교가 있는데, 이는 네덜란드에서 이민 온 개혁교회 성도들이 세운 학교다.

19세기 당시에는 미국의 공립학교에서도 성경을 읽고 기도하고 찬송할 수 있었다. 그런데도 개혁교회 성도들은 정부로부터 지원받지 못하는, 그래서 비싼 등록금을 낼 수밖에 없는 기독교 학교를 만들어 기독교 교육을 시켰다. 이런 교육을 받은 자녀들은 대학을 졸업하고 직장을 가지면서도 90%정도가 교회에 남는다. 그러나 현재 미국에 이민 간 그리스도인 한국인 2세들은 대학을 졸업하면서 90%가 교회를 떠난다. 이를 단순하게 기독교 학교의 영향력이라고 말할 수는 없겠지만, 어느 정도는 충분히 영향이 있다고 말할 수 있다. 개혁교회의 기독교 학교에 다니는 자녀들은 매일 가정에서 가정예배를 드리고, 절제되고 정제된 환경을 제공받으며, 교회에서도 주중에 교리교육을 받는다. 한 마디로 총체적인 신앙교육을 받으며 성장한다.

기독교 학교의 원조는 네덜란드 개혁교회(Reformed Churches in the Netherlands)다. 개혁신앙의 전통을 따르는 네덜란드 개혁교회의 성도들은 언약의 자녀에 대한 신앙적 책임을 강조하며 실천한다. 그들은 자녀교육의 책임이 교회도 아니고, 국가도 아닌 가정(부모)에 있다고 믿는다. 그래서 부모들이 직접 함께 이사회를 구성하고 기독교 학교를 세우고 운영한다. 이 같은 네덜란드나 미국의 기독교 학교는 공립학교에 비해 월등하게 학업성취도가 높게 나오는데, 이는 학교 시설이나 교육과정 때문이 아니라 '좋은 부모' 때문이라고 말한다. 즉, 기독교 학교에서 가장 중요한 요소는 부모라는 말이다. 이런 점에서 자녀를 학교나 학원, 교회, 멀티미디어 등에 맡기고 뒷짐 진 우리나라 그리스도인들은 크게 반성해야 할 것이다.

교사 선발과 교육은?

기독교 학교에서 두 번째로 중요한 요소는 '교사'다. 기독교 학교를 시작하려 해도 준비된 교사가 없다면 실패할 것이다. 그런데 우리나라에는 기독교 학교가 생소할 뿐만 아니라 준비된 교사도 없다. 기독교 학교를 세우려는 당사자가 직접 나서서 선발하고, 가르치고, 훈련해야 한다. 2006년에 샘물기독학교가 시작하기 전에 제일 먼저 착수한 것이 교사를 선발하고 교육하고 훈련하는 것이었다. 교사 선발 기준도 중요하다. 그 기준은 당연히 학교의 교육철학에서 비롯된다. 만약 교육철학이 신앙보다 실력을 강조한다면 실력 있는 교사를 뽑을 것이고, 실력보다 신앙을 강조한다면 신앙이 좋은 교사를 뽑을 것이다. 물론 단순히 신앙이 좋은 것만이 아니라 어떤 색깔의 신앙인지도 중요하다. 왜냐하면 신앙과 학문을 이원론적으로 보는 신앙으로는 기독교 학교에서 가르치는 것이 적절하지 않기 때문이다.

교육과정

기독교 학교에서 세 번째로 중요한 것이 있다면 '교육과정'이다. 기독교 학교에서 가르치는 내용은 일반학교와 다를 수 있다. 교육철학이 다르기 때문이다. 그래서 그에 맞는 교육과정을 세우고 교재를 선택할 수도 있다. 하지만 우리나라의 기독교 학교는 아직 초기 단계다. 전국에 140여 개의 기독교 학교가 있을 뿐이다. 이들 학교가 연합해 만든 교육단체가 있지만, 아직 제대로 기능하지 못하는 실정이다. 그런 상황에서 개별 학교가 신뢰할 만한 교육과정과 교재를 만들어 내는 것은 어려운 일이다. 그러나 비록 여건상 일반학교와 같은 교육과정과 교재를 사용하더라도 크게 문제되지 않을 수 있다. 왜냐하면 오랜 기독교 학교 전통을 가진 네덜란드에서도 교과서는 공립학교에서 사용하는 것을 같이 쓰더라도 성경적 세계관으로 훈련된 교사가 있고 지침서가 있으면 별로 걱정할 것이 없기 때문이다. 여하튼 무엇을 얼마나 가르칠 것인가에 해당하는 교육과정은 기독교 학교에서 논의를 통해 결정해야 하는 것으로, 앞으로 계속 고민하고 연구해야 할 부분이다.

학생 선발

기독교 학교의 꽃은 역시 '학생'이다. 학생은 기독교 학교의 주인공이다. 그만큼 학생을 어떻게 선발하느냐가 중요하다. 학생 선발의 방법을 보면, 그 학교의 교육철학을 알 수 있으며, 교육목표와 핵심가치가 제대로 실천되고 있는지를 알 수 있다. 만일 학교의 교육철학이 실력 있는 학생을 키우는 것이라면, 시험 점수로 학생을 평가하고 선발하려 할 것이다. 하지만 그렇지 않은 교육철학이 있는 학교라면, 학생을 선발할 때 다른 방식과 기준으로 선발할 것이다. 현재 우리나라의 기독교 학교는 대안학교 형태가 많기 때문에 일반학교에 적응하기 어려운 학생들이 지원하는 경우가 많다.

분위기

기독교 학교에 보내는 부모들의 각오는 남다르다. 그런 부모들의 자녀들이 모였으니 공감대가 크고 분위기도 좋다. 일반학교에서 쉽게 경험하는 정신적, 신체적, 언어적 폭력 같은 걱정을 할 필요가 없다. 샘물기독학교 같은 경우, 멀티미디어 사용을 금지하고 선행학습을 위한 과외를 금지하기 때문에 학생들이 정서적으로 매우 안정되어 있다. 이런 상황은 긍정적이고 선 순환적 결과를 기대할 수 있게 만든다. 뿐만 아니라 교실은 질서 있고 자기 주도적이며 창의적인 분위기로 가득하다. 교사 또한 단순한 지식의 전달에 그치지 않고 성품을 교육하는 데도 신경을 씀으로써 전인교육을 추구한다.

기독교 학교의 과제

물론 기독교 학교에도 문제는 있다. 사실 기독교 학교라는 이름을 가지면서 영어로 수업을 하는 국제학교의 형태도 많다. 그러나 기독교 학교는 보통 사람을 위한 교육을 해야 한다. 특별한 엘리트를 양성하는 학교와는 다른 보편적인 교육을 해야 한다. 이와 함께 비싼 등록금도 해결해야 할 과제다. 이것은 국가의 지원이 없기 때문에 생겨난 어쩔 수 없는 부분이긴 하지만, 그렇더라도 여러 각도에서 해결할 수 있는 방법을 찾아야만 할 것이다.

※ 참고할 책

임경근.『기독교 학교 이야기』. SFC, 2009.
이정만.『기독교 학교 가이드북』. 인생도처유상수, 2016.

<토론을 위한 질문>

1) 현재 한국교회 성도들의 신앙교육은 어떠한가요?

2) 신명기 6장 4-9절에서 하나님께서 명령하신 내용은 무엇인가요? 그리고 이를 지키지 못한 엘리 제사장의 가정의 모습은 어떠했나요?

3) 자녀의 신앙교육에서 네 가지 영역은 무엇인가요?

4) 기독교 학교란 무엇인가요? 그리고 이것의 가장 중요한 요소는 누구인가요?

5) 기독교 학교에 대해 배운 것을 말해 보세요.

12장
가정

　단순한 삶을 살았던 고대 유대인들은 가정을 중심으로 교육을 했다. 그러다가 바벨론 포로기간 이후 회당 중심의 교육이 추가되었다. 신약 시대에는 삶의 형태가 좀 더 복잡하게 전개되면서 전문 가정교사('후견인', '몽학선생' 또는 '초등교사')라는 제도를 통해 자녀들을 가르치기도 했다(갈 4:2). 중세에 와서는 수도원 교육이 생겨났고, 르네상스 이후에는 대학들이 생겨나면서 교육의 기회를 넓히고 전문성도 발전했다. 근대에는 계몽주의가 등장하면서 교육의 기회균등과 전문성이 더욱 요구되었다. 그리고 마침내 1850년대부터 미국을 중심으로 공교육(Public Education) 운동이 시작되었고, 대부분의 서구 국가에도 이 제도가 정착되었다. 이런 공교육의 경향은 세계적인 추세로 이어졌다. 오늘날 '학교'는 교육 전문기관으로, '교사'는 교육 전문가로 모든 교육을 책임지게 되었다.

　그런데 이러한 교육 패러다임의 변화는 교육적 역할을 가정과 부모에게서 전문가(교회, 학교, 기계)들에게로 모두 위임한 꼴이다. 교육에서 가정의 역할은 상당히 축소되었다. 급기야 이제 가정과 부모는 단순히 의식주(衣食住) 문제만을 위해 존재하는 것처럼 보이기까지 한다. 그렇다면 이런 현실에서 가정과 부모의 역할은 무엇일까? 개혁신앙은 이에 대해 어떤 대안을 제시할 수 있을까?

1. 개혁신앙과 가정

가정의 문제는 개혁신앙이 시작된 종교개혁 시대에도 오늘과 별반 달라 보이지 않는다. 중세 천년의 기간 동안 가정은 중요하지 않았다. 구약의 이스라엘 교회와 신약의 초대교회에서 '가정 중심'(Household centered)으로 진행된 신앙교육은 중세 기간에 '교회 중심'(Church centered)으로 바뀌었다. 교회에서 온 가족이 함께 앉아 예배하지 않고, 세대별로 떨어져 앉아 예배해야 했다. 부모는 자녀들에게 영적인 제사장과 왕, 선지자로서의 기능을 할 수 없었다. 그런 것은 사제들의 전유물이었다. 신앙교육을 시키려면 교회나 수도원에 자녀를 보내야만 했다. 더군다나 로마교회는 성직 독신주의를 채택했다. 가정을 이루는 삶은 독신보다 못한 삶이라고 가르쳤다. 그래서 중세 시대에 똑똑한 남자 아이들은 수도원에 들어가 수도승이 되거나 사제의 길을 택했다. 여자 아이들 역시 출세하고 성공할 수 있는 길은 수녀원으로 들어가 수녀가 되는 것이었다. 그들은 평생 결혼하지 않고 독신으로 살아야만 했다.

종교개혁은 중세 교회가 주장한 교리들을 개혁했을 뿐만 아니라, 그것에 기반한 삶까지도 개혁했다. 그 결과 중세 시대 천대받던 가정이 개혁되고, 중요한 삶의 영역으로 부상했다. 종교개혁가들은 대부분 결혼했다. 오늘날 개신교의 목사들이 결혼해서 가정을 이룰 수 있는 것은 이 같은 종교개혁의 유산이라 할 수 있다. 당시 성직자들이 결혼을 해서 가정을 가지는 것은 불교에서 말하는 파계승과 같은 것으로, 사회에 던지는 충격이 제법 컸다. 하지만 성직자인 종교개혁가들은 결혼하여 가정을 이룸으로써 가정의 소중함과 중요성을 일깨웠다.

종교개혁가들과 이들의 신앙을 이어 받은 교회들은 가정에서 이뤄지는 신앙교육의 의미와 중요성을 되찾아 실행하기 시작했다. 그 대표적인 것이 '가정예배'였다. 개혁신앙을 따르는 그리스도인 가정들은 매일 아버지의 인도로 가정예배를 해야 했다. 특히 장로교회는 이를 웨스트민스터 표준문서(신앙고백서 21장 6절)에 분명하게 명시했다. 뿐만 아니라 스코틀랜드 총회는 1647년에 웨스트민스터 표준문서를 공식적으로 채택하면서 '가정예배지침서'(A Directory of the Family Worship)도 받아들였는데, 이렇게 가정예배를 교회가 공적으로 권장하고 강조한 것은 이것이 처음이자 마지막일 것이다. 당시 가정예배를 하지 않는 가정은 장로와 목사들의 심방을 통해 권면을 받았다. 만일 그럼에도 가정예배를 하지 않을 경우에는 엄중한 경고와 권징을 받아야 했다. 이런 귀한 전통은 미국에 전해져서 초기 미국에 이민 온 청교도들은 가정예배의 소중함을 알고 실천에 옮겼다. 가정예배는 주중에 세상에서 살아가는 동안 신앙을 보존하고 지켜주며, 자녀를 신앙으로 교육하고 훈육하는 귀한 시간이었다.

물론 네덜란드 개혁교회에도 이런 전통이 개발되어 하루에 세 번 성경을 읽고, 찬송하고 기도하는 시간을 갖고 있다. 스코틀랜드 장로교회는 하루에 두 번 가정예배를 한다.

2. 자녀들의 교육과 가정

그런데 오늘날 한국교회가 보여주는 가정의 상황은 중세의 가정의 상황과 크게 달라 보이지 않는다. 요즘 자녀들은 신앙은 교회에서, 교과지식은 학교에서, 사회성은 친구들에게서 배운다.

먼저, 자녀들은 교회에서 주일학교를 통해 신앙교육을 받는다. 그러나 일주일에 한 시간 진행되는 주일학교 교육으로는 그들의 신앙을 바르게 세우는데 충분하지 않다. 아니 턱 없이 모자라다. 만일 국어, 영어, 수학을 일주일에 한 시간씩만 공부한다고 생각해보자. 분명 대부분의 부모들이 충분하지 않다고 항의할 것이다. 그런데도 신앙교육은 일주일에 한 시간만 주일학교에 맡기고는 충분하다고 생각한다.

둘째, 자녀들은 학교에서 배우는 교과(언어, 역사, 사회, 과학, 생활, 예체능) 지식을 배운다. 그러나 이런 지식들은 대개 진화론적 세계관에 의해 만들어진 것들이다. 결국 자녀들이 학교에서 충실하게 공부하면 할수록 진화론에 입각한 무신론자가 될 가능성이 많아지게 되는 아이러니가 발생한다. 그렇기 때문에 성경적 세계관으로 교과들을 바라보고, 이로써 하나님의 창조 세계에 숨어 있는 하나님의 영광을 찬양하도록 하는 부모의 굳건한 지도가 필요하다.

셋째, 자녀들은 친구들 또는 또래집단을 통해 사회성을 배운다. 그러나 이렇게 배우는 사회성에는 부정적인 요소들이 많다. 왜냐하면 또래집단들 사이에 유행하는 문화와 가치들이 아무런 비판 없이 무조건적으로 수용되기 때문이다. 특히 오늘날 또래집단들은 스마트폰이나 게임 등을 통해 형성되는 경향이 많아서 더욱 주의를 요한다.

이런 상황에서 자녀들의 교육에 관해 가정이 지닌 본연의 모습을 되찾아야만 한다. 가정은 가장 기본적이고도 확실한 신앙교육의 장이다. 하나님께서 주신 최초이면서도 최고의 공동체가 가정이다. 가정이 제대로 서야 교회가 제대로 설 수 있고, 교회가 바르게 서야 사회와 국가에 희망이 있다. 사회가 복잡해지고 요구하는 것들이 많아지면서 가정의 기능과 역할을 축소시켜왔지만, 개혁신앙을 따르는 성도들은 이런 흐름을 역류하는 배짱 있는 믿음이 필요하다.

3. 가정, 학교, 교회의 신앙교육 책무

복잡해진 현대 사회는 가정에서 부모의 역할을 상당 부분 학교와 교회, 그리고 사회에 넘겨주도록 했다. 하지만 그렇다고 해서 부모가 자녀의 신앙교육에 대한 책임까지 면제받을 수는 없다. 하나님께서 부모에게 자녀의 신앙교육을 맡기셨기 때문이다.

1) 가정의 삶 훈련

자녀는 신앙과 성품, 예절, 상식, 그리고 살아가는 데 필요한 지식과 습관 등을 가장 먼저 가정에서 부모로부터 배운다. 학교가 그런 것들까지 책임질 수는 없다. 그런데도 어떤 부모는 성품과 예절의 교육까지 학교가 해줄 것을 기대한다. 그래서 학교에서 자녀에게 문제가 생기면 다른 학교를 찾는다. 심지어 대안학교라도 보내어 자녀를 훈련하고 교육시키려 한다. 부모는 돈만 있으면 얼마든지 자녀의 인성과 품성을 훈련할 수 있다고 생각한다. 그러나 가정에서 부모가 먼저 솔선수범하는 모델이 되지 않는다면, 또는 지속적이고 일관성 있는 훈육을 행하지 않는다면, 아무리 좋은 환경의 학교에 다닌다 하더라도 자녀들이 바르게 자라기는 어렵다. 그만큼 부모의 영향은 자녀에게 절대적이다. 교육은 배움이기 전에 삶이다. 자녀는 부모나 형제들과 함께 가정에서 자연스레 많은 것을 보고 배우게 된다. 그렇기 때문에 부모가 가정에서 자녀 교육에 적극적일 때 보다 나은 열매를 기대할 수 있는 것이다.

2) 가정과 학교의 관계

자녀를 일반학교에 보낸다 해도 자녀의 교육에 관한 가정의 책임은 끝나지 않는다. 오히려 학교와 가정의 역할을 잘 이해할 때 좋은 교육을 기대할 수 있다. 학교에는 학교만의 고유한 역할이 있다. 학교는 결코 가정의 연장선상이 아니다. 따라서 학교와 가정은 각자의 영역과 역할을 침범하지 않은 채 조화를 이루어야 한다. 교과교육은 학교의 책임이더라도, 자녀들의 성품이나 인성 교육과 훈련은 가정의 책임이다. 따라서 부모는 학교의 교육과정과 행사에도 관심을 기울여야 한다. 그것들이 성경적인 세계관에 입각해 있는지 살펴야 한다. 물론 그렇다고 해서 부모가 학교와 교사의 영역을 침범할 수 있다는 말은 아니다. 다만 학교에게 자녀교육의 모든 것을 맡겨놓고 나 몰라라 해서는 안 된다는 말이다. 필요할 경우에는 학교의 교과과정과 수업을 모니터해서 학교 교육의 발전에 필요한 것을 조언할 수도 있다. 개혁신앙을 따르는 부모들은 자기 자녀들만 챙기는 것이 아니라 모든 자녀들에게서 하나님의 뜻이 이루어지도록 소망하며 실천해야 한다.

3) 가정과 기독교 학교의 관계

제대로 된 기독교 학교는 학생을 모집할 때 자녀교육에 대해 부모가 어떤 자세를 지녔는지 집중적으로 살핀다. 즉, 부모가 자식을 학교에 맡겨버리고는 뒷짐을 지려고 하는지, 아니면 적극적으로 자녀교육에 관심을 가지려고 하는지를 살핀다. 기독교 학교를 통한 자녀교육의 성공 여부는 사실 부모에게 달려 있다고 해도 과언이 아니다. 서양의 기독교 학교는 신앙에서만이 아니라 학문의 성취도에서도 좋은 결과를 낳고 있는데, 그들은 이러한 요인을 가정과 부모에게서 찾는다. 즉, 자녀교육에 부모가 전인적으로 관심을 갖고, 가정이 정서적으로나 경제적으로 안정할 때 자녀들의 학업성취도가 높게 나온다는 말이다.

학교는 교육의 궁극적인 책임이 부모에게 있음을 인정해야 한다. 학교가 가정의 역할까지 대체하려고 해서는 안 된다. 학교는 전문적인 교과교육을 위임받은 곳으로서, 가정에서 자녀교육을 책임져야 하는 부모의 역할을 돕는 곳일 뿐이다. 이런 점에서 부모는 가능한 교육의 철학과 가치, 기준이 성경적인 학교를 선택해야만 한다.

학교는 가정이 아닐 뿐 아니라 교회도 아니다. 따라서 교회가 감당해야 할 것까지 학교가 감당하려고 해서는 안 된다. 예를 들어, 기독교 학교에서 채플(chapel)이나 경건회는 교회의 예배와 달라야 한다. 한국교회에서는 모든 모임을 예배라고 하기 때문에 혼란스러운 면이 있지만, 예배와는 분명하게 구별되도록 해야 한다. 학교는 교육과정에서 우주에 대한 하나님의 창조와 계획, 섭리, 생명의 신비, 죄로 말미암은 인간의 비참, 그리고 그런 비참에서 구원하시는 예수님의 사랑과 성령님의 능력, 구원받은 사람들의 화해와 회복의 사역 등을 드러낼 수 있어야 한다.

4) 학교와 교회의 관계

교회는 학교를 지배하려 해서는 안 된다. 교회가 학교 위에 군림할 수 없다. 그렇기 때문에 비록 교회가 학교를 세운다 하더라도, 가능한 그 경영은 부모나 평신도 그리스도인들에게 위임할 수 있어야 한다. 만일 그렇지 않고 교회가 학교를 지배할 경우에는 몇 가지 중대한 결함이 발생할 수 있다. 교회는 다만 성도들에게 자녀는 부모의 소유물이 아니라 하나님의 자녀라는 것을 가르치고, 자녀의 교육에 적극적이고 지속적인 책임을 지도록 권면하거나, 나아가 좋은 교육을 위해 기독교 학교를 세우고, 그런 학교에 자녀를 보내도록 권면할 수 있을 뿐이다. 교회의 본질적인 사명은 은혜의 방편인 말씀을 가지고 하나님 나라를 전파하는 것이기 때문이다. 반면 학교의 역할은 교회에서 선포된 말씀이 구체적인 삶의 현장에서 하나님 나라로 적용되도록 가르치는 것이다.

기독교 학교에서 우리나라가 처한 상황을 얘기하지 않을 수 없다. 우리나라는 아직 기독교 학교에 관한 이해가 부족하다. 현재 한국교회는 선교에 모든 관심을 쏟는다. 조금 눈을 뜬 교회라 하더라도 사회복지 영역에만 적극적으로 투자한다. 교회가 가정과 기독교 학교에 관심을 두는 경우는 매우 드물다. 이는 지금까지 선교사들과 다른 그리스도인들이 세운 미션스쿨이 그 역할을 충분히 감당하고 있다고 생각하기 때문인지도 모른다. 또는 복음은 거룩하고 귀한 것이지만 일반 학문을 가르치는 교육은 세속적인 것이라는 이원론적인 생각이 강하게 작용하기 때문인지도 모른다.

그러나 이제 한국교회도 기독교 학교를 통한 자녀들의 신앙교육에 관심을 쏟아야 할 때다. 왜냐하면 오늘날 성도의 자녀들은 일반학교들에서 별다른 비판 없이 무신론적인 세계관에 따라 교육을 받고 있기 때문이다. 이런 상황에서 교회는 기독교 학교의 필요성을 성도들에게 가르쳐야 한다. 기독교 교육에 관심 있는 전문가들을 모아 학교를 준비하도록 권면하고 도와야 한다. 어느 정도 기간을 두고 교육철학을 정리하고 구체적인 계획안을 만들도록 지원해야 한다. 나아가 교회는 학교 건물을 세울 수 있도록 재정적으로도 도와야 한다. 오늘날 많은 교회들이 교육관을 지니고 있는데, 그 공간은 주중에 사용되지 않기 때문에 학교의 교실로 사용될 수 있는 좋은 조건을 갖추고 있다. 다시 말해, 이미 있는 교육관 시설을 이용해 기독교 학교를 시작할 수 있다는 것이다. 물론 좀 더 경제적인 여유가 있는 교회는 학교의 교정을 새로 조성할 수도 있다.

그런데, 위에서도 말했듯이, 설령 교회가 기독교 학교를 세운다 해도, 교회와 학교와의 관계는 분명해야 한다. 즉, 교회는 학교가 아니고 학교 역시 교회가 아니다. 이를 무시한 채 교회가 학교를 세웠다고 해서 학교의 경영까지 좌지우지 한다면, 학교는 물론이거니와 교회조차 그 본래의 기능을 벗어나게 된다. 다른 영역들에서도 마찬가지다. 예를 들어, 병원, 복지, 교육, 사회사업 등의 영역들이 잘 되지 않는다고 해서 무턱대고 교회가 그것들을 떠맡아서는 안 된다. 교회는 복음을 보존하고 전파하는 곳이다. 그런 일들은 복음을 받은 성도들이 기독교 세계관을 가지고 해야 할 일들이다. 기독교 학교 역시 비록 교회가 뜻이 있어 학교를 세웠다 하더라도, 그 경영만큼은 평신도인 교육 전문가들에게 맡겨야 한다.

5) 교회의 역할

교회는 주일학교나 성경학교 등을 통하여 자녀들에게 기독교 교리를 가르치는 일을 게을리 해서는 안 된다. 현재 한국교회는 주일학교를 통해 자녀들에게 신앙을 교육하고 있다. 그러나 일주일에 한 시간 교육하는 것으로는 너무나 부족하다. 보다 적극적인 신앙교육이 필요하다. 이를 위해 교회들은 주중이나 주말(특히 토요일)에 정기적인 성경공부나 훈련 프로그램을 개설해야 한다. 그래야만 자녀들을 신앙으로 제대로 양육할 수 있다. 물론 이미 뜻있는 몇몇 교회들은 이런 과정들을 개설하여 자녀들에게 신앙교육을 하고 있다. 그러나 아쉽게도 오늘날 교회들은 과거에 비해 자녀들의 신앙교육에 관심을 두지 않는다. 그보다 교회들은 사회의 변화에 쉽게 동화되어 세상에 많은 것들을 양보해 버렸다. 편의와 효율을 강조하면서 좋은 전통들을 폐기해 버렸다. 이는 결국 부메랑이 되어 교회의 약화를 초래했고, 그 결과가 다음세대에서 나타나고 있다.

한편 교회는 부모에게 가정에서 자녀들을 신앙으로 교육하고 양육할 것을 부지런히 권면해야 한다. 부모가 자녀들의 신앙교육에 무관심하면, 교회에서 아무리 가르쳐도 소용이 없기 때문이다. 가정과 교회가 일체가 되어 자녀들의 신앙교육에 매진하지 않으면, 교회와 하나님 나라의 미래는 어두울 수밖에 없다.

개혁신앙을 따르는 교회와 성도들은 가정과 학교, 그리고 교회가 삼위일체가 되어 교육을 통해 하나님 나라가 속히 임하기를 소망해야 한다. 만일 어느 한 기관이라도 소홀히 하게 된다면, 자녀들에게서 교육의 효과는 반감될 것이다. 하나님께서 명령하신 교육의 사명은 아무리 강조해도 지나치지 않는다.

※ 참고할 책

임경근. 『종교개혁과 가정』(종교개혁기념 소책자 시리즈 12권 중 제5권). SFC, 2016.

<토론을 위한 질문>

1) '가정'의 측면에서 종교개혁가들은 중세 교회를 어떻게 개혁했나요?

2) 가정에서 부모가 지녀야 할 자녀교육에 관한 책무는 무엇인가요?

3) 오늘날에는 가정에서 부모의 역할이 다른 곳으로 분산되었습니다. 가정과 학교, 교회라는 세 가지 주체는 어떤 상관관계를 가져야 하나요?

4) 가정에 대해 배운 것을 나눠 보세요.

13장
기독교 홈스쿨링

홈스쿨링 인구가 폭발적으로 늘어나고 있다. 몇 년 전만해도 기독교 홈스쿨러(Home schoolers)가 1천 가정 정도 된다고 했는데, 지금은 2~3천 가정이나 된다고 한다. 기독교 홈스쿨러들이 많아지는 만큼 그 동기나 형태도 다양하다. 공립학교에 불만을 품고 학교를 떠나 홈스쿨링을 하는 가정이 있는가 하면, 공립학교에 불만은 없지만 자녀가 학교에 부적응하거나 자녀에게 더 나은 교육(인성, 생태, 전인, 영어 등)을 제공하기 위해 홈스쿨링을 하는 가정도 있다. 그러면 기독교 홈스쿨링은 일반 홈스쿨링과 차이가 있을까? 현재는 그렇지 않아 보인다. 단지 홈스쿨링을 하는 주체가 기독교인이면 기독교 홈스쿨링, 일반인이면 일반 홈스쿨링으로 분류할 뿐이다. 다시 말해, 기독교가 지닌 독특한 교육철학과 가치를 담은 기독교 홈스쿨링은 아직까지 개발되지 않은 형편이다. 이는 기독교 학교에서도 마찬가지다. 기독교 학교가 무엇인지에 대한 구체적인 고민보다는 기독교인이 학교를 하면 기독교 학교라고 생각할 뿐이다.

17세기에 메이플라워호를 타고 아메리카에 도착한 청교도들에게 아메리칸 드림(American Dream)은 신앙적인 동기였다. 그러나 오늘날 사람들에게 아메리칸 드림(American Dream)은 세속적인 동기다. 그런데 최근 공교육이 무너지면서 새로운 대안적 교육 패러다임으로 등장한 홈스쿨에 관해 많은 사람들이 가지는 꿈(Dream) 역시 세속적인 동기로 점철되어 있다. 물론 그리스도인들도 여기서 자유롭지는 못한 것 같다.

1. 공교육에서 홈스쿨링으로

우리나라 공교육의 시스템에 들어가면, 고질적인 교육의 문제에서 벗어날 수 없다. 특히 한줄 세우기식의 경쟁구도에서는 자녀들의 인격과 개성, 능력이 개발될 수 있는 여지가 없다. 또한 선발과 배제라는 약육강식의 교육형태 역시 자본주의 경쟁구도에서는 어쩔 수 없이 받아들여야만 하는 시스템이다. 이런 상황에서 변화에 둔감한 공교육 시스템은 더 좋은 교육을 원하는 부모의 열정을 만족시킬 수 없다. 그래서 사교육의 문제가 심각하게 대두될 수밖에 없다.

이런 악순환의 수레바퀴로부터 벗어가는 한 가지 방법이 홈스쿨링이다. 홈스쿨링은 공교육이 시작된 150년 전까지만 해도 본래 인류가 자연스럽게 해 오던 교육방식이었다. 일반 홈스쿨러들이 모여 만든 인터넷 사이트 "민들레"는 오프라인으로 『민들레』라는 월간지를 발간하고 있는데, 그들은 노하우를 서로 나누거나 서로 위로하면서 홈스쿨링을 이어가고 있다. 전체적으로 우리나라에 홈스쿨러들은 오천 가정 정도 되는 것으로 파악된다. 물론 홈스쿨링이 아직은 법적인 보호를 받고 있지 못하지만, 대안학교가 법적인 인정을 받는 것처럼 합법적으로 인정받을 때가 곧 올 것이다.

2. 기독교 홈스쿨링의 현실

현재 기독교 홈스쿨링의 열기는 점점 그 강도를 더해간다. 교회적으로도 관심이 많아지면서 확산의 속도도 매우 빨라지는데, 현재로서는 그 숫자를 파악하기가 힘들 정도다. 분당 지구촌교회는 여러 전담 직원을 두고 홈스쿨링 부서를 만들어 지원하기까지 한다. 매년 개최되는 홈스쿨 컨퍼런스에 참석하려는 관심자들도 점점 늘어나는 추세다(5백~7백명 정도). 그러면 이렇게 기독교 홈스쿨러들이 많아지는 이유는 무엇일까?

첫째, 공립학교 교육의 양과 질의 문제 때문이다. 다시 말해, 공립학교에서 가르치는 지식의 질과 양이 떨어지기에 홈스쿨링을 시작하는 것이다. 사회에 형성된 경쟁구도에서 이기려면 공립학교가 추구하는, 시대에 뒤떨어진 안일한 교수법과 내용으로는 부족하다. 물론 이와 정반대인 경우도 있다. 즉, 공립학교에서 가르치는 내용이 선행학습을 부추길 뿐 아니라 그 진도조차 따라가기 힘든 경우다. 그래서 공립학교를 그만 두고 홈스쿨링을 한다. 공립학교의 특성상 자기 개인의 수준에 맞는 교육을 할 수 없다. 뛰어난 아이들은 재미가 없고, 학습이 늦은 아이들은 학교에서 제공하는 공부를 따라가기가 어렵고 힘들다.

둘째, 아이가 공립학교에 부적응하는 경우다. 여러 가지 이유로 공립학교의 틀에서 불이익을 당하는 경우 새로운 교육방법을 생각하게 된다. 교사에게 불이익을 당하거나 친구들로부터 왕따를 당하는 경우가 그렇다. 이들은 학교에 가는 것이 재미가 없고 공포감을 느끼기까지 한다.

셋째, 전인교육을 위해 공립학교를 떠나는 경우다. 일반 공립학교에서는 지적인 욕구 충족으로 치우치는 경향이 많다. 그러다보니 전인교육은 뒤처지기 일쑤다. 그러나 인간은 총체적인 존재다. 인간을 컴퓨터나 기계처럼 여기지 않고 인성 교육, 자연 생태 교육, 노작 교육, 현장 체험교육

같은 것들을 하기 위해 홈스쿨링을 하는 경우다.

일반적으로 위의 세 가지 동기 중 어느 하나 또는 몇 가지가 중첩되어 홈스쿨링을 시작한다.

3. 기독교 홈스쿨링의 정체성

위에서 말한 세 가지 동기는 홈스쿨러들에게 엄연한 현실이다. 하지만 기독교 홈스쿨링이 시작되어야 하는 근본적이고 본질적인 이유는 아니다. 기독교 홈스쿨링에는 다른 독특한 동기가 있어야 한다. 바로 신앙적인 동기와 목적이다. 만약 기독교 홈스쿨러들에게 이 부분이 분명하지 않으면, 기독교 홈스쿨링은 본질에서 벗어나게 되고, 그것이 주는 유익과 풍요로움을 누리지 못할 것이다. 그래서 여기서는 기독교 홈스쿨링의 정체성과 독특성을 살펴보려고 한다.

1) 신앙교육을 위한 결단

미국은 예전에 공립학교에서 성경을 가르칠 수 있었고 기도할 수도 있었다. 그런 의미에서 미국의 공립학교는 기독교적이었다 해도 과언이 아니다. 그런데 1963년에 공립학교에서 더 이상 성경을 가르치지 못한다는 연방법원의 판결이 있었다. 성경과 기도가 공립학교의 종교적 중립성을 훼손한다는 이유였다. 그런데 정작 이슬람 경전은 교실에 비치해도 괜찮았다. 이상하게 역차별이 이루어지기 시작한 것이다. 이 때부터 기독교인들은 공립학교가 더 이상 가치중립적인 교육을 하지 않는다는 것을 인식하게 되었다. 물론 여전히 70~80%의 기독교인 부모들은 이 부분에서 무감각한 것이 현실이다.

우리나라의 상황은 어떠할까? 우리나라는 여전히 공립학교에 대한 신뢰가 대단하다. 공립학교에서 가르치는 내용이 비성경적이거나 반성경적일 수 있다고 생각하지 않는다. 심지어 목사들도 공립학교에서 가르치는 내용이 가치중립적이라는 신화를 그대로 믿는다. 그래서 우리나라 대부분의 기독교인 부모들은 아무런 문제의식 없이 자녀들을 공립학교에 보낸다. 그러면 자녀들은 아무런 비판 없이 학교에서 가르치는 인본주의적이고 무신론적인 가치관을 수용하게 된다.

기독교 홈스쿨러들은 바로 이 지점에서 비판의식을 지녀야 한다. 다시 말해, 기독교 홈스쿨러들은 신앙적인 동기에서 공교육이나 일반 홈스쿨러들과 달라야 한다. 만약 기독교 홈스쿨러들이 공립학교의 문제를 탈피하기 위해 위의 세 가지 동기에서 홈스쿨링을 시작했다면, 진정한 의미에서 기독교 홈스쿨링을 시작했다고 말하기는 어려울 것이다. 그렇기 때문에 기독교 홈스쿨러들은 홈스쿨링을 하는 이유와 목적에 대해 질문하고 고민하면서 기독교적인 해답을 찾아야 한다. 이를 위해서 필요한 것이 기독교 세계관이다.

2) 기독교 세계관으로 바라본 인간관, 성공관, 교육관

기독교 세계관이 제시하는 인간관과 성공관, 교육관은 무엇인가?

먼저 인간관에서는, 인간은 누구나 죄인이지만 동시에 하나님의 형상으로서 지음 받은 고귀한 존재라고 생각한다. 즉, 인간은 누구나 죄로 말미암아 비참한 처지에 있지만, 또한 동시에 하나님의 형상으로 창조된 독특하고 특별한 창조물이라고 생각한다. 그렇기 때문에 그리스도인은 자녀들을 대할 때, '죄인됨'과 하나님의 '형상됨'을 함께 생각하며, 이 두 가지 요소를 균형 있게 적용하게 된다. 즉, 자녀들은 죄인이기 때문에 하나님의 사랑과 언약의 말씀으로 예수 그리스도 안에서 새롭게 태어나야 할 존재로 지도하고 교육해야 되지만, 동시에 그들은 하나님의 형상이기 때문에 그들 스스로 자신의 일에 책임을 지는 존재로 지도하고 교육해야 한다.

둘째로 성공관에서는, 성공은 세상이 말하는 성공과 달리, 하나님의 뜻을 발견하고 그 뜻에 순종하는 것이라고 생각한다. 즉, 하나님 앞에서 자신이 불쌍한 죄인임을, 그래서 하나님의 은혜 없이는 자신에게 아무런 희망이 없음을 알고, 하나님께서 허락하신 은혜의 방편(말씀, 성례, 기도)을 사용하여 구원을 얻고 이루어가는 것, 나아가 구원을 얻은 자로서 하나님을 사랑하며 사람을 사랑하며 살아가는 것이 진정한 성공이라고 생각한다. 그렇기 때문에 그리스도인은 자녀들이 구원에 이르도록, 나아가 하나님을 사랑하고 사람을 사랑하며 살아가도록 지도하고 교육해야 한다.

우리나라의 홈스쿨링의 역사는 짧다. 따라서 기독교 홈스쿨링의 성공 여부를 평가하기에는 아직 이르다. 그러나 텔레비전이나 매스컴에서 홈스쿨링이 성공적이라고 선전할 때는 자녀들이 좋은 대학에 들어갔거나 그에 버금가는 특별한 결과를 냈을 경우다. 기독교 홈스쿨링 역시 여기서 크게 벗어나지 않는다. 그렇기 때문에 지금 홈스쿨링을 하는 그리스도인들은 보다 분명한 기독교적 정체성을 가져야 한다. 기독교 교육의 본질, 기독교가 말하는 성공의 의미를 놓치면, 아무리 세속적인 성공을 거둔다 해도 전혀 가치가 없는 것이 되고 만다. 기독교의 성공을 바르게 정리하는 것만으로도 기독교 홈스쿨링이 나아가야 할 방향을 어느 정도는 세울 수 있다.

셋째로 교육관에서는, 교육은 사랑과 관계, 즉 교육은 사람과 사람 사이에 사랑의 관계를 형성하는 것이라고 생각한다. 사람은 서로 이기고 극복해야 할 경쟁자가 아니다. 사람은 제각기 서로 다른 재능들을 하나님께로부터 받았기 때문에 누구와도 경쟁할 필요가 없다. 오히려 서로를 칭찬하고 격려하며 사랑의 관계를 맺어가야 한다. 서로 돕고 섬겨야 한다. 특히 그리스도인들은 하나님의 형상으로 창조된 독특한 피조물로서 함께 그리스도 안에서 교회로 지어져 가야 할 존재들이다. 따라서 각자가 지닌 재능들을 발휘하여 부족한 공동체를 도와가야 한다. 이런 관점에서 홈스쿨러들은 자녀들을 비교하면서 평가하지 말아야 한다. 다른 자녀들과 비교하면서 자신의 자녀를 평가하거나 교육하는 것은 하나님께서 자녀에게 주신 재능들을 무시하는 것과 다름없다. 자녀에게 무리하게 공부를 요구하는 것 역시 부모와 자녀의 관계를 파괴하는 요인이 될 수 있다. 그보다는 자녀가 사랑과 신뢰의 관계에서 스스로 공부할 수 있도록 도와야 한다.

3) 부모의 교육적 책임

그리스도인이 홈스쿨링을 하는 또 하나의 중요한 근거가 있다. 그것은 자녀의 교육과 관련하여 부모와 가정에게 맡겨진 책임이다. 이런 점에서 어쩌면 홈스쿨링은 국가와 학교에게 위임된 교육권을 부모가 다시 찾아오는 것이라고 할 수 있다. 그러나 안타깝게도 현대인에게는 부모가 자녀를 교육해야 한다는 개념이 거의 없다. 오히려 교육은 국가가 학교를 통해 하는 것이라고 생각한다. 그러나 이런 생각이 보편화된 것은 그다지 오래되지 않았다. 대략 1850년 이후부터라고 볼 수 있다.

일반적으로 가정의 기능을 네 가지로 말한다. 첫째는 '교육의 기능'이고, 둘째는 '경제적 기능', 셋째는 '사회화 기능', 그리고 마지막 넷째는 '정서적 기능'이다. 그런데 현대의 가정은 이런 네 가지 기능 중 두 번째인 경제적 기능만 발달되어 있다. 나머지 기능들은 상대적으로 매우 축소되었다. 특히 교육의 기능에서 가정은 일반학교와 학원에 자녀들의 교육을 맡겨버렸다. 자녀의 신앙교육 역시 교회에 맡겨버렸다. 자녀의 교육과 관련해서 중요한 것들이 부모의 손에서 전문가들의 손으로 넘어간 셈이다. 이런 상황에서 교회들은 무엇보다 먼저 가정과 부모의 의미와 역할을 회복하도록 도와야 한다. 가정은 하나님께서 세상에 선물한 최초의 기관이다. 하나님께서는 가정을 계획하고, 아담과 하와를 결혼시키고, 자녀의 출산을 명령했다(창 1:28). 가정에게 복을 주시고, 피조물들을 정복하고 다스리는 '문화명령'을 주셨다. 자녀교육의 책임과 권리 역시 학교가 아니라 가정에게 주셨다. 따라서 기독교 홈스쿨링은 부모의 교육적인 책임과 권리를 되찾는 운동이기도 하다.

4. 기독교 홈스쿨링의 딜레마와 과제

그러면 오늘날 기독교 홈스쿨러들이 경험하고 있는 딜레마는 무엇이며, 그 과제는 무엇일까?

1) Christian School at Home

많은 기독교 홈스쿨러들이 'Homeschool'의 의미를 'School at Home'의 개념으로 이해한다. 다시 말해, 기존의 학교 또는 기독교 학교를 단순히 집에 옮겨다 놓은 것으로만 이해할 뿐이다. 그래서 학교에서 배우는 모든 교과목을 가정에서도 배워야 한다고 생각한다. 심지어 학교에서 하는 모든 것을 그대로 흉내내려고 한다. 이는 학교에서 할 수 없는 것을 하기 위해 홈스쿨링을 하는 것이 아니라, 학교에서 하는 것을 보다 잘 하기 위해 홈스쿨링을 하기 때문에 그런 것이다. 따라서 학교에서 하는 것은 무조건 다 해야만 한다. 그래야 불안하지 않다. 그러나 이런 방식은 소모적일 수밖에 없다. 부모가 부모는 물론이거니와 교사와 트레이너,

청소부의 역할까지 모두 도맡아 해야 하기 때문이다. 하지만 어떤 부모에게도 그 많은 것을 다 할 수 있는 능력은 없다. 결국 대부분의 경우, 얼마 지나지 않아 부모는 탈진하고 아이들은 힘들어 하게 된다.

2) Christian Education at Home

그러면 기독교 홈스쿨링의 개념은 무엇일까? 그것은 'Homeschool'의 개념을 'Education at Home'의 개념으로 이해하는 것이다. 홈스쿨링은 단순히 학교를 집에다 옮겨 놓는 것이 아니다. 홈스쿨러들이 학교를 떠나 가정으로 올 때는 학교에서 교사가 교육하는 것보다 가정에서 부모가 교육하는 것이 더 효율적이고 유익하기 때문이다. 물론 학교에서 하는 교육에 장단점이 있다면, 가정에서 하는 교육에도 장단점이 있다. 그렇기 때문에 가정에서 이루어지는 홈스쿨링에 학교의 교육을 그대로 적용하면 오히려 불편할 뿐 아니라 역효과가 날 수도 있다.

홈스쿨링이 지닌 유익을 잘 활용하려면, 가정에서 하는 교육이 지닌 장점을 최대한 살리는 방향으로 나아가야 한다. 무엇보다 기독교 홈스쿨링의 경우에는 자녀의 신앙교육이 우선되어야 한다. 그런 다음 자녀의 재능과 능력을 생각해서 스스로 공부할 수 있는 자기주도적인 학습을 유도해야 한다. 이런 점에서 가정에서는 교육과정을 자녀에게 맞출 수 있는 장점이 있다. 물론 부모에게는 자녀가 스스로 할 수 있을 때까지 기다려 주는 인내가 필요하다. 이렇게 자녀의 재능과 능력을 고려한 교육이 이루어질 때 홈스쿨링의 유익은 극대화될 수 있다. 특히나 가정에서의 교육은 경쟁이 없기 때문에 자녀를 교만하게 하거나 열등감에 빠지게 하지 않는다. 오히려 자녀가 스스로 자신의 재능과 능력을 발견함으로써 자긍심을 갖게 된다. 그리고 그 재능과 능력에 따라 공부하면, 그 효과가 배가 되는 장점도 기대할 수 있다. 뿐만 아니라 기독교 홈스쿨링은 무엇보다 가정에서 부모와 자녀간의 관계를 좋게 형성할 수 있도록 돕는다.

	Christian **School** at Home	Christian **Education** at Home
1	학교 시스템의 학령제도를 고수함	각자의 재능과 능력에 따라 자기주도적인 공부를 하게 함
2	높은 학업 성취도를 추구함	학업 성취도보다 높은 가치들을 추구함 (가족과의 관계, 섬김, 신앙과 성품 등)
3	모든 과목을 공부해야 한다는 부담감	꼭 필요하다고 생각하는 것을 선택해서 공부함
4	과업 중심	관계 중심
5	경쟁으로 동기유발 (상대적인 만족 또는 실망을 느낌)	필요와 흥미로 동기유발 (개별적인 재능 개발)
6	우월의식이나 열등감을 느낌	자긍심을 느낌

5. 홈스쿨링은 '온실'인가, '못자리'인가?

어떤 사람들은 홈스쿨링을 부러워하면서도 내심 걱정하는 한 가지가 있다. 그것은 혹시나 홈스쿨링이 자녀들을 온실속의 꽃처럼 유약하게 만들지는 않을까 하는 염려다. 그러나 그런 염려는 기우에 불과하다. 왜냐하면 사실 홈스쿨링뿐만 아니라 다른 모든 학교들이 어느 정도는 온실의 역할을 하고 있기 때문이다. 이는 아직은 완전히 성숙하지 않은 자녀들에게는 그만큼 온실의 기능을 하는 곳이 필요하다는 뜻이다. 이런 점에서 홈스쿨링을 단순히 '온실'로 비유하기보다는 '못자리'로 비유하는 것이 맞을 것 같다. 농부는 논에 모를 심기 전에 못자리에서 모를 키운다. 모가 어느 정도 자랐을 때 비로소 그 모를 논에 옮겨 심는다. 마찬가지로 홈스쿨링 역시 자녀들을 복음과 성경적 세계관으로 교육시키고 훈련시켜서 세상에 옮겨 심을 준비를 하는 못자리인 것이다. 홈스쿨링이라는 못자리에서 잘 자란 뒤 세상이라는 논으로 옮겨 심어졌을 때, 비로소 자녀들은 세상의 각 영역에서 복음과 그리스도의 영향력을 발휘하게 될 것이다. 그들은 삶을 통해 하나님께 영광을 돌리며 사람들을 섬기는 자들이 될 것이다.

6. 나가며

홈스쿨링에 관심을 두는 가정이든, 이제 막 홈스쿨링을 시작한 가정이든, 제법 수년간 홈스쿨링을 하고 있는 가정이든 모두가 잠시 멈추어서 기독교 홈스쿨링의 현실을 살펴볼 필요가 있다. 사실 시작은 제각기 다를 수 있다. 그러나 대개는 앞에서 언급한 세 가지 동기에 머무는 경향이 많다. 그렇기 때문에 지금이라도 기독교 홈스쿨링이 지향하는 바른 목적과 목표를 깨닫고, 이를 실천에 옮기기 위해 노력하는 것이 필요하다. 기독교 홈스쿨링은 신앙적 동기에서 시작한다. 곧 자녀들에게 기독교 신앙을 바르게 전수하고, 그 신앙에 입각한 세계관과 능력을 함양시키기 위해서 시작한다. 그리고 이런 목적과 목표를 위해서 세상적인 방법과 내용이 아니라 기독교적인 방법과 내용을 추구하며 도전한다. 이런 점에서 기독교 홈스쿨러들은 시작부터 일반적인 사람들이 가지 않는 길을 택하기로 결심한 셈이다. 사실 이것만으로도 충분히 힘든 싸움이다. 하지만 앞으로도 계속해서 싸워야 할 대상이 많이 남아 있다. 따라서 기독교 홈스쿨링이 지향하는 목적과 목표를 분명하게 인식하지 않는다면, 언제든지 길을 잃고 말 것이다.

기독교 홈스쿨링은 현재 길을 잃고 헤매는 교회들을 살릴 수 있는 한 가지 대안이 될 수 있다. 물론 기독교 홈스쿨링이 하나님께서 기뻐하시고 명하신 길을 따를 때 한해서 말이다. 그럴 경우 하나님께서는 기독교 홈스쿨러들에게만이 아니라 그들로 말미암아 교회는 물론이거니와 온 세상에게 복을 주실 것이다. 그렇기 때문에 더더욱 기독교 교육이 가정에서부터 구체적인 삶으로 묻어나는 그런 홈스쿨링이 많이 나타나길 간절히 바란다. 똑같이 세속적인 목적을 지향하는, 무늬만 기독교 홈스쿨링인 것 말고, 진정으로 하나님의 말씀이 그 중심에 있고 그분의 말씀대로 행하는 기독교 홈스쿨링을 통해 하나님 나라의 일꾼들이 많이 양성되기를 바란다.

참고할 책

레이 볼만. 『홈스쿨링』. 홈엔에듀, 2016.

<토론을 위한 질문>

1) 일반적으로 홈스쿨링을 하는 동기는 무엇인가요? 이에 반해 기독교 홈스쿨링의 동기는 무엇이어야 하나요?

2) 기독교 세계관(인간관, 교육관, 성공관)에 근거할 때, 우리는 어떤 방향으로 홈스쿨링을 해야 하나요?

3) 기독교 홈스쿨링을 할 때에 기본은 무엇인가요?

4) 홈스쿨링을 '온실'로 비유하는 것에 관해 저자는 무엇이라고 말하나요?

5) 기독교 홈스쿨링에 대해 배운 것을 나눠 보세요.

14장
소명과 직업

'평생직장'이라는 말은 이제 옛말이 되었다. 하늘이 준 직업, 곧 '천직'(天職)이라는 말은 중세의 역사책에나 등장하는 단어로 치부된다. 직업을 '소명'으로 보는 사람은 고루해 보이기까지 한다. 신이 불러(calling) 어떤 직업을 준다는 개념은 더 이상 통용되지 않는다. 어떤 직업을 선택할지를 결정하는 유일하고도 절대적인 기준은 오직 자기 자신(being)이다. 한 마디로 '자기 자신이 신'인 세상이 되었다. 그렇다보니 현대인에게는 이제 직업 자체가 목적이 되었다. 그러나 동시에 직업은 의식주를 해결하는 수단에 불과한 것으로 인식한다. 이 두 가지 상반된 개념이 적절히 혼합된 현대인들은 욕심과 탐욕으로 점철된 일 중독자로 전락하고 있다. 그리스도인 역시 이런 세상의 흐름에 별다른 저항 없이 탑승하여, 소명과 상관없는 직업에 종사하는 경우가 많다.

그래서 이 장에서는 소명과 직업, 그리고 일에 대한 역사를 간략하게 살펴보고, 개혁신앙인이 소명과 직업에 대해 어떤 관점을 가져야 하며 어떻게 일해야 할지를 정리하고자 한다.

1. 소명과 직업에 대한 역사

1) 종교개혁 이전

그리스-로마 문명(Greco-Roman Culture)에서는 육체노동에 종사하는 사람들이 천시를 받았다. 물론 그렇다고 노동 자체가 경멸받은 것은 아니다. 자유인이나 귀족이 행하는 노동은 귀하게 여겼기 때문이다. 그러나 당시 전문 기술에 종사하던 사람들이나 장인들은 대개 노예들이었다. 이렇듯 육체노동을 천시한 이유는 당시 활동하던 소피스트들(Sophists)의 주장에서도 찾아볼 수 있다. 그들은 이원론자로서, 영과 육을 분리해 영이 육보다 더 고귀하다고 주장했다. 나아가 영이 육에 있다는 것 자체를 무거운 짐이자 감옥으로 생각했다. 그래서 철학자나 종교인들을 육체노동에 종사하는 사람들보다 더 높이고 존경했다. 하지만 복음서들은 예수님께서 영과 육을 모두 지니신 분으로 오셨고 지금도 그렇게 하늘에 계시다고 선언한다. 바울 역시 인간의 육체를 성령의 전이라고 보았다. 이렇듯 성경은 육체노동에 종사하는 직업이나 사람들을 천하게 여기지 않았다. 아니 오히려 칭찬했다.

중세의 대표적인 신학자인 아퀴나스는 삶에 두 가지 종류가 있다고 생각했다. 하나는 '행동적인 삶'(vita activa)이고, 다른 하나는 '명상적인 삶'(vita contemplativa)이다. '행동적인 삶'은 일상에서 노동을 하는 직업인의 삶을 말하고, '명상적인 삶'은 진리를 공부하고 묵상하는 종교인의 삶을 말한다. 그런데 이 두 가지 삶 중에서 보다 우위에 있는 것은 '명상적인 삶'이라고 말했다. 중세의 시작을 알린 아우구스티누스 역시 농부나 장인, 그리고 상인을 중요하게 보긴 했지만, 결국 그것들은 영원한 삶을 위한 도구일 뿐이라고 생각했다. 그러다가 아퀴나스에 이르러서는 최고의 직업을 사제나 수도사로만 생각했다. 이들에게 '소명'(Calling)은 곧 '직업'(Vocation)이었다. 세속의 노동은 이런 소명을 수행하는 데 보조 역할을 할 뿐이었다.

2) 종교개혁

종교개혁은 이런 중세의 이원론적인 관점에 종지부를 찍고, 모든 종류의 일에 동등한 가치를 부여했다. 물론 그렇다고 해서 악한 일에까지 가치를 부여한 것은 아니다. 다만 중세 로마교회가 거룩한 직업과 세속적인 직업을 나눠서 차별한 것을 두고 비판했다. 루터는 하나님께서 모든 사람에게 소명을 주시고 그에 따라 직업을 주시는 것으로 보았다. 또한 하나님의 말씀과 믿음으로 행하는 모든 일이 영적인 것이라고 생각했다. 하지만 동시에 루터는 소명을 '영적 소명'과 '외적 소명'으로 나누었다. 즉, 일반적인 직업은 외적 소명으로 세상 나라에 속한 것이고, 사제나 수녀 같은 것은 영적 소명으로 하나님 나라에 속한 것으로 본 것이다. 이는 루터의 두 왕국 이론에서도 잘 나타나는데, 이런 이원론적 관점이 이후 사람들로 하여금 세상을 멀리하게 하거나 아니면 세상과 혼합해 살게 하는 근거가 되었다.

루터와 달리 칼빈은 구원과 관련해 영과 육을 통합적으로 이해했고, 그럼으로써 소명을 성화와 연결시켰다. 또한 루터가 외적 소명을 이웃사랑의 도구로만 본 반면, 칼빈은 창조의 관점에서 일 자체의 온전한 의미를 찾았다. 그래서 칼빈은 모든 일은 가치가 있고 동등할 뿐만 아니라 궁극적으로 하나님을 섬기는 것이라고 말했다. 더군다나 그는 창조에 근거해 소명을 보았기 때문에 하나님께서 인간을 일(직업)로 부르셨을 뿐만 아니라 안식으로도 부르셨다고 보았다. 이렇게 종교개혁가들은 소명의 관점에서 일(직업)을 영적인 것으로 격상시킴으로써 균형을 잡았다.

3) 종교개혁 이후

종교개혁과 함께 당대를 이끌었던 또 하나의 쌍둥이 말은 인본주의(Humanism)다. 당시 인본주의는 종교개혁과 만나 이신론(Deism)이나 자연신론(自然神論)을 구상하게 되었는데, 그것이 발전한 것이 계몽주의(Enlightenment)다. 계몽주의는 신은 이론적인 영역에만 있을 뿐 창조된 자연은 인간의 이성이 가꾸고 이끌어간다는 사상이다. 그런데 이런 사상을 토대로 근대국가가 생성되었고, 그 영향이 현대에까지 미치고 있는 것이다. 유명한 계몽주의자이자 경제학자인 아담 스미스(A. Smith, 1723~1790)는 개인의 이익(Self-interest)을 사회를 움직이는 힘으로 보고 존중했다. 그는 사람이 굳이 선을 행하려고 애쓸 필요가 없이 개인의 이기심을 맘껏 발휘하기만 하면 선한 것이 시장에서 만들어질 것으로 생각했다. 그러나 이와 같은 낙관론은 산업혁명의 어두운 그림자를 양산해 냈다. 당시에 하루 14~16시간의 노동은 일상사였다. 임신한 여인들은 석탄차를 밀다가 아기를 출산했다. 심지어 어린 아이들조차 산업현장으로 내몰렸다.

일부 학자들은 이런 노동착취와 타락한 노동윤리를 종교개혁의 영향에서 찾기도 한다. 즉, 칼빈에서부터 시작된 청교도주의가 세속적인 금욕주의(합리적인 부와 소득의 획득, 검약하고 저축하는 삶의 추구)를 낳았고, 여기서부터 근대 자본주의가 비롯되었다고 보는 것이다. 특히 칼빈의 예정론이 사람들로 하여금 근면한 노동과 삶을 추구하도록 만들었다고 보는데, 이런 관점을 잘 서술한 책이 막스 베버(Marx Weber, 1864-1920)

의 『프로테스탄티즘의 윤리와 자본주의 정신』(1904)이다.[1] 베버는 일부 근본적인 청교도들의 삶이 칼빈의 예정론에서 비롯되었다고 분석했다. 뿐만 아니라 그들 삶의 동력을 '불안감'으로 보았다. 즉, 자신이 예정되었는지의 여부를 모르는 불확실성으로 말미암아 불안감이 생기는데, 이 불안감을 해소하기 위해서 청교도들은 철저한 금욕적인 삶(노동)을 살았다는 것이다.

오늘날 우리나라에서 출판된 소명과 직업에 관한 대부분의 책들은 베버의 이런 왜곡된 해석의 영향 아래 있다. 예를 들면, 베른바움(J. A. Bernbaum)과 스티어(S. M. Steer)가 편집한 *Why work?: Careers and Employment in Biblical Perspective*(Baker 1986)를 번역해 출판한 『직업과 소명』(김재영, IVP, 1989)에서도 "소명, 노동(일), 직업에 대한 종교개혁자들의 혼동"이라는 부분에서 베버의 해석을 받아들인다. "실제로 우리 시대가 가지고 있는 많은 문제점들은 종교개혁가들의 어떤 오류에서 나온 것들이다."(『직업과 소명』, 69) 이런 오해는 오스 기니스(Os Guinness)의 『소명』(IVP, 2006)에서도 고스란히 나타난다. 오스 기니스는 로마교회가 일상의 소명과 직업을 평가 절하했다고 지적하지만, 동시에 개신교가 직업의 영적인 부분을 희생시켜 소명을 임금노동자의 직업으로만 제한시켰다고도 지적한다. 그러나 이런 지적은 분명한 오해며 왜

---

1. 베버는 1855년에 마티아스 쉬네켄부르게(M. Schneckenburge)가 개혁파와 루터파의 신학자들을 비교 분석한 "Vergleichende Darstellung der luthersche und reformeierten Lehrbegriffs"라는 논문을 참조하여 그의 이론을 발전시켰다. 쉬네켄부르게에 의하면, 종교개혁자들은 믿음의 질적 차이를 '열매', 곧 '선한 행실'에서 찾았는데, 베버가 이런 생각을 받아들여 칼빈주의가 신자의 소명인 직업 활동을 통해 얻은 부를 구원의 증거라고 가르쳤다고 주장한 것이다. 베인턴은 이러한 내막을 밝히면서 베버를 비판한다. 이춘성, 『신칼빈주의적 관점에서 본 직업윤리 연구』(고신대학교 신학대학원 신학석사학위논문 2016), 36-37쪽.

곡이다.

이런 왜곡을 바로 잡은 학자가 스위스의 앙드레 비엘러(André Biéler)다. 그는 『칼빈의 사회적 휴머니즘』(대한기독교서회, 2003)이라는 책에서 베버의 오류를 분명하게 소개한다. 정세열도 종교개혁500주년 기념으로 출판된 『종교개혁과 경제』(SFC, 2016)에서 이 점에 대해 상당부분 올바르게 분석한다. 그는 칼빈의 예정론은 하나님의 선물인 믿음 안에서 구원의 확신을 주고 감사의 삶을 사는데 매우 실천적인 교리임을 분명히 한다. 즉, 예정론은 신자를 불안케 하는 것이 아니라 오히려 구원을 확신케 하고 안정감을 준다는 것이다. 또한 이런 확신과 안정감으로 성화에 보다 매진할 수 있으며, 소명으로 받은 직업에 감사와 찬송, 그리고 순종으로 임할 수 있다고 바르게 지적한다.

4) 현대사회

현대사회의 직업에 대한 개념은 18~19세기에 일어난 산업혁명과 이로 말미암아 발전한 자본주의 경제에서 '최대 다수의 최대 행복'이라는 실천적 과제를 주장한 공리주의(Utilitarianism)에 기초한다고 볼 수 있다. 공리주의의 아버지라 불리는 벤담(J. Bentham, 1748~1832)은 인간은 고통과 쾌락에 지배받는 존재이며, 따라서 쾌락은 유일한 선이요 고통은 유일한 악으로 보았다. 나아가 인간은 쾌락을 더욱 증진시키는 활동을 해야 한다고 주장했다. 그런데 20세기 후반부터 등장한 신자유주의 체제는 이것을 물질과 연관시켜 쾌락은 곧 소비요 이것이 유일한 선이라고 선동했다. 이렇게 해서 현대사회는 쾌락을 위해 부와 재산을 절대적으로 숭배하게 되었고, 일과 직업은 단순히 인간의 쾌락을 위한 도구로만 생각하게 되었다. 사실 이런 관점은 이미 산업혁명으로 인해 물건을 대량으로 생산

할 수 있게 되면서부터 싹이 트고 있었다고 할 수 있다. 일과 직업, 그리고 노동자는 대량생산을 위한 도구요 부품이었던 것이다.

앞에서 말했듯이, 현대사회에서는 '천직'이라는 단어가 사라진 지 오래다. '소명'은 구시대의 책에서나 발견할 수 있는 개념이며, 직업과 노동을 통한 '섬김과 봉사'라는 개념은 헌신짝 취급을 받는다. 그러면 이렇게 세속화된 세상에서 개혁신앙은 소명과 직업에 대해 어떤 대안을 제시할 수 있을까? 개혁신앙이 가르치는 소명과 직업의 모습은 무엇일까?

2. 개혁신앙에서 본 소명과 직업

1) 용어의 의미

'소명'(召命)은 부를 '소'(召)와 명령 '명'(命)이 합해 만들어진 단어로서, 그 뜻은 '불러 명령하다'라는 것이다. 다시 말해, '(하나님께서) 부르시어 명령하시는 것'이라고 할 수 있다. 영어로는 'calling'이라고 한다. 소명이 능동태이니 주어는 하나님이시다. 따라서 소명은 부름 받은 자(the called)보다 부르는 자(the calling)에게 강조점이 있다. 종교개혁 이후로 소명은 대체로 직업을 일컫는 말로 사용되었다. 고린도전서 7장 20절에서 "각 사람은 부르심을 받은 그 부르심 그대로 지내라"라고 하는데, 여기서 '부르심'이 '소명'(calling)을 뜻한다. 종교개혁가들은 이것을 직업과 신분에 적용했다. 직업을 영어로 'vocation'이라고 하는데, 이는 라틴어 'vocare'(부르다)에서 유래한 것이다. 참고로 영어 'calling'은 헬라어 'kaleoo'(부르다)에서 온 것이다. 네덜란드어(독일어)로 직업에 해당하는 'Beroep'(Beruf)도 'beroepen'(berufen: to call, 부르다)이라는 동사에서 유래한 것이다. 그러므로 한 마디로 직업은 소명으로 시작해 소명에

도달하는 것이라고 할 수 있다.

2) 소명

성경은 '소명'에 대해서 어떻게 말할까? 로마서 8장 30절에서 "또 미리 정하신 그들을 또한 **부르시고** 부르신 그들을 또한 의롭다 하시고 의롭다 하신 그들을 또한 영화롭게 하셨느니라"라고 하는데, 여기서 '부르다'(kaleoo/vocare)의 의미는 첫째, 육체적으로 부모의 몸에서 세상으로 태어난다는 말이고, 둘째, 영적으로 다시 태어난다는, 곧 중생한다는 말이다. 그런데 사실 모든 그리스도인은 본질적으로 하나님의 '부르심', 곧 '소명'을 받은 자들이다. 따라서 성경이 말하는 소명은 그리스도인의 존재 이유요 정체성이며 출발점이라고 할 수 있다. 그러므로 소명이 없이는 우리에게 어떠한 일이나 쉼도 있을 수 없다. 소명이 있은 후에야 비로소 우리는 구체적인 일과 직업으로 나아갈 수 있다(고전 7:20).

3) 사명

바울은 복음을 전하도록 사명을 받은 자다. 그런데 이런 바울의 사명은 하나님의 부르심(소명)의 이유와 직결된다. 곧, 복음을 전하는 사명을 행하는 것이 바울에게는 세상에 존재하는 이유고 부름 받은 목적인 것이다. "내가 내 자의로 이것을 행하면 상을 얻으려니와 내가 자의로 아니한다 할지라도 나는 **사명을 받았노라**"(고전 9:17) 만일 바울이 이 사명을 행하지 않는다면, 그는 더 이상 이 세상에 살 이유가 없는 것이다. 그는 이 사명을 행할 때에만 그의 삶이 의미가 있고 또 복을 누릴 수 있다.

이와 같이 '소명'이 있으면 '사명'이 따른다. 아니 '소명'(불러 명령하다) 자체에 이미 사명이 포함된다. 하나님께서는 인간을 부르시어 그분의 아들로 삼고 하늘나라의 시민으로 살게 하신다. 그러나 이러한 권리가 주어지는 것으로 끝이 아니다. 권리가 주어졌으면 응당 그에 합당한 책임과 의무가 주어진다. 즉, 하나님께서는 그분의 아들이자 하늘나라의 시민에 합당한 일을 하라고 명령하신다. 그 명령이 바로 '사명'(使命)이다. '사명'이란 '사신이나 사절이 받은 명령'을 말한다. 즉, 왕이 신하를 불러(소명) 사명을 주는 것이다. 사명을 영어로는 '미션'(mission)이라고 하는데, 이는 라틴어 'mittere'(보내다)에서 유래한 것이다. 우리는 이 단어를 종종 '선교'라고 번역하기도 한다. 그래서 선교사를 '미셔너리'(missionary)라고도 하는 것이다. 그러나 사실 이 단어는 '사명자'로 번역하는 것이 바람직하다. 그럴 경우 선교사만 미셔너리가 아니라 부름 받아 사명을 받은 모든 그리스도인들이 미셔너리인 것이다. 성도들은 모두 하나님의 부르심을 받은 자들이요, 또한 모두 하나님께로부터 사명을 받은 자들이다. 그러므로 그리스도인은 누구나 선교사와 같은 무게로 자신의 부르심에 응답하고, 순교를 각오하며, 사명을 감당해야 한다. 다시 말하지만, 그리스도인은 누구나 '사명자'다.

그런데 하나님께서 주시는 사명은 제각각 다양하며 차이가 있다. 하나님께서는 사람들마다 제각각 다른 달란트를 주신다. 그것은 하나님의 주권적인 사역이다. 그러므로 자신과 다른 동료를 비교하면서 불평할 필요가 없다. 다만 자신에게 주어진 사명에 감사하며 행할 뿐이다.

4) 직업

중세시대에는 '소명'의 의미를 일반적인 '구원을 향한 하나님의 부르심'과 특별한 '사제로서의 부르심'에만 적용했다. 물론 이런 '소명'에는 네 가지 영역이 있다고도 말했는데, 그것은 첫째, '결혼으로의 소명', 둘째, '독신으로의 소명', 셋째, '종교적 소명', 넷째, '사제로의 소명'이었다. 하지만 일반 세상에서 일하는 직업을 그리스도인의 소명의 영역에 넣지는 않았다.

이에 반해 종교개혁은 '소명'의 영역을 모든 직업의 영역으로 넓혔다. 고린도전서 7장 20절에 나타난 부르심의 의미를 각 성도들의 삶의 영역, 곧 직업과 연결시킨 것이다. "각 사람은 부르심을 받은 그 부르심 그대로 지내라"(고전 7:20) 하나님의 부르심에 영적으로 죽은 인간은 아무런 반응도 할 수 없다. 따라서 하나님께서 부르셨다는 말은 먼저 중생케 하셨다는 것을 뜻하며, 이는 그에게 사명을 주시기 위함이라고 할 수 있다. 그 사명은 직업이라는 형태로 나타난다. 그러므로 '소명은 사명으로, 사명은 직업으로' 나아간다.

창세기 1장 26절에서 하나님께서는 인간에게 모든 피조물을 다스리도록 작정하셨다. 그리고 28절에서는 구체적으로 "생육하고 번성하여 땅에 충만하라 땅을 …… 모든 생물을 다스리라"라고 명령하셨다. 네덜란드의 개혁신학자인 스킬더(K. Schilder, 1890-1952)는 이것을 '문화명령'(Culture mandate)이라고 불렀다. 그런데 복음주의자들 중에는, 성도는 꼭 필요한 생계를 위해서만 일하고 나머지 시간은 전도하면서 영혼구원에 총력을 다 해야 한다고, 문화명령은 사치일 뿐이라고 생각하는 사람들이 있다. 그러나 하나님께서는 죄인이 구원받기를 원하실 뿐만 아니라, 더더욱 그들이 문화명령을 행하며 살기를 원하신다. 성경은 결코 일을 중단하고 복음만 전하라고 하지 않는다. 오히려 자신에게 주어진 삶을 살아갈 것을 명령한다(눅 3:13-14; 딤후 4:14). 다만 그 가운데서 죄로 인해 어려움이 있을 것을 인정하고 조심할 것을 당부한다. 그러므로 우리는 환경의 파괴나 자원의 남용을 조심하면서 이기적인 욕망이 아니라 하나님과 사람을 사랑하기 위해 세상을 정복하고 다스려 가야 할 것이다.

성도가 해야 할 일의 영역은 매우 넓다. 성도의 소명과 직업은 단지 교회 안에서만 머무를 수 없다. 그것은 세상으로 넓혀가야 한다. 성도는 각자의 신분과 재능과 능력을 어떻게 개발하고 확장시켜서 일을 해가야 할지를 고민해야 한다. 정치, 경제, 과학, 철학, 문화, 스포츠, 예술 등의 모든 영역에서 하나님을 거절하고 스스로 신 노릇하는 경향들에 저항하며 하나님의 뜻이 이루어지도록 노력해야 한다.

성도가 참여하는 직업의 종류가 무엇이든지 그곳에서 하나님을 영화롭게 하고 사람을 사랑으로 섬기는 삶이 절실하다. 직업은 단순히 생계 유지를 위한 돈벌이가 아니다. 일 그 자체가 하나님을 섬기는 것이다. 비록 임금이 적은 청소부나 아무런 임금 없이 수고하는 주부가 멸시를 받는다 해도, 그것 또한 하나님 앞에서 매우 중요한 소명이요 사명이며 직업이다. 모든 소명과 직업에는 수고와 고통이 있을 수 있다는 것을 인정해야 한다. 반복적이고 지루한 일일 수도 있다. 무엇보다 죄가 만들어내는 불평등과 차별의 구조로 인해 그 정도가 더 크게 느껴질 수도 있다. 하지만 하나님을 섬기는 일이기에, 또한 그런 죄의 구조 속에서 하나님의 뜻을 이루어야 하는 일이기에 인내가 필요하다. 물론 이런 인내 가운데서도 하나님께서 주시는 기쁨과 즐거움을 누릴 수 있어야 한다. 여하튼 주중에 행하는 직업의 노동을 기쁨이 없이 억지로 행하는 것은 지양해야 한다. 주말을 위해 주중의 일을 참아내는 것이 아니라, 주중의 일 자체를 소명으로 알고 임해야 한다.

3. 나가며

역사 속에서 소명과 직업은 이원론적으로 인식되어 왔다. 즉, 영적인 측면과 물질적인 측면을 오가는 진자운동 같이 인식해 왔다. 현대사회에서는 아쉽게도 노동과 직업에 대한 영적인 측면을 무시하고 있다. 물론 그렇다고 영적인 측면을 지나치게 강조함으로써 세속적인 직업을 평가 절하 하는 과오를 범해서는 안 된다. 그보다 우리는 개혁신앙을 따르는 사람들로서 소명과 직업에 대해 성경적인 관점을 지녀야 한다. 하나님께서는 우리 각자를 부르시어 삶의 모든 영역으로 보내시고 사명을 주셨다. 지금 각자에게 주어진 직업이 그러한 사명이다. 개혁신앙은 이것을 '문화 명령'이라고 축약해서 이해한다. 그러므로 이 땅의 모든 직업과 일에는 귀천이 없다. 그것들은 모두 그 자체로 하나님을 섬기는 일이다.

오늘날 사람들은 일반적으로 임금을 많이 받는 직업을 선호한다. 그래서 임금을 적게 받는 일이나, 아예 임금을 받지 않는 일은 천시하는 경향이 있다. 가사의 일이나 자녀를 낳고 돌보는 일, 자원봉사의 일 등이 그렇다. 그러나 개혁신앙의 관점에서는 이런 일들 모두가 소중하고 가치 있는 일이다. 비록 세상에서는 임금을 주고받는 직업으로서의 일만 중요하게 취급하지만, 하나님께서는 섬김과 봉사에 의해 이루어지는 일을 오히려 더 기뻐하신다는 것을 알아야 한다.

<토론을 위한 질문>

1) 소명과 직업에 대한 이원론적인 관점을 역사 속에서 찾아보세요!

2) 소명과 직업에 대한 종교개혁자들의 생각은 어땠나요?

3) 개혁신앙적 관점에서 '소명', '사명', '직업'의 의미를 정리해 보고 오늘 우리의 삶에 적용할 것이 무엇인지 정리해 보세요!

4) '직업과 소명'이라고 하지 않고 '소명과 직업'이라고 말한 이유가 무엇일까요?

5) 소명과 직업에 대해 배운 것을 나눠보세요!

15장
그리스도인의 사회참여

    그리스도인의 삶의 영역은 세상만큼이나 넓고 깊다. 그렇다면 인간의 모든 삶의 영역을 하나님께서 다스리시는가? 사실 역사와 인간의 삶의 현장을 보면, 정말로 하나님께서 모든 삶의 영역을 다스리시는가 하는 의문이 들기도 한다. 예를 들면, 서로 죽고 죽이는 전쟁 가운데서나 지독한 폭군의 통치 가운데서 하나님께서 다스리신다고 말할 수 있을까? 또는 오늘날처럼 하나님과 아무 상관이 없어 보이는 교육과 문학, 예술, 체육 가운데서 하나님께서 다스리신다고 말할 수 있을까? 오늘날 인간의 문화는 하나님 없이도 지속적으로 발전한다. 특히 IT 기술이나 생명공학과 같은 과학기술의 차원에서는 그야말로 혁명에 가까운 놀라운 진보를 보여준다. 어느 덧 인간은 정말로 하나님 없이도 살아갈 수 있을 것처럼 보인다.

    하지만 그럼에도 불구하고 개혁신앙은 인간의 삶에서 그 어떤 영역이나 순간도 하나님께서 다스리시지 않는 곳은 없다고 분명하게 믿는다. 하나님께서는 무소부재하시며 전지전능하시다. 그리스도인만이 아니라 모든 인간의 삶의 영역 곳곳에 하나님의 다스림과 섭리가 있다. 그러나 안타깝게도 교회는 오랫동안 하나님의 다스림을 교회와 개인적인 삶의 영역으로만 축소시켰다. 그리고 이런 경향을 틈타 세상은 하나님과 그분의 뜻을 좇는 신앙을 공적인 영역에서 쫓아내 사적인 영역으로 몰아넣었다. 결국 오늘날 교회는 사적인 영역에서만 제한적인 목소리를 내는 신세가 되고 말았다.

그래서 이 장에서는 이러한 이원론적인 흐름을 바꾸고 개혁신앙에 따라 삶의 모든 영역에 하나님의 다스림이 있음을 보이고자 한다. 특히 이것을 하나님의 절대주권과 인간 사회의 영역주권의 관점에서 살펴보고, 나아가 성도가 세상에서 어떻게 사회에 참여할 수 있는지를 다루고자 한다.

1. 하나님의 절대주권과 인간 사회의 영역주권

개혁신앙은 전통적으로 하나님의 절대주권을 믿는다. 하지만 그렇다고 해서 사람이 세상에서 할 수 있는 일이 아무것도 없다는 말은 아니다. 사람은 실제로 삶에서 스스로 모든 것을 하고 있다. 뿐만 아니라 그에 따라 책임과 의무도 짊어진다. 다만 개혁신앙은 이러한 모든 사람의 일이 궁극적으로 하나님의 절대주권 아래 있음을 믿고 실천하는 것이다. 하나님께서는 세상을 창조하시고, 사람에게 그 세상을 위임하고 맡기셨다. "하나님이 그들에게 복을 주시며 하나님이 그들에게 이르시되 생육하고 번성하여 땅에 충만하라, 땅을 정복하라, 바다의 물고기와 하늘의 새와 땅에 움직이는 모든 생물을 다스리라"(창 1:28) 개혁신앙에서는 이것을 '문화명령'(Culture Mandate)이라 일컫는다.

이 같은 개혁신앙과 그에 따른 삶에 특별한 관심을 보인 네덜란드 개혁교회 성도들은 19세기부터 많은 활동들을 해왔다. 그들은 세속화되어 가는 사회와 교회 가운데서 어떻게 하나님의 절대주권과 인간의 책임을 적용할지 고민하며 분투했다. 그 결과 개혁교회 교인으로 정치인이 된 흐룬 판 프린스터러(Groen van Prinsterer, 1801-1876)와 그의 뒤를 잇는 아브라함 카이퍼(A. Kuyper, 1837-1920)가 등장했다. 특히 아브라함 카이퍼는 하나님의 다스림이 사람의 모든 삶의 영역에 있다는 '영역주권'(soevereiniteit in eigen kring)을 주장했다. 물론 카이퍼의 이런 주장은 이미 종교개혁가들 안에 있었다. 카이퍼는 하나님의 절대주권을 강조한 칼빈의 신학을 자신의 시대에 적용한 것뿐이다.

칼빈은 일찍이 하나님의 절대주권을 강조함으로써 하나님 중심 신학을 전개했다. 그는 사람의 삶의 목적은 하나님의 영광을 위한 것이라고 제네바 교리문답 제1문에서 보여주었는데, 이 개념은 웨스트민스터 두 (소·대) 교리문답에도 그대로 이어졌다. 하나님의 절대주권은 하나님께서 세상의 모든 만물을 창조하셨을 뿐 아니라, 그것을 그냥 바라보시지만 않고 구체적인 삶의 세세한 부분까지 간섭하고 관여하신다는 믿음이다. 즉, 세상의 모든 일은 우연히 일어나지 않는다는 것이다. 하나님께서는 '창조자'실 뿐만 아니라, '보존자'시며 '관리자'시고 더 나아가 '구원자'시며 '심판자'시다. 이런 관점에서 종교개혁은 이후에 등장하는 이신론이나 자연신론(Deism)을 거부한다. 물론 이 같은 하나님의 절대주권 개념은 하나님의 작정과 예정 교리와도 밀접하게 연결되어 있다.

칼빈이 말한 하나님의 절대주권 개념이 19세기 말과 20세기 초에 네덜란드라는 환경에서 구체적으로 적용되고 발전된 개념이 바로 '영역주권'(領域主權)이다. 이는 하나님의 주권(soevereiniteit van God)은 사람들의 삶의 개별 영역(in eigen kring)에 독자적인 주권을 위임한다는 개념이다. 다시 말해, 정부나 가정, 경제, 교회, 교육, 예술 등의 영역들에는 모두 하나님께서 맡기신 고유의 주권이 있기 때문에, 각각의 영역들은 서로를 간섭하거나 다른 영역을 지배할 수 없다는 것이다. 그러므로 교회와 국가, 가정, 학교는 각자의 영역에서 자신에게 주어진 고유의 권한을 제대로 이행해야지, 그렇지 않고 자신의 영역을 넘어 다른 영역을 지배하려 할 경우에는 직무를 유기하는 것이 된다. 예를 들어, '학교'의 교사가 가정에서 부모가 자녀에게 행하는 교육적 권한을 침해하거나, 가정의 부모가 학교에서 교사의 교육적 권한을 침범하는 것은 직무유기인 셈이다.

이런 관점에서는 '국가' 역시 부모의 자녀교육과 양육권을 빼앗을 수 없다. 오히려 '부모'는 연대해서 자신들의 신앙적인 목적에 맞는 기독교 학교를 세울 수 있다. 국가는 이것을 방해할 수 없다. 아니 마땅히 그 학교에 재정과 법적인 지원을 해야만 한다. '교회' 역시 언약의 자녀들을 신앙으로 교육하기 위해 주중에 교리문답 교육을 할 수 있지만, 그렇다고 일반학문을 가르치는 학교까지 세우는 것은 교회에 맡겨진 고유의 영역을 넘어서는 일이다. 아니 그것은 가정의 자녀양육에 대한 권한을 침범하는 것이라고도 할 수 있다. 그래서 네덜란드 개혁교회는 교회가 아니라, 부모들이 발기한 기독교 학교(Parents Controlled School)를 세웠다. 이것이 아브라함 카이퍼가 주장한 '영역주권' 개념이었는데, 카이퍼가 이런 개념을 네덜란드에 적용해 법제화한 것(1917년)이 기독교 학교 학력인정과 재정적인 지원법이다. 국가는 부모들이 발기한 학교에 재정적으로 지원하는 것이 마땅하다고 본 것이다. 이로써 네덜란드 사립학교인 기독교 학교는 세계에서 가장 먼저 국립학교처럼 재정적 지원을 받는 학교가 되었다.

아브라함 카이퍼의 영역주권 이론과 실제는 자유대학교의 철학부 교수들이 계속해서 작업하여 '법사상 철학'(Wijsbegeerte der wetsidee)으로 발전시켰다. 대표적인 철학자들로는 도이여비얼트(H. Dooyeweerd,

1894-1977)와 폴런호우펀(D. H. Th. Vollenhoven, 1892-1978) 등이 있다. 그들은 우주와 세상에 존재하는 모든 세계와 모든 영역에 하나님의 주권이 미치지 않는 구조와 질서는 없다고 보았다. 온 우주만물이 창조주 하나님의 세밀한 건축설계 위에 만들어졌기 때문이다. 따라서 모든 식물과 동물, 물건, 그리고 복잡한 인간 사회는 각각의 고유한 목적과 기능을 지녔고, 하나님의 다스림 아래 그것을 수행해 가야 하는 것이다.

그런데 인간의 죄로 말미암아 세상에는 하나님의 주권에 반하는 악한 지배와 침해가 종종 일어난다. 특히 힘을 가진 영역들이 힘이 약한 영역들을 지배하고 침해하는 일들이 종종 일어난다. 이런 점에서 힘이 가장 강한 국가가 자신의 역할을 바르게 감당하는 것이 중요하다. 만약 국가가 어떤 특정 영역의 권한을 침해하거나 국가가 마땅히 행사해야 할 책임을 소홀히 한다면, 국민은 정신을 차리고 경고해야 한다. 그것조차 하나님께서 사람들에게 맡기신 임무이며 책임이다. 물론 고유한 영역의 경계는 역사와 시대의 변화 속에서 계속해서 변하고 움직이는 것이지, 어떤 형태로 고정되어 있지 않는다는 것을 인정해야만 한다. 하지만 그렇다고 하더라도 그 원리만큼은 변할 수 없고 변해서도 안 된다.

2. 사회 속의 그리스도인

개혁신앙이 전개하는 소명으로서의 직업, 그리고 영역주권의 개념에서 그리스도인이 사회에 참여하는 것은 너무나도 자연스럽다. 그리스도인은 세상 밖(outward)이 아니라 세상 속으로(inward) 부름을 받은 자들이기 때문이다. 그리스도인은 이 세상에 속한 한 국가의 시민이다. 동시에 그는 하늘에 속한 하나님 나라의 시민이기도 하다. 하나님께서는 그리스도인에게 하나님 나라의 시민에 속한 백성으로서 이 세상의 한 국가의 시민으로 살아가도록 하셨다. 이렇게 이중 시민권자로 살아가는 것이 하나님의 뜻이다. 종교개혁가들은 이것을 '두 왕국 이론'으로 정리하기도 했다.

사실 그리스도인이 이 세상에 살고 있다는 것 자체로 이미 사회참여는 일어나고 있다고 보는 것이 맞다. 그리스도인은 신민(神民, 하나님 나라의 시민)인 동시에 시민(市民, 세상 나라의 시민)으로서 정치에 관심을 두고, 투표에 적극 참여하며, 각종 세금을 납부하며, 국방의 의무와 교육의 의무, 그리고 근로의 의무를 다한다. 물론 극단적인 종교개혁의 후손들의 한 부류인 재세례파는 국가에 관한 이해를 다르게 하기 때문에 이와 같은 의무들에 저항하기도 한다. 왜냐하면 그들은 국가의 시민으로서보다 하나님 나라의 신민으로서의 정체성을 강하게 주장하기 때문이다. 그러나 주류 개혁신앙을 따르는 그리스도인들은 두 왕국 이론에 근거해서 세속사회에 속한 책임과 의무를 기꺼이 준수한다.

3. 그리스도인과 정치

1) 정교분리에 대한 오해

'사회참여'하면 무엇보다 정치참여를 먼저 생각하게 된다. 그런데 그리스도인이 정치에 참여하는 것을 부정적으로 생각하는 사람들이 좋아하는 개념이 있는데, 그것이 바로 '정교분리'(政敎分離)다. 정교분리란 말 그대로 국가(정부)와 종교(교회)를 분리해야 한다는 것이다. 즉, '교회는 정치에 관여해서는 안 된다' 혹은 '국가가 교회를 핍박해서는 안 된다'라는 개념이다. 과거 중세시대에는 교회가 국가 위에 군림하면서 세속 정부를 쥐락펴락 한 일이 있었다. 반대로 로마제국시대에서와 같이 국가가 교회를 핍박했던 일도 있었다. 정교분리란 이런 일을 막기 위한 것으로, 국가든 교회든 어느 한 쪽이 다른 한 쪽을 지배하거나 핍박해서는 안 된다는 것이다. 그런데 이러한 '정교분리'라는 개념으로 그리스도인의 정치참여를 부정할 수 있을까? 그렇지 않다. 만일 그런 경우라면, 그것은 정교분리라는 개념을 오용하는 것이다.

고대나 중세, 그리고 근세까지는 '정교일치'가 어느 정도 일반적인 사회였다. 그리고 이러한 상황에서 정교분리라는 개념이 형성되었다. 그런데 현대 자유세계는 오히려 '정교분리'가 자연스러운 사회다. 따라서 과거 정교일치가 일반적인 사회에서 형성된 정교분리의 개념을 정교분리가 일반적인 사회에서 똑같이 적용하는 데는 오해의 소지가 충분히 있을 수 있다. 먼저 교회의 입장에서 오해할 수 있는 측면은, 교회나 성도는 국가가 하는 정치에 관심을 가져서는 안 된다는 것이다. 즉, 교회는 영혼을 구원하는 데만 관심을 두어야지, 정부가 하는 정치에 관심을 두고 참여하는 것은 옳지 않다는 것이다. 하지만 이는 종종 보수교회나 성도가 정부의 학정을 두둔하거나 침묵하기 위해서 사용해오던 주장이었다. 두 번째로 국가의 입장에서 오해할 수 있는 측면은, 국가는 교회나 성도의 요구를 종교적인 것 또는 그 종교의 신앙과 관련된 것으로 간주해 무시해야 한다는 것이다. 하지만 이럴 경우에는 교회나 성도가 주장하는 합당한 것들까지도 단순히 사적인 것, 종교적인 것으로 치부하고 무시하는 오류를 범하게 된다.

2) 정교분리의 역사

구약시대의 이스라엘은 정교일치 사회였다. 그러나 왕이 곧 제사장이고 선지자였던 것은 아니다. 왕과 제사장, 선지자는 각각 따로 하나님의 부름을 받고 자신의 역할을 감당했다. 그런 중에서도 왕은 제사장과 선지자의 밀접한 도움을 받으면서 오직 하나님만이 참된 왕이심을 인정하며 정치를 해야 했다. 이런 식으로 정교는 분명히 구분되어 있었다. 신약시대에는 로마제국의 지배 아래서 교회는 정치와 완전히 분리된 상태였다. 교회의 입장에서만 보자면 정교분리였다고 할 수 있다. 그러다가 313년에 기독교가 공인되고 392년에 국교회로 등극하면서 정교일치의 사회를 이루게 되었다. 이로써 중세가 시작되었고, 중세기간 국가와 교회는 권력을 두고 서로 엎치락뒤치락 하는 상황을 전개해갔다.

그런데 중세말기에 이르면서 사회는 급변하기 시작했다. 중세의 봉건 사회에 새로운 민족주의와 국가주의가 등장한 것이다. 이를 배경으로 종교개혁이 일어나면서 정교분리의 개념이 싹트기 시작했다. 물론 종교개혁은 국가와 교회의 관계를 개혁하고자 했던 것이 아니라 교회 내부의 문제를 개혁하고자 일어났다. 하지만 교회내적 개혁이 결국 외부의 개혁까지 이끌어내었고, 급기야 교회와 국가의 관계까지도 새롭게 정립시켰다. 특히 종교개혁에서 소수파에 속하는 재세례파는 개혁의 주체로서 국가를 완전히 배제하고 교회만이 독자적으로 개혁해 가야 한다는 급진적인 입장을 주장했는데, 이를 비 관원협력형 종교개혁(non-magisterial Reformation)이라고 부른다. 하지만 종교개혁의 다수파, 곧 루터파와 칼빈파(개혁파, 장로교), 성공회는 각각 정도의 차이는 있지만, 개혁의 주체로서 교회와 함께 국가를 인정하는 관원협력형 종교개혁(magisterial Reformation)의 입장을 취했다.

종교개혁은 국가와 교회의 일정한 영역간의 구별과 차이를 인정하는 힘의 역학 정도에 따라 그 방향이 조금씩 다르게 진행되었다. 예를 들어, 독일과 스위스, 네덜란드, 잉글랜드, 스코틀랜드 등에서 진행된 종교개혁의 모습에 약간씩 차이가 있음을 볼 수 있다. 하지만 약간씩 차이가 있음에도 불구하고 종교개혁을 따르는 대부분의 개신교회들은 공통적으로 국가와 교회가 완전히 분리되지 않고 서로 관여하면서 긍정적인 역할을 할 수 있는 것으로 보았다. 이런 생각이 가장 잘 정리된 것이 웨스트민스터 신앙고백서 23장 "국가 공직자"이다.

여기서 1항을 보면, "온 세계의 대주재시요 왕이신 하나님"께서는 자기의 영광과 공공의 선을 위하여 국가 공직자를 자기 아래 그리고 백성들 위에 세워 선한 자들을 보호하고 격려하며 악인들을 징벌하시기 위해 칼의 권세를 주신다고 기록한다. 이는 기본적으로 세상에 대한 하나님의 주권과 통치를 인정하는 동시에, 국가정부를 사탄의 것이 아니라 하나님께서 세운 것으로 인정하는 것이다. 국가정부가 기독교적이든 이교적이든 상관없다. 다만 국가정부는 하나님께서 맡겨준 사회질서의 유지와 국민의 안전을 책임질 의무와 책임이 있고, 그것을 유지하기 위해 권력과 힘(칼)도 가져야 한다고 보는 것이다.

2항에는 세속 정부와 전쟁을 반대하는 재세례파를 향한 선언이 기록되어 있다. 즉, 성도가 공직자를 거부하는 것에 반대하며, 성도가 공직자로 부름 받아 일하는 것을 합법적이라고 선언하는 것이다. 성도인 공직자는 나라의 건전한 법을 따라 경건과 공의, 평화를 유지하며, 꼭 필요하고 정당하며 불가피한 경우에는 전쟁까지도 합법적일 수 있다. 3항은 본래 웨스트민스터 신앙고백을 만들던 잉글랜드, 스코틀랜드, 아일랜드가 군주제였다는 것을 염두에 두면서 봐야 한다. 왜냐하면 그 내용이 현대 자유민주체제에서는 받아들이기 힘든 것들이기 때문이다. 즉, "국가 위정자는 …… 교회 안에서 연합과 화평을 보존하고, 하나님의 진리를 순결하고 완전하게 지키고, 모든 신성모독과 이단을 억제하고, 예배와 수양의 모든 부패와 악습을 금지하고 개혁하며, 하나님의 모든 성직이 정식으로 자리 잡고, 실시되고, 집행되도록 적당한 수단을 취하는 것은 그들의 권한이며 의무이다. ······"라는 것이다. 한 마디로 국가가 교회의 영적인 일을 책임지도록 허락하는 것이다. 이것을 1788년에 미국 장로교회(PCUSA)에서 자유민주주제도에 맞게 개정했는데, 첫 문장인 "국가 공직자들은 말씀과 성례의 집례나 천국의 열쇠권을 전유하지 못하고"는 그대로 이어받았지만, 그 뒤에 이어지는 문장은 폐지하고 새롭게 개정했다. 즉, "(국가 공직자는) ······ 믿음의 사안에 조금이라도 개입하여서는 안 된다."라고 부가해 불가침의 범위를 넓혔으며, 국가 공직자는 교회(종교)를 보호하고, 교파의 차이로 차별해서는 안 되고, 교역자가 사역을 온전히 수행할 수 있도록 자유를 주어야 하며, 신앙의 문제로 모욕, 폭행, 학대, 상해를 가할 수 없고, 종교적 집회가 질서 있게 유지되도록 도와야 한다고 말한 것이다.

3) 개혁신앙인의 사회참여

웨스트민스터 신앙고백 23장 4항은 "그리스도인의 정부에 대한 의무"에 관한 것으로 1788년에 장로교회가 수정하지 않고 그대로 이어 받았다.

> "백성의 의무는 공직자를 위하여 **기도**하며, 그들을 **존경**하고, **세금**과 여타 부과금을 바치고, 그들의 합법적인 명령을 **순종**하며, 양심상 그들의 권위에 **복종**하는 것이다. 불신앙이나 종교의 차이가 공직자의 정당하고 합법적인 권위를 무효화 할 수 없으며, 공직자들에 대한 정당한 순종에서 백성을 제외시킬 수 없으며, 교역자 또한 예외는 아니다. 더구나 교황은 통치 중에 있는 공직자에게나 그들의 백성 중 어느

누구에게도 어떤 권세나 재치권(裁治權, 다스리는 권한)을 행사할 수 없다. 더군다나 교황이 그들을 이단이라고 판결하거나 어떤 다른 구실로든 그들의 통치권이나 생명을 빼앗는 일은 결코 있을 수 없다."

여기서는 개혁신앙인의 사회참여, 특별히 정치와 관련해 어떤 자세로 행동해야 할지를 설명해준다. 여기에는 성도들이 공직자를 위해 기도하고, 존경하고, 세금과 기타 의무를 다하고, 명령에 순종하고, 권위에 복종해야 할 것을 말하고 있다. 왜 그럴까? 종교개혁가들과 그 후손들은 세속 국가 역시 교회와 마찬가지로 하나님의 절대주권 아래 있다고 믿었기 때문이다. 즉, 하나님의 주권 아래 그분에게서 통치권을 위임받은 자는 교회에만 있는 것이 아니다. 세속 국가도 통치권을 위임받았다. 세속 국가가 교회의 지배 아래 있는 것이 아니다. 교황은 세상의 공직자들에게 종교적인 판단에 근거해 권세를 행사할 수 없다. 이와 같은 믿음이 가능했던 이유는 개혁신앙이 하나님의 다스림의 영역을 교회에서 세상 모든 영역으로 넓혔기 때문이다. 종종 "그를 만물 위에 교회의 머리로 삼으셨느니라."(엡 1:22)라는 성경구절을 보면, 마치 교회가 만물 위에 있어 만물을 지배하는 것 같은 인상을 주는데, 사실 이 본문은 "그를 만물 위에 있는 머리로 교회를 위해 주셨다."(gave Him as head over all things for the church)라고 해석하는 것이 바람직하다. 즉, 정치, 경제, 사회, 문화, 예술, 체육 등 모든 만물, 모든 영역이 예수 그리스도의 다스림 아래 있는 것이고, 이러한 예수 그리스도를 교회를 위해 주셨다는 것이다. 이러한 믿음을 가진 사람들로서 개혁신앙인이 정치와 사회에 참여하는 것은 당연한 귀결이다.

개혁신앙에서 교회와 정치의 관계는 분명한 기준과 선이 있다. 앞에서도 말했듯이, 개혁신앙은 정부를 하나님께서 세우신 것으로 인정한다. 정부가 기독교적이든 그렇지 않든 상관없다. 정부는 하나님께서 맡기신 사회질서의 유지와 국민의 안전을 책임질 의무와 책임이 있다. 그 일을 하도록 권력과 군대까지 맡기셨다. 따라서 교회는 그런 정부를 위해 기도하며, 성도는 그런 정부의 다스림에 복종해야 한다. 그런데 만일 그런 정부가 불의하다면 어떻게 해야 할까? 기본적으로 개혁신앙은 하나님께서 다스리심을 믿는다. 그렇기 때문에 정부의 불의에 대해서도 하나님께서 심판하시고 벌주실 것을 믿는다. 그런 믿음 가운데서 성도는 인내할 수 있다. 하나님께서는 일반은총(일반계시)을 통해 불의한 세상을 보존하신다. 그래서 비록 사람이 타락했더라도 그에게 선과 악을 구별할 수 있는 능력을 주셨고, 그럼으로써 악으로 치달아 당장 멸망하지 않도록 하셨다. 이런 하나님의 다스림 속에 국가와 정부의 역할이 있으며 그 의의가 있는 것이다.

현대에서 이런 개혁신앙을 따라 사회참여에 열심을 내었던 대표적인 예가 네덜란드 개혁교회다. 네덜란드 개혁교회의 성도들은 1879년에 '반 혁명당'(ARP: Anti-Revolutionaire Partij)이라는 기독교 정당을 창립했다. 뿐만 아니라 1948년에는 '개혁정치연대'(GPV: Gereformeerde Polotiek Verbond)를 만들었고, 2001년에는 '개혁정치연방'(RPF: Reformatorisch Politiek Federatie)을 다른 정당과 합쳐 '기독교 연합'(CU: ChristenUnie)으로 재탄생케 해서 개혁신앙적인 정치활동을 지금까지 이어오고 있다. 현재 네덜란드는 비례대표제를 택하고 있는데, 이 정당에서는 1~2명의 하원 의원을 보내고 있고, 상원에도 1명의 의원을 두고 있다. 이 정당은 월간지를 통해 정치적인 문제를 토론하며 방향을 제시한다. 전·현직 의원들이 책을 내기도 하고, 연구위원도 두어 당원들을 설득하기 위한 소책자도 만들고 있다. 비록 수적으로는 빈약하지만, 개혁신앙적인 목소리를 내면서 의회에서도 가장 모범적인 10명에 소속의원이 포함되기도 하는 등 아주 풍성한 정치활동을 하고 있다.

예레미야는 느부갓네살 왕을 '하나님의 종'이라고 인정했다(렘 27:6; 단 4:1). 다니엘도 하나님께서 왕들을 폐하고 세우신다고 말했다(단 2:21). 이들과 맥을 같이하면서 개혁신앙인은 하나님께서 온 우주만물의 주권자시요, 그분의 대리자로서 세상의 권력들과 정부들을 세우심을 믿고 그분의 말씀을 정부들과 권력들에게 요구할 권리와 의무가 있다고 믿는다. 나아가 만일 하나님의 말씀에 반하는 정부들과 권력들이 있다면, 그들에게 불복종해야 할 권리와 의무도 있다. 바벨론을 향한 다니엘의 저항이 그랬고, 로마제국을 향한 사도들의 저항이 그러했다.

4. 나가며

개혁신앙은 하나님의 주권이 온 세상에 미친다는 것을 믿기에 교회만이 아니라 정치의 영역까지도 하나님께서 다스리신다는 것을 안다. 물론 개혁신앙은 혁명을 거부한다. 하지만 그렇다고 정교분리를 핑계로 삼아 정부에 무조건 복종하지도 않는다. 개혁신앙은 정치에 매우 적극적이다.

그런데 한국교회는 아직도 개인영성과 영혼구원만을 생각하는 복음주의 일색이다. 특히 소위 대형교회를 중심으로 정치적인 이슈와 관련되어 등장하는 말과 행동은 미숙하기 짝이 없다. 이런 상황에서 우리나라에 개혁신앙적인 정치가 어떻게 뿌리내릴 수 있을지, 큰 과제가 아닐 수 없다. 개혁신앙적인 뿌리를 가진 건강한 교회와 성도들이 많이 생겨날 때 그 열매를 볼 수 있을 것이라 기대해 본다.

<토론을 위한 질문>

1. 하나님의 절대주권과 인간 사회의 영역주권의 관계를 설명해 보세요.

2. 그리스도인은 일종의 이중국적자입니다. 두 왕국, 곧 '세상 나라'와 '하나님 나라'의 시민으로서의 삶은 어떻게 가능할까요?

3. 종종 소위 '정교분리'의 오해와 '정교분리의 역사'를 정리해 보세요.

4. 개혁신앙적인 관점에서 정치 참여는 어떻게 가능할까요?

5. 그리스도인의 정치참여에 대해 배운 것을 나눠 보세요.